U0516106

权威·前沿·原创

皮书系列为
"十二五""十三五"国家重点图书出版规划项目

BLUE BOOK

智库成果出版与传播平台

文化蓝皮书

BLUE BOOK OF
CHINA'S CULTURE

中国文化消费需求景气评价报告（2020）

ANNUAL EVALUATION REPORT ON CHINA'S CULTURAL
CONSUMPTION DEMAND (2020)

主　　编／王亚南
联合主编／张晓明　祁述裕　向　勇
副 主 编／刘　婷　赵　娟　魏海燕

社会科学文献出版社
SOCIAL SCIENCES ACADEMIC PRESS（CHINA）

图书在版编目（CIP）数据

中国文化消费需求景气评价报告. 2020 / 王亚南主
编. -- 北京：社会科学文献出版社，2020.6
（文化蓝皮书）
ISBN 978 - 7 - 5201 - 6493 - 1

Ⅰ. ①中… Ⅱ. ①王… Ⅲ. ①文化生活 - 消费 - 顾客
需求 - 研究报告 - 中国 - 2020 Ⅳ. ①G124

中国版本图书馆 CIP 数据核字（2020）第 054479 号

文化蓝皮书
中国文化消费需求景气评价报告（2020）

主 编／王亚南
联合主编／张晓明 祁述裕 向 勇
副 主 编／刘 婷 赵 娟 魏海燕

出 版 人／谢寿光
责任编辑／张 超

出 版／社会科学文献出版社·皮书出版分社 （010）59367127
地址：北京市北三环中路甲 29 号院华龙大厦 邮编：100029
网址：www.ssap.com.cn
发 行／市场营销中心 （010）59367081 59367083
印 装／天津千鹤文化传播有限公司

规 格／开 本：787mm × 1092mm 1/16
印 张：21.5 字 数：321 千字
版 次／2020 年 6 月第 1 版 2020 年 6 月第 1 次印刷
书 号／ISBN 978 - 7 - 5201 - 6493 - 1
定 价／128.00 元

本书如有印装质量问题，请与读者服务中心（010 - 59367028）联系

本项研究获得以下机构及其项目支持

云南省社会科学院特别委托项目（云财教字文立项）

云南省社会科学院中国人文发展研究与评价重点实验室

主要编撰者简介

王亚南　云南省社会科学院研究员、文化发展研究中心主任、中国人文发展研究与评价实验室首席科学家，云南省中青年社会科学工作者协会会长。主要研究方向为民俗学、民族学及文化理论、文化战略和文化产业，主要学术贡献有：①1985年首次界定"口承文化"概念，随后完成系统研究，提出口承文化传统为人类社会的文明渊薮，成文史并非文明史起点；②1988年解析人生仪礼中"亲长身份晋升仪式"，指出中国传统"政亲合一"社会结构体制和"天赋亲权"社会权力观念；③1996年开始从事文化战略和文化产业研究，提出"高文化含量"的"人文经济"论述，概括出中心城市以外文化产业发展的"云南模式"；④1999年提出"现代中华民族是56个国内民族平等组成的国民共同体"和"中国是国内多民族的统一国家"论点，完成国家社会科学基金项目"中华统一国民共同体论"；⑤2006年以来致力于人文发展量化分析检测评价体系研创，相继主编撰著出版《中国文化消费需求景气评价报告》（2011年起）、《中国文化产业供需协调检测报告》（2013年起）、《中国公共文化投入增长测评报告》（2015年起）、《中国人民生活发展指数检测报告》（2016年起）、《中国民生消费需求景气评价报告》（2018年起）、《中国健康消费与公共卫生投入双检报告》（2018年起），新增《中国经济发展结构优化检测报告》（2019年起）、《中国社会建设均衡发展检测报告》（2019年起）。

刘　婷　云南省社会科学院科研处处长、研究员，"民族文化保护与发展"研究创新团队首席专家，博士，美国威斯康星大学访问学者，云南省中青年学术与技术带头人后备人才，云南省社会科学院文化发展研究中心秘书长，云南省中青年社会科学工作者协会秘书长，中国西南民族研究学会灾害研究专业委员会秘书长。主要研究方向为文化人类学，代表作《民俗休闲文化论》（专著）、《休闲民俗与文化传承》（专著）、《中国西部民族文化通志·礼仪卷》（主编），主持国家社会科学基金一般项目"韧性理论视角下的哈尼族异地搬迁与社区重构研究"、西部项目"云南少数民族民俗文化保护的新思路"，在《民族文学研究》、《西南民族大学学报》、《云南社会科学》、*International Journal of Business Anthropology* 等报刊发表论文数十篇。全程参与研创"中国人文发展量化分析检测评价系列"，合作发表《面向协调增长的中国文化消费需求——"十五"以来分析与"十二五"测算》《中国文化产业未来十年发展空间——以扩大文化消费需求与共享为目标》《各省域文化产业未来十年增长空间——基于需求与共享的测算排行》等论文和研究报告，参与组织撰著"中国人文发展量化分析检测评价系列"年度报告，负责人员组织和撰稿统筹。

赵　娟　云南省社会科学院民族文学研究所副研究员，《云南文化发展蓝皮书》副主编，云南省中青年社会科学工作者协会秘书处主任。主要研究方向为古典文学、民族文化和文化产业，合著出版《经典阅读与现代生活》。全程参与研创"中国人文发展量化分析检测评价系列"，合作发表《以国家统计标准分析各地文化产业发展成效》《中国文化产业未来十年发展空间——以扩大文化消费需求与共享为目标》《各省域文化产业未来十年增长空间——基于需求与共享的测算排行》等论文和研究报告，参与组织撰著"中国人文发展量化分析检测评价系列"年度报告，负责文稿统改。

方　彧　中国老龄科学研究中心副研究员，中国社会科学院博士。主要研究方向为口头传统、老龄文化和文化产业。全程参与研创"中国人文发展量化分析检测评价系列"，合作发表《中国文化产业新十年路向——基于文化需求和共享的考量》《中国文化产业发展空间：4 万亿消费需求透析》

《深化文化体制改革机制创新的若干现实问题透析》等论文和研究报告，参与组织撰著"中国人文发展量化分析检测评价系列"年度报告，负责文稿统改及英译审校。

摘　要

1998～2018 年，全国城乡居民文教消费总量由 3357.64 亿元增至 31882.97 亿元，增加 28525.33 亿元，20 年间总增长 849.56%，年均增长 11.91%。最高增长年度为 2002 年，增长 27.28%；最低增长年度为 2008 年，增长 4.10%。同期，全国城乡文教消费人均值由 270.36 元增至 2289.24 元，增加 2018.88 元，20 年间总增长 746.74%，年均增长 11.27%。在此期间，31 个省域城乡文教消费总量年均增长均超过 10%；26 个省域城乡文教消费人均值年均增长超过 10%。正是各省域城乡文教消费需求高增长，带来了全国总体城乡文教消费需求的高增长。

2018 年，全国城乡居民文教消费需求继续保持增长：总量增长 7.37%，人均值增长 6.88%。以人均值衡量，文教消费年度增长明显低于产值增长，也明显低于城乡居民收入增长，亦明显低于居民总消费增长，且显著低于居民积蓄增长。全国文教消费城乡比指数比上年缩小 5.98%，地区差指数比上年缩小 1.90%。文教消费城乡差距、地区差距正是我国"不平衡不充分的发展"最具代表性的方面。

各省域城乡综合文教消费需求景气评价排行结果：城乡、地区无差距理想值横向测评，湖南、海南、吉林、甘肃、黑龙江为"2018 年城乡景气指数排名"前 5 位；历年各地自身基数值纵向测评，西藏、贵州、青海、宁夏、甘肃为"1998～2018 年城乡景气指数提升度"前 5 位；西藏、云南、海南、贵州、新疆为"2003～2018 年城乡景气指数提升度"前 5 位；贵州、云南、西藏、广西、新疆为"2008～2018 年城乡景气指数提升度"前 5 位；西藏、云南、广西、湖南、湖北为"2013～2018 年城乡景气指数提升度"前 5 位；西藏、海南、新疆、湖北、河南为"2017～2018 年城乡景气指数提升度"前 5 位。

关键词：全国省域　文教消费　景气评价　检测排行

目　录

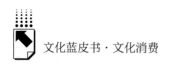

皮书数据库阅读**使用指南**

总 报 告

General Report

B.1
中国城乡文化教育消费
需求景气总体评价

——20 年以来分析与 2018 年测评

王亚南　刘　婷*

摘　要：　1998 ~ 2018 年，全国城乡居民文教消费总量由 3357.64 亿
　　　　　元增至 31882.97 亿元，增加 28525.33 亿元，20 年间总增长
　　　　　849.56%，年均增长 11.91%。最高增长年度为 2002 年，增
　　　　　长 27.28%；最低增长年度为 2008 年，增长 4.10%。其中，
　　　　　第一个五年（1998 ~ 2003 年）年均增长 14.54%，第二个五
　　　　　年（2003 ~ 2008 年）年均增长 9.52%，第三个五年

---

*　王亚南，云南省社会科学院研究员，文化发展研究中心主任，主要研究方向为民俗学、民族
　　学及文化理论、文化战略和文化产业；刘婷，云南省社会科学院科研处处长、研究员，主要
　　研究方向为文化人类学。

（2008～2013 年）年均增长 13.49%，第四个五年（2013～2018 年）年均增长 10.17%。同期，全国城乡文教消费人均值由 270.36 元增至 2289.24 元，增加 2018.88 元，20 年间总增长 746.74%，年均增长 11.27%。2018 年，全国城乡居民文教消费需求继续保持增长：总量增长 7.37%，人均值增长 6.88%。全国文教消费城乡比指数比上年缩小 5.98%，地区差指数比上年缩小 1.90%。文教消费城乡差距、地区差距正是我国"不平衡不充分的发展"最具代表性的方面。2018 年全国总体城乡综合景气指数测算：1998 年以来 20 年纵向测评、2003 年以来 15 年纵向测评、2008 年以来 10 年纵向测评、2013 年以来 5 年纵向测评显著高于基数值，一年以来纵向测评略微高于基数值；城乡、地区无差距年度横向测评明显低于理想值，主要原因在于城乡差距、地区差距仍持续存在。

关键词： 全国城乡　文教消费　景气评价　综合测评

中共十九届四中全会通过《中共中央关于坚持和完善中国特色社会主义制度、推进国家治理体系和治理能力现代化若干重大问题的决定》，进一步强调"坚持人民当家作主"，"坚持人民主体地位"，"坚持以人民为中心的发展思想，不断保障和改善民生、增进人民福祉"。在社会主义市场经济条件下，扩大文化消费、增进精神生活需求，正是保障和改善"文化民生"、增进人民"精神福祉"的重要体现。

在"以人民为中心的发展思想"指导下，"全面建成小康社会"应当用民生指标来衡量，"全面小康"建设进程中的文化发展目标也必须落实在自身的"出发点和落脚点"之上。本项研究集中关注、追踪检测全国经济发展、民生进步与城乡居民文化教育消费需求增长之间的协调性，以及全国城乡之间、区域之间文化教育消费需求增长的均衡性，迄今已经超过十年。党的十九大明确当前中国社会"发展不平衡不充分"的主要矛盾，正是本项研究检测十余年前最初设计时的用心所在。

本文分析了20年以来全国城乡居民文教消费需求增长总体态势，检测了2018年全国城乡文教消费需求景气总体状况，对文化民生需求发展动态进行检验。这既是全国城乡文教消费需求景气状况总体评价，又为各地城乡文教消费需求景气评价排行提供演算基准。至于近几年转为文化教育消费综合检测，详见本书技术报告相关说明。

一 全国城乡文化教育消费需求增长态势

文化教育消费（简称文教消费）需求总量是文化产业生产总量实际进入居民日常生活消费的具体表现，也是文化建设和文化生产的发展成果实际转化为人民群众文教消费需求的具体体现。全国城乡文教消费需求总量增长状况可以提供一种宏观视角，有利于把握城乡总体态势，本文分析测算从全国城乡文教消费总量增长开始。

（一）城乡文化教育消费总量增长态势

1998～2018年全国城乡文教消费需求总量增长态势见图1，其中包含城乡综合、城镇与乡村单行三个层面的文教消费需求总量增长态势。城镇与乡村之和即为城乡综合总量，二者相互对应共同构成全国总体格局，有必要放在一起进行对比分析。

图1将全国城镇与乡村文教消费总量绝对值转换为图形面积直观比例，同时展示出1998年以来城乡之间的增长互动关系，二者增长指数曲线之间的第三条曲线即为城乡综合增长指数。

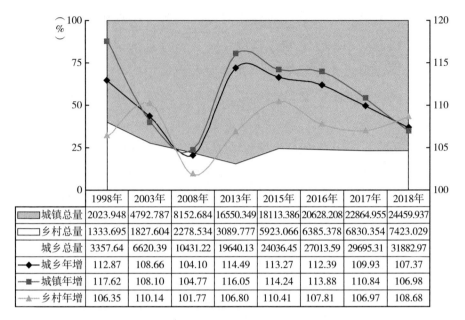

	1998年	2003年	2008年	2013年	2015年	2016年	2017年	2018年
城镇总量	2023.948	4792.787	8152.684	16550.349	18113.386	20628.208	22864.955	24459.937
乡村总量	1333.695	1827.604	2278.534	3089.777	5923.066	6385.378	6830.354	7423.029
城乡总量	3357.64	6620.39	10431.22	19640.13	24036.45	27013.59	29695.31	31882.97
城乡年增	112.87	108.66	104.10	114.49	113.27	112.39	109.93	107.37
城镇年增	117.62	108.10	104.77	116.05	114.24	113.88	110.84	106.98
乡村年增	106.35	110.14	101.77	106.80	110.41	107.81	106.97	108.68

图1 全国城乡文教消费需求总量增长态势

左轴面积：城镇与乡村文教消费总量（亿元转换为%），城乡间变动呈比例关系，二者（保留3位小数避免合计值小数误差）之和为城乡总量。右轴曲线：城乡（附城镇、乡村）年度增长指数（上年＝100，小于100为负增长）。数据演算依据为国家统计局《中国统计年鉴》相应年卷。图中前几个五年时段末年对接，文中描述增长变化包括省略年度，后同。

1998～2018年，全国城乡居民文教消费总量由3357.64亿元增至31882.97亿元，增加28525.33亿元，20年间总增长849.56%，年均增长11.91%。最高增长年度为2002年，增长27.28%；最低增长年度为2008年，增长4.10%。其中，第一个五年（1998～2003年，后同）年均增长14.54%，第二个五年（2003～2008年，后同）年均增长9.52%，第三个五年（2008～2013年，后同）年均增长13.49%，第四个五年（2013～2018年，后同）年均增长10.17%。各五年时段城乡总量值增长比较，第四个五年年均增幅低于第一个五年4.37个百分点，但高于第二个五年0.65个百分点，而低于第三个五年3.32个百分点。①

---

① 本项检测演算数据库每一次运算均无限保留小数，难免会与按稿面两位小数演算产生的小数有出入，此属机器比人工精细之处，并非误差。全书同。

同期，全国城镇文教消费总量由 2023.95 亿元增至 24459.94 亿元，增加 22435.99 亿元，20 年间总增长 1108.52%，年均增长 13.27%。最高增长年度为 2002 年，增长 36.75%；最低增长年度为 2014 年，下降 4.20%。其中，第一个五年年均增长 18.82%，第二个五年年均增长 11.21%，第三个五年年均增长 15.21%，第四个五年年均增长 8.13%。各五年时段城镇总量值增长比较，第四个五年年均增幅低于第一个五年 10.69 个百分点，亦低于第二个五年 3.08 个百分点，也低于第三个五年 7.08 个百分点。

同时，全国乡村文教消费总量由 1333.70 亿元增至 7423.03 亿元，增加 6089.33 亿元，20 年间总增长 456.57%，年均增长 8.96%。最高增长年度为 2014 年，增长 73.62%；最低增长年度为 2007 年，下降 1.04%。其中，第一个五年年均增长 6.50%，第二个五年年均增长 4.51%，第三个五年年均增长 6.28%，第四个五年年均增长 19.16%。各五年时段乡村总量值增长比较，第四个五年年均增幅高于第一个五年 12.66 个百分点，亦高于第二个五年 14.65 个百分点，也高于第三个五年 12.88 个百分点。

全国城乡之间文教消费总量增长比较，第一个五年，城镇总量增长为乡村总量增长的 369.43%，城镇年均增幅高出乡村 12.32 个百分点；第二个五年，城镇总量增长为乡村总量增长的 284.15%，城镇年均增幅高出乡村 6.70 个百分点；第三个五年，城镇总量增长为乡村总量增长的 289.35%，城镇年均增幅高出乡村 8.93 个百分点；第四个五年，城镇总量增长为乡村总量增长的 34.08%，城镇年均增幅低于乡村 11.03 个百分点。全国城乡之间文教消费需求总量增长差距长期显著扩大，近几年乡村总量增幅超越城镇，城乡增长差距转而缩小。

20 年以来，全国城镇总量增长为乡村总量增长的 242.79%，城镇年均增幅高出乡村 4.31 个百分点。这或许表明，全国乡村文教消费需求总量增长乏力。图 1 中城乡两条增长曲线大体呈现横向镜面峰谷对应关系，取 2008～2018 年数据进行相关性分析，城乡之间总量增长相关系数为 −0.9271，即二者历年增长在 92.71% 程度上形成逆向互动，此方增长幅度提升 10%，彼方增长幅度下降 9.27%，反之亦然。不过，全国城镇与乡村之间增长不平衡程度究竟如何，还需要排除其间城市（镇）化进程带来的人口分布变化因素，以城镇与乡村人均值增长态势加以精确衡量。

（二）城乡人均文化教育消费增长态势

全国人均数值无疑不会受到城市（镇）化进程带来城乡人口分布变化的影响，有利于在前后时间阶段之间、在城镇与乡村之间进行比较。1998～2018年全国城乡人均文教消费需求增长态势见图2。

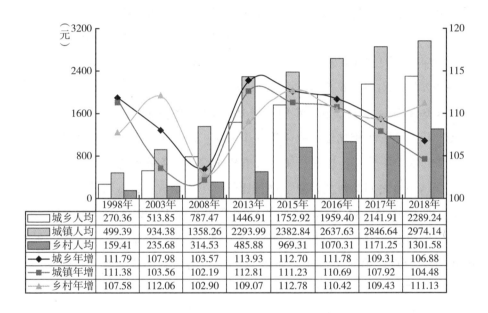

	1998年	2003年	2008年	2013年	2015年	2016年	2017年	2018年
城乡人均	270.36	513.85	787.47	1446.91	1752.92	1959.40	2141.91	2289.24
城镇人均	499.39	934.38	1358.26	2293.99	2382.84	2637.63	2846.64	2974.14
乡村人均	159.41	235.68	314.53	485.88	969.31	1070.31	1171.25	1301.58
城乡年增	111.79	107.98	103.57	113.93	112.70	111.78	109.31	106.88
城镇年增	111.38	103.56	102.19	112.81	111.23	110.69	107.92	104.48
乡村年增	107.58	112.06	102.90	109.07	112.78	110.42	109.43	111.13

图2　全国城乡人均文教消费需求增长态势

左轴柱形：城乡（左）、城镇（中）、乡村（右）文教消费人均值（元）。右轴曲线：城乡、城镇、乡村人均值年度增长指数（上年＝100，小于100为负增长）。另需说明，近来年鉴始发布2014年以来城乡人均值数据，与总量数据之间存在演算误差，对应年鉴同时发布的产值人均值和总量分别演算的文教消费率有出入，本文恢复采用自行演算城乡人均值，后同。

图2展示出1998年以来全国城乡人均文教消费历年绝对值变化态势，同时展示出城乡综合、城镇与乡村单行三个层面的人均文教消费增长指数。

1998～2018年，全国城乡人均文教消费由270.36元增至2289.24元，增加2018.88元，20年间总增长746.74%，年均增长11.27%。最高增长年度为 2002 年，增长 26.43%；最低增长年度为 2008 年，增长 3.57%。其中，第一个五年年均增长 13.70%，第二个五年年均增长 8.91%，第三个五年年均增长 12.94%，第四个五年年均增长 9.61%。各五年时段城乡人均值增长比较，第四个五年年均增幅低于第一个五年 4.09 个百分点，但高于第二个五年 0.70 个百分点，而低于第三个五年 3.33 个百分点。

同期，全国城镇人均文教消费（历年绝对值见图 5）20 年间总增长 495.55%，年均增长 9.33%。最高增长年度为 2002 年，增长 30.77%；最低增长年度为 2014 年，下降 6.61%。其中，第一个五年年均增长 13.35%，第二个五年年均增长 7.77%，第三个五年年均增长 11.05%，第四个五年年均增长 5.33%。各五年时段城镇人均值增长比较，第四个五年年均增幅低于第一个五年 8.02 个百分点，亦低于第二个五年 2.44 个百分点，也低于第三个五年 5.72 个百分点。

同时，全国乡村人均文教消费 20 年间总增长 716.50%，年均增长 11.07%。最高增长年度为 2014 年，增长 76.90%；最低增长年度为 2007 年，增长 0.17%。其中，第一个五年年均增长 8.13%，第二个五年年均增长 5.94%，第三个五年年均增长 9.09%，第四个五年年均增长 21.78%。各五年时段乡村人均值增长比较，第四个五年年均增幅高于第一个五年 13.65 个百分点，亦高于第二个五年 15.84 个百分点，也高于第三个五年 12.69 个百分点。

全国城乡之间文教消费人均值增长比较，第一个五年，城镇人均值总增长为乡村人均值增长的 182.03%，城镇年均增幅高出乡村 5.22 个百分点；第二个五年，城镇人均值总增长为乡村人均值增长的 135.56%，城镇年均增幅高出乡村 1.83 个百分点；第三个五年，城镇人均值总增长为乡村人均值增长的 126.45%，城镇年均增幅高出乡村 1.96 个百分点；第四个五年，城镇人均值总增长为乡村人均值增长的 17.66%，城镇年均增幅低于乡村 16.45 个百分点。全国城乡之间文教消费人均值增长差距长期持续扩大，近几年乡村人均值增长超越城镇，城乡增长差距明显缩小。

20 年以来，城镇人均值总增长为乡村人均值增长的 69.16%，城镇年均增幅低于乡村 1.74 个百分点，前后对比城乡差距总体呈现为缩小。然而不能忽视，城镇与乡村之间长期增长失衡，原因确实在于乡村增长明显乏力。不过，即便在前三个五年时段，城镇与乡村人均值增长差距也没有总量增长差距那样巨大。同样取 2008～2018 年数据进行相关性分析，城乡之间人均值增长相关系数为 −0.9226，即二者历年增长在 92.26% 的程度上形成逆向互动，城乡增长非均衡程度极高。

前后时段之间、城镇与乡村之间人均绝对值及其增长比较只是一种初级的比较，还需要把全国城乡人均文教消费需求增长放到经济增长（取人均产值来体现）、民生增进（取人均收入、总消费和积蓄来体现）背景当中，这样才具有更令人信服的可比性。这就是本评价体系构思并设置其他各项测评指标的事实根据和数理依据所在。

二 全国城乡文化教育消费相关背景情况

（一）文化教育消费与经济社会基本面关系态势

全国城乡总体分析是全面展开各地城乡文教消费需求景气评价排行的基础，相关经济、社会背景因素透析理应从全国开始。1998～2018 年全国人均产值与城乡人均收入、消费（本项研究划分为非文消费与文教消费两个部分）、积蓄关系态势见图 3。

图 3 将 1998 年以来城乡人均收入、消费与积蓄各项绝对值转换为图形面积比例，直观地表现出全国城乡文教消费需求与其经济、社会背景因素协同增长的相互关系态势。通过图 3 里各类数值演算，可以清楚地得出以下结论。

第一个五年，全国人均产值年均增长 9.23%，城乡人均收入年均增长 8.94%，总消费年均增长 8.65%，积蓄年均增长 9.90%，文教消费年均增长 13.70%。城乡人均文教消费年均增长幅度显著高于同期人均产值年均增幅 4.47 个百分点，显著高于城乡人均收入年均增幅 4.76 个百分点，显著高

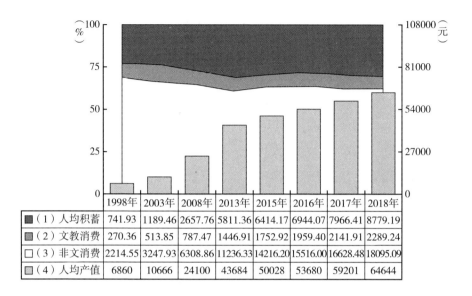

	1998年	2003年	2008年	2013年	2015年	2016年	2017年	2018年
■（1）人均积蓄	741.93	1189.46	2657.76	5811.36	6414.17	6944.07	7966.41	8779.19
■（2）文教消费	270.36	513.85	787.47	1446.91	1752.92	1959.40	2141.91	2289.24
□（3）非文消费	2214.55	3247.93	6308.86	11236.33	14216.20	15516.00	16628.48	18095.09
□（4）人均产值	6860	10666	24100	43684	50028	53680	59201	64644

图3 全国人均产值与城乡人均收入、消费、积蓄关系态势

左轴面积：城乡人均积蓄、文教消费、非文消费（元转换为%），（1）＋（2）＋（3）＝人均收入，（2）＋（3）＝人均总消费，（1）＋（2）＝人均非文消费剩余（亦即居民收入与文教消费之差），各项数值变动呈比例关系。右轴柱形：人均产值（元），2017年产值数据按历年惯例据《中国统计年鉴》2019年卷校订。另需说明，国家统计局虽已公布第四次全国经济普查对于2018年全国产值修订数据，但未公布相应各地修订数据，因而仍统一采用《中国统计年鉴》2019年卷发布的全国及各地产值"初步核算数"，留待《中国统计年鉴》2020年卷发布时再统一修订。

于总消费年均增幅5.05个百分点，显著高于积蓄年均增幅3.80个百分点。此间，全国城乡文教消费需求出现明显提升态势，恰好对应了中国逐步实现"基本小康"建设目标、民众精神文化需求上升的社会背景。

第二个五年，全国人均产值年均增长17.71%，城乡人均收入年均增长14.52%，总消费年均增长13.53%，积蓄年均增长17.44%，文教消费年均增长8.91%。城乡人均文教消费年均增长幅度极显著低于同期人均产值年均增幅8.80个百分点，显著低于城乡人均收入年均增幅5.61个百分点，显著低于总消费年均增幅4.62个百分点，极显著低于积蓄年均增幅8.53个百分点。此间，全国城乡文教消费需求高涨得以充分显现，正对应和反映了中国文化产业蓬勃发展、文化建设掀起高潮的社会背景。

第三个五年，全国人均产值年均增长 12.63%，城乡人均收入年均增长 13.65%，总消费年均增长 12.32%，积蓄年均增长 16.94%，文教消费年均增长 12.94%。城乡人均文教消费年均增长幅度略微高于同期人均产值年均增幅 0.31 个百分点，略微低于城乡人均收入年均增幅 0.71 个百分点，略微高于总消费年均增幅 0.62 个百分点，显著低于积蓄年均增幅 4.00 个百分点。此间，在人均产值、居民人均收入和总消费年均增幅均明显提高，而人均积蓄年均增幅更显著提高的情况下，人均文教消费年均增幅却明显降低。社会背景原因在于：面临国内物价上涨与国际金融危机夹击，我国社会保障体系建设滞后的问题显露，民众为"自我保障"而抑制消费加大积蓄，"非必需"精神文化消费首先受到挤压。

第四个五年，全国人均产值年均增长 8.15%，城乡人均收入年均增长 9.54%，总消费年均增长 9.95%，积蓄年均增长 8.60%，文教消费年均增长 9.61%。城乡人均文教消费年均增长幅度较明显高于同期人均产值年均增幅 1.46 个百分点，略微高于城乡人均收入年均增幅 0.07 个百分点，略微低于总消费年均增幅 0.34 个百分点，较明显高于积蓄年均增幅 1.01 个百分点。此间，"拉动内需，扩大消费，改善民生"的政策发挥作用，"十二五"规划"保证居民收入增长与经济发展同步"的约束性指标产生效果，全国城乡文教消费需求增长出现明显回升。

1998~2018 年贯通起来，全国人均产值年均增长 11.87%，城乡人均收入年均增长 11.64%，总消费年均增长 11.10%，积蓄年均增长 13.15%，文教消费年均增长 11.27%。城乡人均文教消费年均增长幅度略微低于同期人均产值年均增幅 0.60 个百分点，略微低于城乡人均收入年均增幅 0.37 个百分点，略微高于总消费年均增幅 0.17 个百分点，明显低于积蓄年均增幅 1.88 个百分点。

20 年以来，全国城乡文教消费需求增长滞后于经济发展，滞后于城乡收入增长，领先于城乡总消费增长，但受到城乡积蓄增长的一定挤压。其间，第四个五年各方面"增长协调性"状况略微好于第三个五年，亦明显好于第二个五年，而较明显不及第一个五年。

在全国城乡人均文教消费需求与其相关背景因素增长关系综合分析的基础上，就可以按照本评价体系设定的指标系统，进一步展开城乡文教消费相关增率比变化带来的各项相关性比值测算。

（二）文化教育消费相关性比值变动态势

1998～2018 年全国城乡文教消费相关性比值变动态势见图 4。

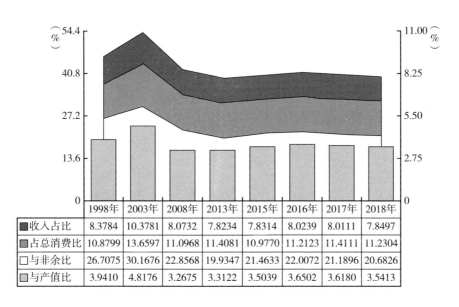

	1998年	2003年	2008年	2013年	2015年	2016年	2017年	2018年
■ 收入占比	8.3784	10.3781	8.0732	7.8234	7.8314	8.0239	8.0111	7.8497
■ 占总消费比	10.8799	13.6597	11.0968	11.4081	10.9770	11.2123	11.4111	11.2304
□ 与非余比	26.7075	30.1676	22.8568	19.9347	21.4633	22.0072	21.1896	20.6826
■ 与产值比	3.9410	4.8176	3.2675	3.3122	3.5039	3.6502	3.6180	3.5413

图 4　全国城乡文教消费相关性比值变动态势

左轴面积：城乡人均文教消费占收入比（文教消费比）、占总消费比（文教消费比重）、与非文消费剩余（简称"非余"）比（%），各项比值历年升降呈直观比例。右轴柱形：城乡人均文教消费与产值比（文教消费率）（%）。保留 4 位小数以便精确演算各项比值变化。

1. 文化教育消费与产值关系变化状况

1998～2018 年，全国城乡文教消费与产值比（文教消费率）由 3.94%下降至 3.54%，降低 0.40 个百分点。其间，此项比值在 1998～2000 年、2002 年、2009 年、2012～2013 年、2015～2016 年 9 个年度出现增高，其余 12 个年度降低。最高比值为 2002 年的 5.01%，最低比值为 2011 年的 3.12%，总体上呈现下降态势。

分阶段考察全国城乡此项比值变化动态，第一个五年前后（1998 年与 2003 年）对比，提高 0.88 个百分点；第二个五年前后（2003 年与 2008 年）对比，降低 1.55 个百分点；第三个五年前后（2008 年与 2013 年）对比，提高 0.04 个百分点。各五年时段全国城乡此项比值升降变动，第二个五年显著逊于第一个五年，第三个五年则显著好于第二个五年。第四个五年前后（2013 年与 2018 年）对比，全国城乡此项比值提高 0.23 个百分点，文教消费需求增长与经济发展的协调性继续明显上升。

2. 文化教育消费与收入关系变化状况

1998～2018 年，全国城乡文教消费占居民收入比（文教消费比）由 8.38% 下降至 7.85%，降低 0.53 个百分点。其间，此项比值在 1998～2002 年、2013 年、2015～2016 年 8 个年度出现增高，其余 13 个年度降低。最高比值为 2002 年的 10.62%，最低比值为 2014 年的 7.61%，总体上呈现下降态势。

分阶段考察全国城乡此项比值变化动态，第一个五年前后（1998 年与 2003 年）对比，提高 2.00 个百分点；第二个五年前后（2003 年与 2008 年）对比，降低 2.30 个百分点；第三个五年前后（2008 年与 2013 年）对比，降低 0.25 个百分点。各五年时段全国城乡此项比值升降变动，第二个五年显著逊于第一个五年，第三个五年则显著好于第二个五年。第四个五年前后（2013 年与 2018 年）对比，全国城乡此项比值提高 0.03 个百分点，文教消费需求增长与居民收入增加的协调性逆转略有上升。

3. 文化教育消费与总消费关系变化状况

1998～2018 年，全国城乡文教消费占居民总消费比（文教消费比重）由 10.88% 上升至 11.23%，升高 0.35 个百分点。其间，此项比值在 1998～2002 年、2010 年、2013 年、2015～2017 年 10 个年度出现增高，其余 11 个年度降低。最高比值为 2002 年的 13.82%，最低比值为 2014 年的 10.60%，总体上呈现上升态势。

分阶段考察全国城乡此项比值变化动态，第一个五年前后（1998 年与 2003 年）对比，提高 2.78 个百分点；第二个五年前后（2003 年与

2008 年）对比，降低 2.56 个百分点；第三个五年前后（2008 年与 2013 年）对比，提高 0.31 个百分点。各五年时段全国城乡此项比值升降变动，第二个五年显著逊于第一个五年，第三个五年则显著好于第二个五年。第四个五年前后（2013 年与 2018 年）对比，全国城乡此项比值降低 0.18 个百分点，文教消费需求增长与居民总消费增加的协调性逆转明显下降。

4. 文化教育消费与非文消费剩余关系变化状况

1998～2018 年，全国城乡文教消费与非文消费剩余比由 26.71% 下降至 20.68%，降低 6.03 个百分点。其间，此项比值在 2000 年、2002 年、2005 年、2009 年、2014～2016 年 7 个年度出现增高，其余 14 个年度降低。最高比值为 2002 年的 31.45%，最低比值为 2013 年的 19.93%，总体上呈现下降态势。

分阶段考察全国城乡此项比值变化动态，第一个五年前后（1998 年与 2003 年）对比，提高 3.46 个百分点；第二个五年前后（2003 年与 2008 年）对比，降低 7.31 个百分点；第三个五年前后（2008 年与 2013 年）对比，降低 2.92 个百分点。各五年时段全国城乡此项比值升降变动，第二个五年显著逊于第一个五年，第三个五年则显著好于第二个五年。第四个五年前后（2013 年与 2018 年）对比，全国城乡此项比值提高 0.75 个百分点，文教消费需求增长与居民必需消费之外余钱增多的协调性逆转明显上升。

全国城乡文教消费需求背景的相关性比值分析表明，在城乡文教消费需求增长与全国经济发展、城乡民生进步的协调性关系中，1998～2018 年文教消费占总消费比呈上升态势，与产值比、占收入比、与非文消费剩余比呈下降态势。其中，第一个五年各项比值全面呈现显著的提升态势；第二个五年各项比值全面呈现显著的下降态势；第三个五年文教消费与产值比、占总消费比呈上升态势，占收入比、与非文消费剩余比呈下降态势；第四个五年文教消费与产值比、占收入比、与非文消费剩余比呈上升态势，占总消费比呈下降态势。

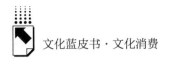

三 全国文化教育消费城乡、区域协调状况

检测城镇与乡村之间文教消费需求的协调增长，同时也检测地区之间城乡文教消费需求的协调增长，这是本项研究评价的独到设计。至此再把全国城乡文教消费需求增长放到城乡之间、地区之间协调增长背景当中，同样可以看出具有可比性的状况和具有警示性的动向，有利于进一步展开分析评价。1998～2018年全国人均文教消费城乡比、城乡地区差变动态势见图5。

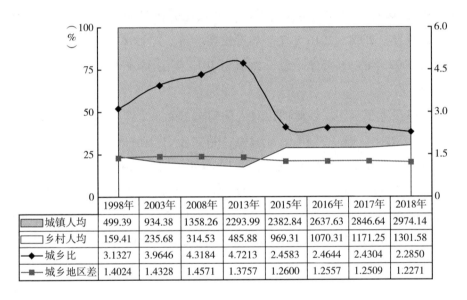

	1998年	2003年	2008年	2013年	2015年	2016年	2017年	2018年
城镇人均	499.39	934.38	1358.26	2293.99	2382.84	2637.63	2846.64	2974.14
乡村人均	159.41	235.68	314.53	485.88	969.31	1070.31	1171.25	1301.58
城乡比	3.1327	3.9646	4.3184	4.7213	2.4583	2.4644	2.4304	2.2850
城乡地区差	1.4024	1.4328	1.4571	1.3757	1.2600	1.2557	1.2509	1.2271

图5 全国人均文教消费城乡比、地区差变动态势

左轴面积：城镇、乡村人均文教消费（元转换为%），城乡间变动呈比例关系。右轴曲线：文教消费城乡比（乡村＝1），城乡文教消费地区差（无差距＝1）。

（一）文化教育消费城乡比呈扩减态势

1998～2018年全国人均文教消费城乡比由3.1327缩小至2.2850，明显缩小27.06%。其间，文教消费城乡比在2000年、2003年、2005年、2008年、2012年、2014～2015年、2017～2018年9个年度出现缩减，其余12个年度为扩增。最小城乡比为 2018 年的 2.2850，最大城乡比为 2013 年的 4.7213，总体上呈现缩小态势。

分阶段考察全国人均文教消费城乡比变化动态，第一个五年前后（1998 年与 2003 年）对比，扩大 26.56%；第二个五年前后（2003 年与 2008 年）对比，扩大 8.92%；第三个五年前后（2008 年与 2013 年）对比，扩大 9.33%；第四个五年前后（2013 年与 2018 年）对比，缩小 51.60%。全国人均文教消费城乡比在第一个五年明显扩大，第二个五年略微扩大，第三个五年略微扩大，第四个五年极显著缩小。

特别需要注意其间的社会背景：最近十余年来，中央将解决"三农"问题列为重中之重，1999～2011 年农村税费改革在各地分层推进，直至彻底免除数千年来的农业税；2004 年以来连年出台涉农"一号文件"，以求推动全国及各地乡村加快发展。然而，在此期间，全国人均文教消费城乡比却"逆动"显著扩大，并多年持续，近几年才明显缓解。众多中心城市决意实施"国际赶超"战略，其建设发展具有更大的加速度，无形中折损了全国城乡均衡发展的应有成效。

全国文教消费城乡比的演算基础是城镇与乡村之间不同的人均文教消费绝对值及其增长变化。全国文教消费城乡比发生变动，同时受到全国城镇与乡村两个方面的历年文教消费需求动态影响。

1998～2018 年，全国城镇人均文教消费由 499.39 元增至 2974.14 元，增加 2474.75 元，20 年间总增长 495.55%，年均增长 9.33%；乡村人均文教消费由 159.41 元增至 1301.58 元，增加 1142.17 元，20 年间总增长 716.50%，年均增长 11.07%。20 年以来，全国城镇人均文教消费需求年均增长低于乡村年均增长 1.74 个百分点，导致文教消费城乡比略微缩小。

分阶段考察，第一个五年，全国城镇人均文教消费总增长 87.10%，年均增长 13.35%；乡村人均文教消费总增长 47.85%，年均增长 8.13%。乡村年均增长幅度低于城镇年均增幅 5.22 个百分点，文教消费城乡比明显扩大。

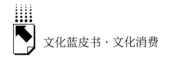

第二个五年，全国城镇人均文教消费总增长 45.36%，年均增长 7.77%；乡村人均文教消费总增长 33.46%，年均增长 5.94%。乡村年均增长幅度低于城镇年均增幅 1.83 个百分点，文教消费城乡比略微扩大。

第三个五年，全国城镇人均文教消费总增长 68.89%，年均增长 11.05%；乡村人均文教消费总增长 54.48%，年均增长 9.09%。乡村年均增长幅度低于城镇年均增幅 1.96 个百分点，文教消费城乡比略微扩大。

第四个五年，全国城镇人均文教消费总增长 29.65%，年均增长 5.33%；乡村人均文教消费总增长 167.88%，年均增长 21.78%。乡村年均增长幅度高于城镇年均增幅 16.45 个百分点，文教消费城乡比极显著缩小。

（二）城乡文化教育消费地区差呈扩减态势

1998～2018 年全国城乡人均文教消费地区差由 1.4024 缩小至 1.2271，较明显缩小 12.50%。其间，城乡人均文教消费地区差在 1998 年、2003 年、2005 年、2007 年、2010～2018 年 13 个年度出现缩减，其余 8 个年度为扩增。最小地区差为 2018 年的 1.2271，最大地区差为 2009 年的 1.4596，总体上呈现逐渐缩小态势。

分阶段考察全国城乡人均文教消费地区差变化动态，第一个五年前后（1998 年与 2003 年）对比，扩大 2.17%；第二个五年前后（2003 年与 2008 年）对比，扩大 1.70%；第三个五年前后（2008 年与 2013 年）对比，缩小 5.59%；第四个五年前后（2013 年与 2018 年）对比，缩小 10.80%。全国城乡人均文教消费地区差在第一个五年略微扩大，第二个五年略微扩大，第三个五年略微缩小，第四个五年较明显缩小。

同样特别需要注意其间的社会背景：从 1999 年开始，国家相继实施西部大开发、东北老工业基地振兴、中部崛起几大区域发展战略，力图促进这些地区的发展赶上东部。然而，在此期间，全国城乡人均文教消费地区差却"逆动"逐渐扩大，并多年持续，近几年才转而缩小。东部若干省份争相实施"率先现代化"战略，抢占更为有利的先机，无形中折损了全国区域均衡发展的应有成效。

全国城乡文教消费地区差发生变动，同时受到全国及 31 个省域城乡文教消费需求历年增长动态影响。全国城乡人均文教消费地区差扩大，意味着较多省域城乡人均文教消费需求与全国城乡总体平均水平相比，分别趋于偏高或偏低的两极分化。

城乡文教消费地区差的扩减变化尽管不如文教消费城乡比的扩减变化那样明显，但同样值得加以关注。事实上，国家"十二五"规划注重"增强城乡区域发展的协调性"，相应推进一系列"综合治理"措施，已经开始看到成效：进入"十二五"之后，全国文教消费城乡比多年扩大之势得以逆转，文教消费地区差也转而缩小，这些都是颇为有益的动向。

全国居民文教消费城乡比、地区差不过是各地既有城乡比、地区差的集中反映，而历史遗留的各方面既有城乡差距、地区差距还比较大，构成中国"非均衡性"社会结构体制鸿沟。为了全面揭示当前各地此项城乡差距、地区差距现实状况，特附各地居民文教消费城乡比、地区差对比（见图 6）。各地城镇、乡村数值形成直观比例体现城乡差距，城乡综合数值形成直观比例体现地区差距。

我国"不平衡不充分的发展"大至整个民生消费需求领域，小至精神文化消费需求领域，都有十分明显的反映。其中文教消费人均值城乡综合演算首位上海为 4968.91 元，末位西藏为 646.70 元，前者是后者的 7.68 倍，此即区域间两地对比最大差距；城镇首位上海为 5490.91 元，乡村末位西藏为 409.00 元，前者是后者的 13.43 倍，此即城乡间两极对比最大差距。在"全面小康"建设进程目标年 2020 年来临之际，这样一种全国纵向城乡之间、横向区域之间的双重"非均衡性"格局确实需要改变。

据既往 20 年动态推演测算，2020 年全国文教消费城乡比将为 2.2141，相比当前较明显缩减；地区差将为 1.2121，相比当前略微缩减。2035 年全国文教消费城乡比将为 1.7475，相比当前继续极显著缩减；地区差将为 1.2034，相比当前继续略微缩减。

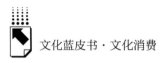

□城乡人均值　■城镇人均值　■乡村人均值

地区	城乡人均值	城镇人均值	乡村人均值
内蒙古（1.4927/1.0084）	2270.08	2592.10	1736.48
湖北（1.7368/1.0237）	2235.05	2694.59	1551.43
黑龙江（1.7422/1.1050）	2048.93	2472.90	1419.42
安徽（1.8664/1.1845）	1866.89	2372.43	1271.11
重庆（1.9245/1.0604）	2150.96	2588.76	1345.16
河北（1.9686/1.2125）	1802.86	2305.00	1170.91
广西（1.9785/1.1904）	1853.45	2466.91	1246.85
河南（1.9806/1.1964）	1839.66	2429.90	1226.85
吉林（2.0062/1.2595）	2221.66	2830.80	1411.03
福建（2.0064/1.0158）	2253.03	2727.62	1359.44
江苏（2.0222/1.1539）	2641.55	3128.96	1547.27
甘肃（2.0304/1.2205）	1784.53	2440.30	1201.85
浙江（2.0606/1.3481）	3086.02	3684.19	1787.93
海南（2.0753/1.0203）	2242.73	2855.72	1376.04
贵州（2.0785/1.2369）	1746.98	2413.52	1161.20
江西（2.1776/1.1750）	1888.71	2490.55	1143.73
陕西（2.1788/1.0820）	2101.44	2729.66	1252.85
宁夏（2.2292/1.0274）	2226.45	2888.68	1295.83
广东（2.2645/1.2153）	2782.09	3335.67	1473.04
全国（2.2850/1.2271）	2289.24	2974.14	1301.58
山东（2.2936/1.0118）	2262.31	2902.74	1265.59
山西（2.2950/1.1215）	2011.21	2638.24	1149.55
云南（2.3103/1.1844）	1867.03	2664.08	1153.11
湖南（2.3380/1.2760）	2921.12	3924.53	1678.59
青海（2.5339/1.2472）	1723.24	2393.62	944.62
四川（2.5517/1.2655）	1681.38	2383.78	934.20
辽宁（2.5733/1.1963）	2738.61	3410.20	1325.24
新疆（2.6232/1.1991）	1833.50	2651.38	1010.74
西藏（2.8749/1.7175）	1175.81	1409.00	646.70
天津（2.9093/1.3968）	3197.55	3598.14	1236.78
北京（3.0647/1.7478）	4001.13	4401.60	1436.24
上海（4.6797/2.1705）	4968.91	5490.91	1173.35

0　1298　2596　3894　5192　6490　7788　9086　10384　11682　12980　（元）

图6　2018年各地居民文教消费城乡比、地区差对比

坐标轴：各地地名附居民文教消费城乡比（左，乡村 = 1，城镇 = 乡村倍差值，如上海城镇人均值为乡村4.6797倍），地区差（右，无差距 = 1，以全国人均值为基准1衡量，上海人均值向上偏差117.05%，西藏人均值向下偏差71.75%，全国总体地区差取31个省域绝对偏差值的平均值加基准值1），按城乡比从小到大顺序自上而下排列。横向柱形：左为城乡人均值（元），中为城镇人均值（元），右为乡村人均值（元）。各地城镇、乡村人均值左右对比直观体现城乡差距，各地城乡综合人均值上下对比直观体现地区差距。

四 全国城乡文化教育消费需求景气指数测评

综合以上分析，20 年以来，全国城乡文教消费需求总量年均增长 11.91%，人均值年均增长 11.27%；城乡文教消费增长略微低于产值增长，略微低于城乡收入增长，略微高于总消费增长，明显低于积蓄增长；人均文教消费城乡比缩小 27.06%，地区差缩小 12.50%。2018 年，全国城乡居民文教消费需求继续保持高增长：总量增长 7.37%，达到 31882.97 亿元；人均值增长 6.88%，达到 2289.24 元。以人均值衡量，文教消费年度增长明显低于产值增长，也明显低于城乡居民收入增长，亦明显低于居民总消费增长，且显著低于居民积蓄增长。全国文教消费城乡比指数比上年缩小 5.98%，地区差指数比上年缩小 1.90%。城乡差距、地区差距正是我国"不平衡不充分的发展"最具代表性的方面。这些都集中体现在全国城乡文教消费需求景气指数的综合测评演算中。

1998~2018 年全国城乡文教消费需求景气指数变动态势见图 7。全国城乡文教消费需求景气指数基于不同时间段、不同基准值的各类测评结果均落实在 2018 年之上。景气指数取百分制，以便横向衡量百分点高低，纵向衡量百分比升降。

（一）各年度无差距理想值横向测评

在各年度理想值横向测评中，城乡文教消费总量份额值以全国总量基准值（全国份额为 100%）来衡量，人均绝对值、相对比值以全国城乡平均值来衡量，相关增率比以上年为基准来衡量，份额、增率上升或高于全国平均值"加分"，份额、增率下降或低于全国平均值"减分"；城乡比和地区差以无差距理想状态加以衡量，无论是全国还是各地，只要存在城乡比和地区差，一律实行"扣分"。

以全国文教消费相关增率比达到平衡，城乡、地区之间实现无差距状态

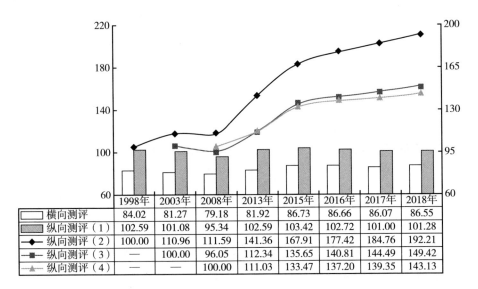

	1998年	2003年	2008年	2013年	2015年	2016年	2017年	2018年
□ 横向测评	84.02	81.27	79.18	81.92	86.73	86.66	86.07	86.55
▨ 纵向测评（1）	102.59	101.08	95.34	102.59	103.42	102.72	101.00	101.28
◆ 纵向测评（2）	100.00	110.96	111.59	141.36	167.91	177.42	184.76	192.21
■ 纵向测评（3）	—	100.00	96.05	112.34	135.65	140.81	144.49	149.42
▲ 纵向测评（4）	—	—	100.00	111.03	133.47	137.20	139.35	143.13

图7 全国城乡人均文教消费需求景气指数变动态势

左轴柱形：左横向测评（无差距理想值＝100）；右纵向测评（1），上年＝100。右轴曲线：纵向测评（起点年基数值＝100），（2）以1998年为起点，（3）以2003年为起点，（4）以2008年为起点。

为"理想值"100，2018年全国城乡此项景气指数为86.55，低于城乡、地区理想值13.45%，但高于2017年0.48个点。

各年度（包括图中省略年度）此项景气指数对比，全部21个年度均低于理想值100；2000年、2002年、2005年、2009年、2011～2015年、2018年10个年度高于上年指数值，其余11个年度低于上年指数值。其中，最高值为2015年的86.73，最低值为2008年的79.18。这是由于，全国城乡文教消费总量和人均绝对值、相对比值作为各地基准，同样也自为基准，文教消费相关增率比、城乡比和地区差就成了全国总体的重要衡量指标。

在此项测评中，全国城乡总体"失分"可能是因为文教消费相关增率比降低，更有可能是因为城乡比和地区差的存在。只要城乡比和地区差缩小，全国城乡总体景气指数就能上升；只有彻底消除城乡比和地区差，全国城乡总体景气指数才能够达到"理想值"100。

（二）1998年以来20年基数值纵向测评

在此项纵向测评中，全国城乡文教消费总量份额值、人均绝对值、相关比值、相关增率比、城乡比和地区差一概以自身20年前相应数值为起点年基数值加以衡量，无论是全国总体还是各地，各项指标数值优于起点年"加分"，逊于起点年"减分"，最终平衡各项指标间升降得失。以下各类纵向测评同理，区别仅在于起点年及其基数值不同。

以1998年为起点基数值100，2018年全国城乡此项景气指数为192.21，高于1998年起点基数92.21%，也高于2017年7.45个点。

1998年以来20年各年度此项景气指数对比，1999~2018年20个年度高于起点年基数值100，其余1个年度低于起点年基数值；1999~2000年、2002年、2004~2005年、2009~2018年15个年度高于上年指数值，其余6个年度低于上年指数值。其中，最高值为2018年的192.21，最低值为1999年的101.55。

（三）2003年以来15年基数值纵向测评

以2003年为起点基数值100，2018年全国城乡此项景气指数为149.42，高于2003年起点基数49.42%，也高于2017年4.93个点。

2003年以来15年各年度此项景气指数对比，2005~2006年、2009~2018年12个年度高于起点年基数值100，其余4个年度低于起点年基数值；2005年、2009~2018年11个年度高于上年指数值，其余5个年度低于上年指数值。其中，最高值为2018年的149.42，最低值为2008年的96.05。

（四）2008年以来10年基数值纵向测评

以2008年为起点基数值100，2018年全国城乡此项景气指数为143.13，高于2008年起点基数43.13%，也高于2017年3.78个点。

2008年以来10年各年度此项景气指数对比，2009~2018年10个年度高于起点年基数值100，其余1个年度低于起点年基数值；2009年、2011~

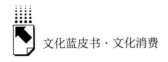

2018 年 9 个年度高于上年指数值，其余 2 个年度低于上年指数值。其中，最高值为 2018 年的 143.13，最低值为 2010 年的 103.45。

（五）逐年度上年基数值纵向测评

以 2017 年为起点基数值 100，2018 年全国城乡此项景气指数为 101.28，高于 2017 年基数值 1.28%。对此项指数逐年进行测评，很容易看出历年变化动态。

逐年度此项景气指数对比，1998~2000 年、2002~2003 年、2005 年、2009 年、2011~2018 年 15 个年度高于上年起点基数值 100，其余 6 个年度低于上年起点基数值；2000 年、2002 年、2005 年、2009 年、2011~2014 年、2018 年 9 个年度高于上年指数值，其余 12 个年度低于上年指数值。其中，最高值为 2014 年的 118.36，最低值为 2008 年的 95.34。

在各类纵向测评中，"失分"来自城乡文教消费总量份额值下降（全国份额基准不发生作用），人均绝对值负增长（全国层面 2007 年乡村总量、2001 年城镇人均值负增长）或增长率下降，相对比值和相关增率比降低，城乡比和地区差扩大；反过来，"得分"则来自城乡文教消费总量份额值上升，人均绝对值增长，相对比值和相关增率比提高，城乡比和地区差缩小。

尽快实现经济发展与基本民生、文化民生增进的同步协调，切实保证"人民共享发展成果"，扼制城乡差距、地区差距多年来不合时宜的"逆动"扩大之势，继而尽快缩小直至消除城乡差距和地区差距，应当是实现"以人民为中心的协调、共享发展"的主要着力点。从测评数据可以看到，"十二五"以来已经显现出明显成效。

技术报告与综合分析

Technical Report and Comprehensive Analysis

B.2

中国文化消费需求景气
评价体系技术报告

——兼析 1998~2018 年文化民生需求态势

王亚南　方　彧　魏海燕*

摘　要： 本文系"中国文化消费需求景气评价体系"技术报告，基于全国城乡综合演算数据，对基础数据来源、数据推演方法、相关数值关系、具体指标测算加以说明，并分析各类数据事实所反映的全国城乡文教消费需求基本态势。本评价体系通用于省域城乡综合测评、城镇与乡村单行测评、中心城市测评，城镇、乡村和中心城市评价指标同构，演算方法同理，

* 王亚南，云南省社会科学院研究员，文化发展研究中心主任，主要研究方向为民俗学、民族学及文化理论、文化战略和文化产业；方彧，中国老龄科学研究中心副研究员，主要研究方向为口头传统、老龄文化和文化产业；魏海燕，云南省政协信息中心主任编辑，主要从事传媒信息分析研究。

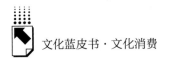

某些特殊的技术性细节在此一并交代，不再重复阐释。

关键词： 文教消费　消费需求　城乡综合测评

本书为《中国文化消费需求景气评价报告》第 10 个年度卷，本文系"中国文化消费需求景气评价体系"技术报告，对评价指标系统和测评演算方法进行阐述。同时，文中基于全国城乡综合演算数据，对基础数据来源、数据推演方法、相关数值关系、具体指标测算加以说明，并分析各类数据事实所反映的全国城乡文教消费需求基本态势。其中，总报告已详细分析的文教消费总量和人均值增长、城镇与乡村增长差距从简，而文教消费与产值、收入、总消费、积蓄之间的关系以及地区之间增长差距适度展开考察。

此项评价的历时起点由当前最新数据年度 2018 年回溯 20 年，以便长时段、纵向度检测从"基本小康"到"全面小康"推进整整 20 年的文化民生发展。

一　基础数据来源及其演算方法

本评价体系通用于省域（除台港澳以外省级行政区划设置，包括省、自治区和直辖市）城乡综合测评、城镇与乡村单行测评，所使用的基础数据出自每年正式出版的国家统计局《中国统计年鉴》，各地相关统计年鉴数据作为辅助校验参考。同一来源的数据具有同一统计制度之下的口径同一性和标准同一性，能够确保全国及各省域之间数据演算的通约性及其测评结果的可比性。统计年鉴历年卷一般在每年年底出版，正式公布前一个年度统计数据。2018 年统计数据为年鉴 2019 年卷新近出版公布的最新数据。

本评价体系采用的基础数据包括：全国及各地产值，全国及各地居民收入、总消费（从中又区分出非文消费与文教消费）、积蓄（收入与总消费之差）。

（一）文化（文教）消费总量数值的演算处理

文化教育消费总量数据需要通过多重演算衍生得出。

在现行统计制度下，全国及各地居民各类消费支出分为城镇与乡村两个方面分别统计，因而城乡综合数据需要结合相应范围城乡人口分布数据，推算得出城乡综合总量和人均数值。东部、中部、西部和东北四大区域的各类数据在《中国统计年鉴》里多年阙如，需要根据相关省域数据再推算得出。其间数据关系及演算方法见表1。《中国统计年鉴》2005年卷开始提供四大区域城镇、乡村居民总消费及文化教育综合人均值等数据，但由于无法回溯以往年度，本项研究评价仍然通过自己的演算方法得出相应数据，以保持历年的一致性。

人口数据对于演算各类总量数值和人均数值具有基础意义，必须首先做如下说明。

（1）国家统计局"国家统计数据库"曾经校订《中国统计年鉴》历年卷公布的全国城乡人口数据，包括省域人口数据，本评价体系演算数据库及时跟进采用；同时按照统计规范，转换为年平均人口数据进行演算，相应演算数值与本项研究早期成果（使用年末人口数据）会有微小出入。

（2）《中国统计年鉴》历年卷公布的全国城乡总人口包括军队等特殊群体（计入城镇人口），分地区人口不涉及，加之演算全国及各地人口最终需转换为年平均人口，全国年平均总人口不严格等于各省域年平均人口之和，由此演算的全国总量数值与各省域总量之和有出入，未予平衡，原样保留。

（3）《中国统计年鉴》未逐年提供分地区城乡人口分布数据。本项研究出于逐年开展演算测评的需要，依据2000~2005年省域城镇与乡村人口各自年均增长率，推算2001~2004年省域城镇与乡村人口年均增长值；又依据2005~2009年省域城镇与乡村人口各自年均增长率，推算2010年省域城镇与乡村人口增长值。最后按省域城乡总人口进行平衡处理，得出相应年度城乡人口分布数值，再分别转化为城镇与乡村年平均人口，据此进行相关演算。

表1 城镇与乡村数据来源、城乡数值关系及综合演算

范围和内容	相应基础数据具体出处	引入人口参数	人口数据出处
全国城镇居民收入、总消费、文化（文教）消费	《中国统计年鉴》"6－21 城镇居民分地区人均可支配收入""6－24 城镇居民分地区人均消费支出"，需演算总量	→全国城镇总量 ↓ 全国城乡总量 →综合人均值 ↑ →全国乡村总量	《中国统计年鉴》"2－7 分地区人口的城乡构成和出生率、死亡率、自然增长率"（基础数据均为年末人口数，需演算转化成年平均人口）。年鉴历年卷章号章名、表号表名多有不同，以 2015 年卷（发布 2014 年数据）为准
全国乡村居民收入、总消费、文化（文教）消费	《中国统计年鉴》"6－25 农村居民分地区人均可支配收入""6－28 农村居民分地区人均消费支出"，需演算总量		
省域城镇居民收入、总消费、文化（文教）消费	同上全国城镇部分。各地总量分别演算未经平衡，各地之和不等于全国总量	→省域城镇总量 ↓ 省域城乡总量 →综合人均值 ↑ →省域乡村总量	
省域乡村居民收入、总消费、文化（文教）消费	同上全国乡村部分。各地总量分别演算未经平衡，各地之和不等于全国总量		
四大区域城镇居民收入、总消费、文化（文教）消费	相关省域总量之和引入相应范围城镇人口参数反推人均值	←区域城镇总量 ↓ 区域城乡总量 →综合人均值 ↑ ←区域乡村总量	《中国统计年鉴 2005》开始提供四大区域城镇、乡村居民消费数据，因无法回溯以往年度，本项研究仍自行演算；2015 年卷开始提供全国及各地城乡综合居民人均收入、消费细分数据，本项研究采用，此前诸多年度仍自行演算
四大区域乡村居民收入、总消费、文化（文教）消费	相关省域总量之和引入相应范围乡村人口参数反推人均值		
全国及省域城乡居民收入、总消费、文化（文教）消费人均值	《中国统计年鉴》（2015 年卷首次）"6－17 全国居民分地区人均可支配收入""6－20 全国居民分地区人均消费支出"，需演算总量	全国及省域居民收入、消费人均值直接使用，另需演算总量	
全国及省域、四大区域产值总量、人均值	全国数据："3－1 国内生产总值"；省域数据："3－9/3－10 地区生产总值/人均值"；四大区域数据：相关省域综合演算	全国、省域产值数据直接使用，四大区域产值数据演算得出	

注：本项研究多年前率先展开民生数据城乡综合演算，引来国家统计制度及其数据发布改进，《中国统计年鉴》2015 年卷首次提供 2014 年居民人均收入、消费（包括可验证之分类消费）城乡综合演算数据。经两年使用验证，年鉴发布的"人民生活"城乡综合人均值与仍需自行测算的总量之间存在演算误差，对应年鉴同时发布的产值人均值和总量分别演算居民收入比、居民消费率、文教消费率等，人均值演算与总量演算结果均有出入，因而本项检测回归采用自行演算城乡人均值，必要时附年鉴提供的城乡人均值作为参考。

此外，1997 年以前重庆尚未作为省域单列，西藏缺 1993 年、1995 年和 1997～1998 年数据，相应年度全国总量演算不包含此二地，即计算总量的人口基数对应减除。

（二）各项人均值基础数据具体出处

1. 人均产值

（1）全国人均产值。历年全国产值人均值（也包括总量）数据依照《中国统计年鉴》2019 年卷校订。2018 年全国产值数据亦为《中国统计年鉴》2019 年卷提供的初步核实数据，到下一年度仍有必要按照《中国统计年鉴》2020 年卷再予修订。

（2）省域人均产值。各省域产值人均值（亦包括总量）数据见于《中国统计年鉴》历年卷。此外，国家统计局"国家统计数据库"曾经校订历年各省域人均产值数据，本评价体系及时跟进采用，于是省域人均产值相关演算数值与本项研究此前推出的相应成果可能会有细微出入。依照《中国统计年鉴》2015 年卷，又曾校订少数地区 2010 年以来的产值数据。

2. 居民人均收入

全国及省域城镇、乡村居民人均可支配收入（以往对乡村称为"纯收入"）数据见《中国统计年鉴》历年卷。结合相应年度全国及省域城乡人口分布数据演算，即可得到全国及省域城乡综合人均收入数值。

3. 居民人均总消费

全国及省域城镇、乡村居民人均总消费数据见《中国统计年鉴》历年卷。结合相应年度全国及省域城乡人口分布数据演算，即可得到全国及省域城乡综合人均总消费数值。在本项研究中，人均总消费数值又区分为人均非文消费数值与文教消费数值。

4. 居民人均文化（文教）消费

全国及省域城镇、乡村居民人均文教消费数据见《中国统计年鉴》历年卷"教育文化娱乐"统计项（2015 年卷改现称，2012 年卷开始统称"文教娱乐"，之前城乡统计项名称不统一）。再结合相应年度全国及省域城乡人口分布数据演算，即可得到全国及省域城乡综合人均文教消费数值。《中国统计年鉴》发布数据原先对城镇居民文化消费、教育消费予以区分，而对乡村居民文化消费、教育消费未予区分，笼统视为"文化消费"，这样检测得出的文化消费城乡比存在误差；近几年对城镇、乡村居民文化消费、教育消费皆不再区分，本文亦相应综合分析整个"教育文化娱乐"消费分类项（简称"文教消费"），这样检测得出的文教消费城乡比更加准确。

在较早年度统计年鉴里，"各地区农村居民家庭平均每人生活消费支出"统计项曾经列出细目，倘若依此排除其中"教育消费"部分，则乡村"文化消费"所剩无几。这或许就是乡村居民"文化教育消费"不便予以区分的原因所在。

本项研究多年前率先展开民生数据城乡综合演算，引来国家统计制度及其数据发布改进。《中国统计年鉴》2015年卷首次提供2014年居民人均收入、消费（包括可验证之分类消费，文教消费亦在其中）城乡综合演算数据，本项检测采用作为"特例数据"而"嵌入"使用，此前诸多年度仍系自行演算，原有数据库测算模型保持不变，以保证历年通行检测的系统性。经两年使用验证，年鉴发布的城乡综合人均值与仍需自行测算的总量之间存在演算误差，对应年鉴同时发布的产值人均值和总量分别演算文教消费率，人均值演算与总量演算结果均有出入，因而本项检测回归采用自行演算城乡综合人均值，以保证数据库测算模型的规范性及其历年通行测评的标准化。

5. 居民人均积蓄

居民收入数据与总消费数据之差（消费剩余）即为居民积蓄数值。本项研究一直使用"积蓄"概念，以区别于已经存入银行的"储蓄"，"积蓄"包括放在任何地方的"余钱"，理应远远高于"储蓄"。同时，本项研究集中关注居民积蓄，可以避开在银行储蓄中清晰划分"居民部门"、"政府部门"和"企业部门"储蓄的难题。

中国民众历来注重积蓄的传统而主动抑制消费，社会保障体系建设滞后更促使广大民众加大积蓄以求"自我保障"，积蓄由此成为当今中国社会之"必需"。这意味着，中国民众在"必需消费"之外，还有"必需积蓄"——诸如家庭购房、子女教育、个人病老各类"基金"，于是"非必需"的精神文化消费反而成了"必需积蓄"之外的"积蓄剩余"。完善的市场经济体制必须有健全的社会保障体系与之相配套，中国经济发展长期面临国内消费需求不足的困扰，"十一五"前几年全国城乡文教消费需求增长下滑，而城乡居民积蓄普遍猛增，根本原因就在于缺乏健全的社会保障体系。

二 各项测评指标及其设计思路

本评价体系设计并使用的测评指标一共分为 3 类 12 项。由于难寻可供借鉴的国内外现成经验数据及其测算方法，这些指标多为本项评价从实际出发，从我国现行统计制度及其既有统计数据项目出发，精心构思甚至是独创而来。

（一）数量指标：文化（文教）消费绝对数值

文教消费绝对值分为总量绝对值和人均绝对值两类数值。各地总量需转换为占全国份额值。

1. 文化（文教）消费总量份额值

城乡文教消费需求总量是文化产业生产总量实际进入日常生活消费的具体表现，也是文化建设和文化生产的发展成果实际转化为广大人民群众文教消费需求的具体体现。然而，无论是各地生产总量还是消费总量数值背后，都存在省域大小、人口多少的差异，地区经济规模、产业基础等也都存在巨大差异，总量数值在各地不具备可比性。本项研究主要在全国层面直接考察城乡文教消费需求总量增长态势。

各地城乡文教消费需求总量绝对值本身不具可比性，各地城乡总量增长幅度和占全国份额变化却可以进行比较。实际上，总量年均增长与份额增减变化是联系在一起的，总量年均增长排序与份额增减变化排序也是一致的。

1998～2018 年全国城乡文教消费总量增长态势见图 1，囿于制图篇幅，其中前几个五年时段末年直接对接，文中分析历年增长变化态势时，运用数据库后台演算功能，检测结果包含图中省略年度（后同）。

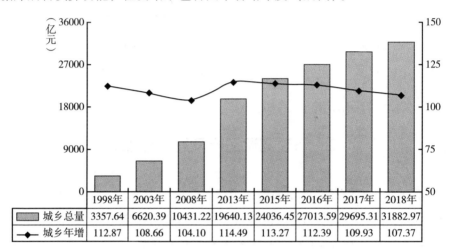

图 1 1998～2018 年全国城乡文教消费总量增长态势

左轴柱形：全国城乡文教消费总量（亿元）。右轴曲线：年度增长指数（上年＝100，小于 100 为负增长）。

各地城乡文教消费总量占全国份额升降变化，取决于全国与当地两个方面的增长差异。1998～2018 年，全国城乡文教消费总量增长 849.56%，年均增长 11.91%。其中，第一个五年（1998～2003 年，后同）总增长 97.17%，年均增长 14.54%；第二个五年（2003～2008 年，后同）总增长 57.56%，年均增长 9.52%；第三个五年（2008～2013 年，后同）总增长 88.28%，年均增长 13.49%；第四个五年（2013～2018 年，后同）总增长 62.34%，年均增长 10.17%。最高增长年度为 2002 年，增长 27.28%；次高增长年度为 2011 年，增长 16.70%；最低增长年度为 2008 年，增长 4.10%；次低增长年度为 2018 年，增长 7.37%。

此项指标测算中，全国城乡总量自为基准，各地以自身总量占全国份额年度增减变化来衡量。在各年度横向测评里，各地以上一年自身总量占全国份额为基数，譬如设 2017 年各自占全国份额为 100（用百分制为正文按惯例保留 2 位小数），则 2018 年东部整体测算值为 99.36，东北整体测算值为 100.93，中部整体测算值为 100.80，西部整体测算值为 100.80。这表明，用此项指标检测过去一年以来变化，东北、中部、西部份额略微上升，皆获"加分"；东部份额略微下降，遭"减分"。

在历年度纵向测评里，各地以起始年度自身总量占全国份额为基数，譬如设 1998 年各自占全国份额为 100，则 2018 年东部整体测算值为 93.71，东北整体测算值为 105.13，中部整体测算值为 101.34，西部整体测算值为 98.17。这表明，用此项指标检测过去 20 年以来变化，东北份额较明显上升，中部份额略微上升，皆获"加分"；西部份额略微下降，东部份额较明显下降，皆遭"减分"。

2. 人均文化（文教）消费绝对值

文教消费的各项相关性比值指标和比差校正指标，均需要依据人均文教消费绝对值来加以演算。所以，人均文教消费绝对值是一项基础性指标。《中国统计年鉴》历年卷直接提供了全国和省域城镇与乡村两方面的人均文教消费统计数据，但城乡综合测评还需演算得出全国及各地城乡综合人均数值。1998～2018 年全国城乡人均文教消费增长态势见图 2。

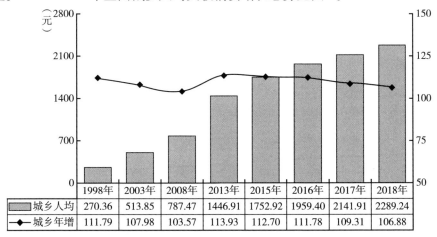

	1998年	2003年	2008年	2013年	2015年	2016年	2017年	2018年
城乡人均	270.36	513.85	787.47	1446.91	1752.92	1959.40	2141.91	2289.24
城乡年增	111.79	107.98	103.57	113.93	112.70	111.78	109.31	106.88

图 2　1998～2018 年全国城乡人均文教消费增长态势

左轴柱形：全国城乡人均文教消费（元）。右轴曲线：年度增长指数（上年 = 100，小于 100 为负增长）。

由图 2 并结合图 3 可以看出，在"十一五"期间全国人均产值接近和超越 3000 美元的背景下，全国城乡文教消费需求增长反而不如"十五"人均产值接近和超越 1000 美元期间。显然，影响广大人民群众文教消费需求，不仅仅是人均产值增长因素，还有深刻的社会发展背景因素。分析影响中国城乡文教消费需求的相关因素，特别是理清文教消费需求增长与经济社会发展基本格局的相关关系，对于扩大城乡文教消费需求，增加城乡文教消费总量，强化文化产业发展的内生动力，促进文化与经济、社会的协调发展至关重要。

1998~2018 年，全国城乡人均文教消费总增长 746.74%，年均增长 11.27%。其中，第一个五年总增长 90.06%，年均增长 13.70；第二个五年总增长 53.25%，年均增长 8.91%；第三个五年总增长 83.74%，年均增长 12.94%；第四个五年总增长 58.22%，年均增长 9.61%。最高增长年度为 2002 年，增长 26.43%；次高增长年度为 2011 年，增长 16.15%；最低增长年度为 2008 年，增长 3.57%；次低增长年度为 2018 年，增长 6.88%。由人口增长所致，各时段人均值增长率皆略低于总量增长率。

此项指标在各年度横向测评里，全国城乡总体人均值自为基准，各地以自身人均值与全国人均值之间的差距指数衡量。譬如设 2018 年全国城乡人均值为 100，对照图 8 进行比较演算（后同），东部整体测算值为 116.64，东北整体测算值为 103.50，中部整体测算值为 93.12，西部整体测算值为 81.79。这表明，在 2018 年，东部人均值较明显高于全国人均值，东北人均值略微高于全国人均值，此项指标检测皆获"加分"；中部人均值略微低于全国人均值，西部人均值较明显低于全国人均值，此项指标检测皆遭"减分"。

在历年度纵向测评里，全国及各地城乡均以自身起始年度相应数值为基数衡量。譬如分别设全国城乡总体 1998 年、2003 年、2008 年和 2013 年人均值为 100，则 2018 年测算值分别为 846.75、445.51、290.71 和 158.22。这意味着，分别考察 20 年及其间各五年时段变化，全国城乡人均值在各时段皆为显著提升，此项指标检测获显著"加分"。各地依此类推。

一般而言，全国及各地人均文教消费绝对值总是处于持续增高之中，此项指标在纵向测评中实为最为强劲的"加分"因素。但是，一旦出现年度负增长，或整个五年时段负增长，甚至是两个五年时段连续十年累计负增长（少数省域乡村层面即是如此），此项指标即成为"减分"因素。"十一五"期间各年人均文教消费绝对值负增长导致"减分"的情况在各省域乡村屡见不鲜，甚至在各省域城镇也时有可见。

（二）质量指标：文化（文教）消费相对比值

尽可能利用现行统计制度下的各类国颁统计数据项，构成并衡量由此产生的各种相关性比值，正是本评价体系从实际出发建立测评指标系统的基本方法。人均文教消费数值与人均产值、收入、总消费、积蓄数值之间的相对关系分析，尤其是从中折射出来的经济、社会发展的背景因素，是本评价体系确立文教消费相对比值指标的依据。

1. 文化（文教）消费与产值比

居民总消费与 GDP 的相对比值（居民消费率）可以衡量国内民生消费拉动 GDP 的效应，文教消费与 GDP 的相对比值（居民文教消费率）同样可以衡量文教消费拉动 GDP 的效应，反过来看，则是我国经济增长带动民生和文化民生消费需求增长的实际效应。假设一个地区的城乡居民消费和文教消费的民生需求长期得不到有力提升，那么生产增长和文化生产增长也就背离了自身依存的基本目的，恐怕只能视为某种"把手段当成目的"的无效生产。

在此项指标的测算中，如果一个地区人均产值增长持续高涨，而城乡居民人均文教消费需求增长连年低落，那么测评分值无疑将会降低。对于各地文化产业增加值，尤其需要进行如此衡量，以破解近几年来各地愈演愈烈的"文化产业增加值追逐"现象，发展文化生产就是为了满足文教消费需求，遗憾的是缺乏统一标准的逐年分地区文化产业增加值统计数据。

1998～2018 年全国城乡文教消费与产值增长关系态势见图 3。

图 3 将全国人均产值、城乡人均文教消费绝对值转换为图形面积直观比

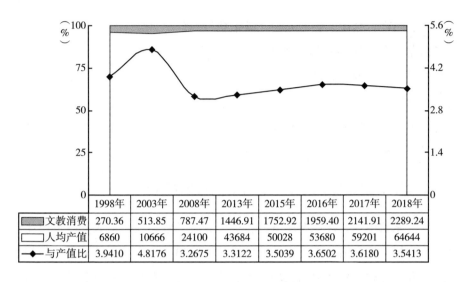

	1998年	2003年	2008年	2013年	2015年	2016年	2017年	2018年
文教消费	270.36	513.85	787.47	1446.91	1752.92	1959.40	2141.91	2289.24
人均产值	6860	10666	24100	43684	50028	53680	59201	64644
与产值比	3.9410	4.8176	3.2675	3.3122	3.5039	3.6502	3.6180	3.5413

图3　全国人均产值、城乡人均文教消费及其间比例关系态势

　　左轴面积：全国人均产值、城乡人均文教消费（元转换为%），二者变动呈比例关系。右轴曲线：全国城乡人均文教消费与人均产值比（%）。另需说明，国家统计局虽已公布第四次全国经济普查对于2018年全国产值修订数据，但未公布相应各地修订数据，因而仍统一采用《中国统计年鉴》2019年卷发布的全国及各地产值"初步核算数"，留待《中国统计年鉴》2020年卷发布时再统一修订。

例，并设置动态曲线标明文教消费与产值的比值变动态势。1998～2018年，全国城乡文教消费与产值比呈现波动下降走势，在1998～2000年、2002年、2009年、2012～2013年、2015～2016年9个年度出现增高，在2001年、2003～2008年、2010～2011年、2014年、2017～2018年12个年度降低。其中在进入"十一五"之后，全国人均产值接近并超越3000美元期间，城乡文教消费与产值比在若干年度连续下降。最高值为2002年的5.01%，最低值为2011年的3.12%。这就说明，人均产值数值达到特定高度，必将带来文化消费需求高涨的所谓"国际经验"，并不适用于"中国现实"。

　　全国城乡文教消费与产值比升降变化，取决于人均产值与人均文教消费两个方面的增长差异。1998～2018年，全国人均产值总增长842.33%，年均增长11.87%。产值总增长幅度为文教消费总增幅的1.13倍，文教消费年均增长幅度低于产值年均增幅 0.60 个百分点。

由于不同时期产值与文教消费增长出现差异，全国城乡文教消费与产值比在第一个五年提高 0.88 个百分点，第二个五年降低 1.55 个百分点，第三个五年提高 0.04 个百分点，第四个五年提高 0.23 个百分点，1998～2018 年累计降低 0.40 个百分点。

此项指标在各年度横向测评里，全国城乡总体比值自为基准，各地以自身比值与全国比值之间的差距指数衡量。譬如设 2018 年全国城乡此项比值为 100，对照本书 B.3 城乡排行报告表 3，东部整体测算值为 83.96，东北整体测算值为 127.98，中部整体测算值为 115.63，西部整体测算值为 108.51。这表明，在 2018 年，东北比值显著高于全国平均比值，中部比值明显高于全国平均比值，西部比值较明显高于全国平均比值，此项指标检测皆获"加分"；东部比值明显低于全国平均比值，此项指标检测遭"减分"。

在历年度纵向测评里，全国及各地城乡均以自身起始年度此项比值为基数衡量。譬如分别设全国城乡总体 1998 年、2003 年、2008 年和 2013 年此项比值为 100，则 2018 年测算值分别为 89.86、73.51、108.38 和 106.92。这意味着，分别考察 20 年及其间各五年时段变化，全国城乡总体此项比值明显降低，此项指标检测"减分"，其中最近 5 年以来较明显好转。各地依此类推。

鉴于 20 年以来全国城乡文教消费与产值的比值处于持续波动之中，此项指标在纵向测评中成为分量较重的"变量"，有较多年度成为"减分"因素。令人欣喜的是，"十二五"以来此项比值逐步提升，指数检测相应得以"加分"。

2. 文化（文教）消费占居民收入比

诚然，在各地人均文教消费绝对值背后，还存在人们收入水平的差异，文教消费占当地居民收入比显然更具有可比性。文教消费占当地居民收入比可以类比于一定收入水平下人均食物消费比重变化的"恩格尔定律关系"，体现出一定收入水平下的文教消费需求，不妨作为某种"文化民生系数"的演算基础。

倘若一个地区的城乡居民文教消费在当地居民收入中占有较高比重，那么当地城乡文教消费需求相对旺盛就是毫无疑义的。反之，倘若一个地区的城乡人均文教消费绝对值也许不算低，在当地居民人均收入中所占比重却偏低，那么也不能表明当地城乡文教消费需求旺盛。这就是相对比值比绝对数值更能说明问题的原因所在。

1998～2018年全国城乡文教消费与收入增长关系态势见图4。

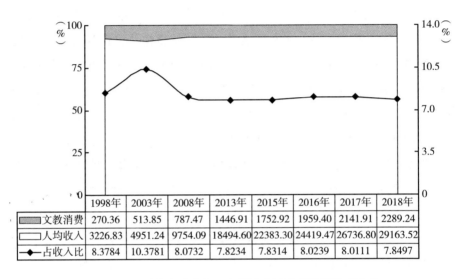

	1998年	2003年	2008年	2013年	2015年	2016年	2017年	2018年
文教消费	270.36	513.85	787.47	1446.91	1752.92	1959.40	2141.91	2289.24
人均收入	3226.83	4951.24	9754.09	18494.60	22383.30	24419.47	26736.80	29163.52
占收入比	8.3784	10.3781	8.0732	7.8234	7.8314	8.0239	8.0111	7.8497

图4 全国城乡人均收入、文教消费及其间比例关系态势

左轴面积：全国城乡人均收入、人均文教消费（元转换为%），二者变动呈比例关系。右轴曲线：全国城乡人均文教消费占人均收入比（%）。

图4将全国城乡人均收入、人均文教消费绝对值转换为图形面积直观比例，并设置动态曲线标明文教消费与收入的比值变动态势。1998～2018年，全国城乡文教消费占收入比呈现波动下降走势，在1998～2002年、2013年、2015～2016年8个年度出现增高，在2003～2012年、2014年、2017～2018年13个年度降低。其中在进入"十一五"之后，全国城乡人均收入持续增高期间，城乡文教消费占收入比在若干年度连续下降。最高值为2002年的10.62%，最低值为2014年的7.61%。这就说明，人均收入增长导致恩格尔系数下降，必然带来文化消费需求高涨的"合理推论"，也不适用于

"中国现实"。

全国城乡文教消费占收入比升降变化，取决于人均收入与人均文教消费两个方面的增长差异。1998~2018 年，全国城乡人均收入总增长 803.78%，年均增长 11.64%。收入总增长幅度为文教消费总增幅的 1.08 倍，文教消费年均增长幅度低于收入年均增幅 0.37 个百分点。

由于不同时期收入与文教消费增长出现差异，全国城乡文教消费占收入的比重在第一个五年提高 2.00 个百分点，第二个五年降低 2.30 个百分点，第三个五年降低 0.25 个百分点，第四个五年提高 0.03 个百分点，1998~2018 年累计降低 0.53 个百分点。

此项指标在各年度横向测评里，全国城乡总体比值自为基准，各地以自身比值与全国比值之间的差距指数衡量。譬如设 2018 年全国城乡此项比值为 100，对照本书 B.3 城乡排行报告表 4，东部整体测算值为 91.78，东北整体测算值为 116.72，中部整体测算值为 109.24，西部整体测算值为 103.51。这表明，在 2018 年，东北比值明显高于全国平均比值，中部比值较明显高于全国平均比值，西部比值略微高于全国平均比值，此项指标检测皆获"加分"；东部比值较明显低于全国平均比值，此项指标检测遭"减分"。

在历年度纵向测评里，全国及各地城乡均以自身起始年度此项比值为基数衡量。譬如分别设全国城乡总体 1998 年、2003 年、2008 年和 2013 年此项比值为 100，则 2018 年测算值分别为 93.69、75.64、97.23 和 100.34。这意味着，分别考察 20 年及其间各五年时段变化，全国城乡总体此项比值较明显降低，此项指标检测"减分"，其中最近 5 年以来略有好转。各地依此类推。

鉴于 20 年以来全国城乡文教消费与收入的比值处于持续波动之中，此项指标在纵向测评中亦属分量较重的"变量"，较多年度成为"减分"因素，部分年度成为"加分"因素。

3. 文化（文教）消费占居民总消费比

同样，在各地人均文教消费绝对值背后，也存在人们消费水平的差异，文教消费占当地居民总消费比更具有可比性。文教消费占当地居民总消费比可以类比于人均食物消费占总消费支出比的"恩格尔系数",体现出一定消费结构中的文教消费需求,不妨直接视为"文化民生系数"。把总消费分解为非文消费与文教消费,文教消费与非文消费的关系也就表现为文教消费占总消费比。

倘若一个地区的城乡居民文教消费在当地居民总消费中占有较高比重,那么当地城乡文教消费需求相对旺盛的事实也是确定无疑的。反之,倘若一个地区的城乡人均文教消费绝对值也许不算低,在当地居民人均总消费中所占比重却偏低,那么也不能表明当地城乡文教消费需求旺盛。在此,同样是相对比值比绝对数值更能说明问题。

1998～2018年全国城乡文教消费与总消费增长关系态势见图5。

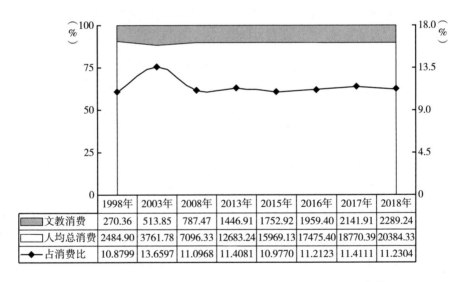

	1998年	2003年	2008年	2013年	2015年	2016年	2017年	2018年
文教消费	270.36	513.85	787.47	1446.91	1752.92	1959.40	2141.91	2289.24
人均总消费	2484.90	3761.78	7096.33	12683.24	15969.13	17475.40	18770.39	20384.33
占消费比	10.8799	13.6597	11.0968	11.4081	10.9770	11.2123	11.4111	11.2304

图5 全国城乡人均总消费、文教消费及其间比例关系态势

左轴面积:全国城乡人均总消费、人均文教消费(元转换为%),二者变动呈比例关系。
右轴曲线:全国城乡人均文教消费占人均总消费比(%)。

图5将全国城乡人均总消费、人均文教消费绝对值转换为图形面积直观比例,并设置动态曲线标明文教消费与总消费的比值变动态势。1998～2018年,全国城乡文教消费占总消费比呈现波动上升走势,在1998～2002年、

2010 年、2013 年、2015～2017 年 10 个年度出现增高，在 2003～2009 年、2011～2012 年、2014 年、2018 年 11 个年度降低。其中在进入"十一五"之后，全国城乡人均总消费持续增加期间，城乡文教消费占总消费比在若干年度持续下降。最低值为 2014 年的 10.60%，最高值为 2002 年的 13.82%。这就说明，人均总消费增长引起消费结构发生变化，必定带来文化消费需求高涨的"常识判断"，同样不适用于"中国现实"。

全国城乡文教消费占总消费比升降变化，取决于人均总消费与人均文教消费两个方面的增长差异。1998～2018 年，全国城乡人均总消费增长720.33%，年均增长 11.10%。总消费增长幅度为文教消费总增幅的96.46%，文教消费年均增长幅度高于总消费年均增幅 0.17 个百分点。

由于不同时期总消费与文教消费增长出现差异，全国城乡文教消费占总消费比在第一个五年提高 2.78 个百分点，第二个五年降低 2.56 个百分点，第三个五年提高 0.31 个百分点，第四个五年降低 0.18 个百分点，1998～2018 年累计提高 0.35 个百分点。

此项指标在各年度横向测评里，全国城乡总体比值自为基准，各地以自身比值与全国比值之间的差距指数衡量。譬如设 2018 年全国城乡此项比值为 100，对照本书 B.3 城乡排行报告表 5，东部整体测算值为 94.75，东北整体测算值为 110.91，中部整体测算值为 108.68，西部整体测算值为98.89。这表明，在 2018 年，东北比值明显高于全国平均比值，中部比值较明显高于全国平均比值，此项指标检测皆获"加分"；西部比值略微低于全国平均比值，东部比值较明显低于全国平均比值，此项指标检测皆遭"减分"。

在历年度纵向测评里，全国及各地城乡均以自身起始年度此项比值为基数衡量。譬如分别设全国城乡总体 1998 年、2003 年、2008 年和 2013 年此项比值为 100，则 2018 年测算值分别为 103.22、82.22、101.20 和 98.44。这意味着，分别考察 20 年及其间各五年时段变化，全国城乡总体此项比值略有提高，此项指标检测"加分"，其中最近 5 年以来仍略有恶化。各地依此类推。

鉴于 20 年以来全国城乡文教消费与总消费的比值持续处于波动之中，此项指标在纵向测评中亦属分量较重的"变量"，部分年度成为"减分"因素，较多年度成为"加分"因素。

4. 文化（文教）消费与居民非文消费剩余比

对应于"非文消费"，便有"非文消费剩余"，文教消费与积蓄之和即为"非文消费剩余"，亦即人均收入与非文消费之差。这是本评价体系独创的一种特殊变通设计，目的在于关注并测评文教消费与积蓄之间的特定关系值。如果把"非文消费"假定为物质生活和社会生活的"必需消费"，那么文教消费作为"非必需"消费自然与积蓄一起归入"非文消费剩余"。这样一来，对应于"非必需"文教消费与"必需"非文消费的关系处理为文教消费占总消费比，文教消费与积蓄的关系也就处理为文教消费与非文消费剩余比。

倘若一个地区的城乡居民人均积蓄增长极度攀升，势必首当其冲直接挤压作为"积蓄剩余"的"非必需"文教消费，那么当地城乡文教消费需求萎缩的事实也就显而易见。这就是中国民众文教消费需求的"积蓄增长负相关效应"。

之所以把文教消费与积蓄的关系分析处理为文教消费与非文消费剩余比，还出于技术原因：本评价体系的指标设计需要同样可以分别适用于城乡综合、城镇和乡村单独测评。乡村居民消费支出包括实物消费，而收入却是指"纯收入"；少数地方在少数年度乡村居民人均总消费略大于人均收入，人均积蓄便成为负值，于是在测评演算中也会出现不合理的负值指数。变通设计为文教消费与非文消费剩余比，也就避开这一技术难题。

1998～2018 年全国城乡文教消费与非文消费剩余增长关系态势见图 6。

图 6 将全国城乡人均非文消费剩余、人均文教消费绝对值转换为图形面积直观比例，并设置动态曲线标明文教消费与非文消费剩余的比值变动态势。1998～2018 年，全国城乡文教消费与非文消费剩余比呈现波动下降走势，在 2000 年、2002 年、2005 年、2009 年、2014～2016 年 7 个年度出现增高，在 1998～1999 年、2001 年、2003～2004 年、2006～2008 年、2010～

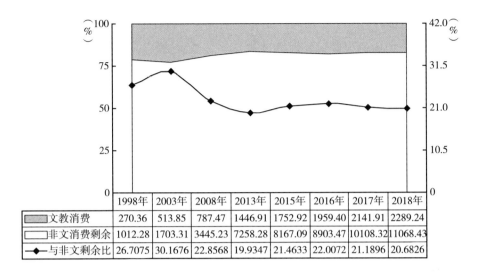

	1998年	2003年	2008年	2013年	2015年	2016年	2017年	2018年
文教消费	270.36	513.85	787.47	1446.91	1752.92	1959.40	2141.91	2289.24
非文消费剩余	1012.28	1703.31	3445.23	7258.28	8167.09	8903.47	10108.32	11068.43
与非文剩余比	26.7075	30.1676	22.8568	19.9347	21.4633	22.0072	21.1896	20.6826

图 6　全国城乡人均非文消费剩余、文教消费及其间比例关系态势

左轴面积：全国城乡人均非文消费剩余、人均文教消费（元转换为%），二者变动呈比例关系。右轴曲线：全国城乡人均文教消费与人均非文消费剩余比（%）。

2013 年、2017～2018 年 14 个年度降低。其中进入"十一五"之后，全国城乡人均积蓄持续增大期间，城乡文教消费与非文消费剩余比在若干年度持续显著下降。最高值为 2002 年的 31.45%，最低值为 2013 年的 19.93%。这就说明，人均积蓄增长造成人们"必需"消费之外余钱增多，势必带来文化消费需求高涨的"臆想假说"，还是不适用于"中国现实"。

全国城乡文教消费与非文消费剩余比升降变化，取决于人均非文消费剩余与人均文教消费两个方面的增长差异。1998～2018 年，全国城乡人均非文消费剩余总增长 993.42%，年均增长 12.70%。非文消费剩余总增长幅度为文教消费总增幅的 1.33 倍，文教消费年均增长幅度低于非文消费剩余年均增幅 1.43 个百分点。

由于不同时期非文消费剩余与文教消费增长出现差异，全国城乡文教消费与非文消费剩余比在第一个五年提高 3.46 个百分点，第二个五年降低 7.31 个百分点，第三个五年降低 2.92 个百分点，第四个五年提高 0.75 个百分点，1998～2018 年累计降低 6.02 个百分点。

此项指标在各年度横向测评里，全国城乡总体比值自为基准，各地以自身比值与全国比值之间的差距指数衡量。譬如设 2018 年全国城乡此项比值为 100，对照本书 B.3 城乡排行报告表 6，东部整体测算值为 88.18，东北整体测算值为 124.43，中部整体测算值为 108.19，西部整体测算值为 112.36。这表明，在 2018 年，东北比值显著高于全国平均比值，西部比值明显高于全国平均比值，中部比值较明显高于全国平均比值，此项指标检测皆获"加分"；东部比值明显低于全国平均比值，此项指标检测遭"减分"。

在历年度纵向测评里，全国及各地城乡均以自身起始年度此项比值为基数衡量。譬如分别设全国城乡总体 1998 年、2003 年、2008 年和 2013 年此项比值为 100，则 2018 年测算值分别为 77.44、68.56、90.49 和 103.75。这意味着，分别考察 20 年及其间各五年时段变化，全国城乡总体此项比值极显著降低，此项指标检测"减分"，其中最近 5 年以来略有好转。各地依此类推。

鉴于 20 年以来全国城乡文教消费与非文消费剩余的比值大体上处于持续明显降低之中，此项指标在纵向测评中成为分量很重的"减分"因素，仅在很少几个年度成为微弱"加分"因素。

以上从四个方面考察全国城乡文教消费相关性比值变化，全部呈现颇为一致的变动走向，本身就可以形成一种相互验证的内在联系。这足以表明，本评价体系精心设计选取这样一些指标，来检验城乡文教消费需求增长与全国经济发展、城乡民生增进之间的整体协调关系，无疑是确实可行的。

（三）均衡性校正指标：文化（文教）消费比差系数

尽快消除中国经济、社会、民生发展各方面的城乡差距和地区差距，实现"城乡一体化"和"区域均衡发展"，保障全国各地城乡居民的同等"国民待遇"，真正落实"以人民为中心"的发展思想，应当成为国家和地方实绩及各级政府政绩考核的主要指标，这也是当前国家建设、社会治理中最大的"维稳"要务。民生的要义首先在于社会公平，在人文发展领域尤其如此，民生至上，均衡优先，必须成为文化建设与发展的基本原则。

本评价体系首创将衡量城乡差距的"城乡比"统计指数之倒数用于通约演算，使"城乡比"成为测评指标；同时独创用以衡量地区差距的"地区差"测评指标，并完成全国、各大区域、省域和中心城市间的通约演算，这两项指标可以作为检验文教消费需求均等性的重要标准。文教消费的城乡差距、地区差距体现出文化需求城乡、区域之间增长不均衡的严重缺陷，"增长的缺陷"实质上就是对于增长成效的自然扣除。这两项校正指标类似于"绿色GDP"的"节能减排"折算扣除，意在推进文化发展成果的城乡、区域均等共享，促成保障社会公平的必要体制和可行机制。

1. 文化（文教）消费人均值城乡比

近几年来，国家大力推进解决"重中之重"的"三农"问题，倡导"城市反哺乡村"，已经取得显著进步。但是，各地城市发展拥有更大的加速度，城乡差距并未改观，反而迅速拉大。

文教消费城乡比表达为以乡村人均数值为1来衡量的城镇人均数值倍数比。城乡比的理想值必定是1，即城乡之间无差距，城镇与乡村人均数值之比为1:1。以各地城乡比的倒数作为权衡指数，在理想状况下1的倒数仍为1，以1衡量任何数值仍为原数值本身。只要城乡比大于1，作为其倒数的指数值便小于1，权衡折扣便发生作用；反之，若城乡比小于1出现"倒挂"，即乡村人均文教消费反而高于城镇，权衡方式奉行"矫枉必须过正"原则，自然予以"加分"。

1998~2018年全国人均文教消费城乡比变动态势见图7。

图7将全国城镇与乡村人均文教消费绝对值转换为图形面积直观比例，并设置动态曲线标明人均文教消费城乡比变动态势。1998~2018年，全国人均文教消费城乡比前后呈现明显缩小态势，在2000年、2003年、2005年、2008年、2012年、2014~2015年、2017~2018年9个年度呈现为缩减，1998~1999年、2001~2002年、2004年、2006~2007年、2009~2011年、2013年、2016年12个年度为扩增。其中进入"十五"后十余年间，全国人均文教消费城乡比较多年度持续扩大，乡村层面文化文教消费需求增长远远落后于城镇层面，好在近几年出现明显改观。

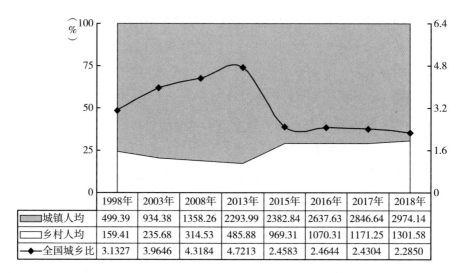

	1998年	2003年	2008年	2013年	2015年	2016年	2017年	2018年
城镇人均	499.39	934.38	1358.26	2293.99	2382.84	2637.63	2846.64	2974.14
乡村人均	159.41	235.68	314.53	485.88	969.31	1070.31	1171.25	1301.58
全国城乡比	3.1327	3.9646	4.3184	4.7213	2.4583	2.4644	2.4304	2.2850

图 7 1998～2018 年全国人均文教消费城乡比变动态势

左轴面积：全国城镇、乡村人均文教消费（元转换为%），城乡间变动呈比例关系。右
轴曲线：全国人均文教消费城乡比（乡村＝1）。

全国文教消费城乡比大小及其扩减变化，取决于全国城镇与乡村两个方
面人均文教消费绝对值及其增长差异。鉴于总报告里已有详尽的城乡增长对
比分析，此处从简。1998～2018 年，全国城镇人均文教消费总增长幅度为
乡村人均文教消费总增幅的 69.16%，乡村文教消费年均增长幅度高于城镇
文教消费年均增幅 1.74 个百分点。

由于不同时期城镇与乡村人均文教消费绝对值及其增长差异显著，全国
文教消费城乡比在第一个五年扩大 26.56%，第二个五年扩大 8.92%，第三
个五年扩大 9.33%，第四个五年缩小 51.60%，1998～2018 年累计缩小
27.06%。

此项指标在各年度横向测评里，以城乡比无差距理想值衡量，无论是全
国还是各地，只要城乡比大于 1 就一律"减分"，而城乡比小于 1（即城乡
"倒挂"，城镇人均值反而低于乡村）反获"加分"。譬如设无差距理想值为
100，则 2018 年全国总体测算值（$1/N \times 100$，N ＝城乡比）仅为 43.76，即
此项指标检测"失分"达到 56.24%。对照本书 B.3 城乡排行报告表 7 依此

类推，东部整体测算值为 42.30，东北整体测算值为 46.71，中部整体测算值为 48.51，西部整体测算值为 45.58。这表明，用此项指标检测 2018 年，中部、东北、西部"失分"略微小于全国总体"失分"，东部"失分"略微大于全国总体"失分"，皆遭显著"减分"。

在历年度纵向测评里，全国及各地均以自身起始年度城乡比为基数衡量。譬如分别设全国城乡总体 1998 年、2003 年、2008 年和 2013 年城乡比数值为 100，则 2018 年测算值分别为 137.10、173.50、188.99 和 206.62。这意味着，分别考察 20 年及其间各五年时段变化，全国总体城乡比极显著缩小，此项指标检测"加分"，其中最近几年以来极显著好转。各地依此类推。

鉴于 20 年以来全国及各省域人均文教消费城乡比较长时间处于持续明显扩大之中，近几年逆转显著缩小，此项指标在横向测评和纵向测评中也就由前一些年的"减分"因素转变为近几年的"加分"因素。不过，在"城乡倒挂"的局部地区则成为横向测评的"加分"因素，在若干年度也成为全国及各地与上一年相比纵向测评的"加分"因素。

2. 文化（文教）消费人均值地区差

在当今中国，东部发展的"领先"与西部发展的滞后也形成鲜明对照，全国各地经济、社会、民生发展诸方面事实上存在的"准联邦制"局面极不利于单一制国家的整体治理。十余年来，国家相继实施"西部大开发""中部崛起""东北老工业基地振兴"战略，但东部各地已经争相宣告"率先实现现代化"，区域发展差距较长时期继续扩大。

衡量地区差需要确定一个基准值，那就是人均文教消费全国平均值，这样才能在全国及各地形成可比性。以人均文教消费全国平均值为 1 来衡量各地的文教消费人均值，得到各自距离全国平均值的绝对偏差值，不论是高于还是低于皆为偏离。东部、中部、西部和东北四大区域取相应范围内各省域绝对偏差值的平均值，全国则取 31 个省域绝对偏差值的平均值。基准指数 1 加上各地绝对偏差值或其平均值，分别作为各省域、四大区域和全国文教消费地区差。地区差的理想值同样为 1，即地区之间无差距，各地人均数值之比为1:1:1……同样以地区差的倒数作为权衡指数，与城乡比倒演算的不同之处在于，这里没有"倒挂"，任何地方高于全国平均值的偏离须扣除"未能带动均衡增长"的折扣，低于全国平均值的偏离须扣除"拖了均衡增长后腿"的折扣。这就是说，"领先"增长与"滞后"增长一样，同为"均衡增长"之偏差，都会"失分"。

1998~2018年全国城乡人均文教消费地区差变动态势见图8。必须说明，全国文教消费地区差必须基于全部31个省域数值进行演算，这里出于制图方便考虑，姑且用东部、中部、西部和东北四大区域代替31个省域作为示意。

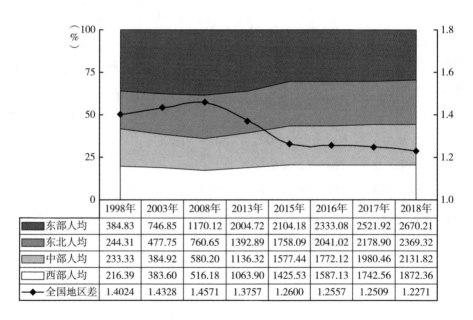

	1998年	2003年	2008年	2013年	2015年	2016年	2017年	2018年
■东部人均	384.83	746.85	1170.12	2004.72	2104.18	2333.08	2521.92	2670.21
■东北人均	244.31	477.75	760.65	1392.89	1758.09	2041.02	2178.90	2369.32
□中部人均	233.33	384.92	580.20	1136.32	1577.44	1772.12	1980.46	2131.82
□西部人均	216.39	383.60	516.18	1063.90	1425.53	1587.13	1742.56	1872.36
◆全国地区差	1.4024	1.4328	1.4571	1.3757	1.2600	1.2557	1.2509	1.2271

图8　1998~2018年全国城乡人均文教消费地区差变动态势

左轴面积：各地城乡人均文教消费（元转换为%），地区间变动呈比例关系。右轴曲线：全国城乡人均文教消费地区差（无差距=1）。

图8将东部、中部、西部和东北四大区域城乡人均文教消费绝对值转换为图形面积直观比例，并设置动态曲线标明城乡人均文教消费地区差变动态势。1998~2018年，全国城乡人均文教消费地区差前后呈现较明显缩小态

势,在 1998 年、2003 年、2005 年、2007 年、2010~2018 年 13 个年度呈现为缩减,在 1999~2002 年、2004 年、2006 年、2008~2009 年 8 个年度为扩增。其中在进入"十五"之后十余年间,全国城乡人均文教消费地区差持续扩大,而最近几年则出现明显改观。

全国城乡文教消费地区差大小及其扩减变化,取决于全国及 31 个省域城乡人均文教消费绝对值及其增长差异。鉴于直接使用 31 个省域数据无法融入一图,此处权变使用东部、中部、西部和东北四大区域数据举例说明。对照图 2,2018 年,东部城乡整体人均文教消费绝对值高于全国城乡人均值16.64%,亦即东部城乡整体与全国总体基准值 1 的偏差值为 0.1664,假设这是某一省域,则该省域地区差为 1.1664。对照本书 B.3 城乡排行报告表8,以东部 10 个省域城乡人均值分别进行同样演算,取 10 个省域偏差值的平均值,东部城乡文教消费地区差为 1.3293。

再进一步解释,东部、中部、西部和东北四大区域地区差取相关全部省域偏差值的平均值,而并非取区域整体偏差值。东部 10 个省域各自的偏差值远离东部整体偏差,更加偏高或偏低,因而东部城乡文教消费地区差大于东部整体偏差值。全国及东北和中西部演算依此类推。

同年,东北城乡整体人均文教消费绝对值高于全国城乡人均值 3.50%,东北乡文教消费地区差为 1.1103;中部城乡整体人均文教消费绝对值低于全国城乡人均值 6.88%,中部城乡文教消费地区差为 1.1628;西部城乡整体人均文教消费绝对值低于全国城乡人均值 18.21%,西部城乡文教消费地区差为 1.2033。

由于不同时期 31 个省域城乡人均文教消费增长绝对值及其增长差异明显,较多省域人均值及其增长分别向"领先"与"滞后"两极偏离,以上分析用四大区域替代演示。综合 31 个省域城乡人均文教消费增长变化,全国城乡文教消费地区差在第一个五年扩大 2.17%,第二个五年扩大 1.70%,第三个五年缩小 5.59%,第四个五年缩小 10.80%,1998~2018 年累计缩小12.50%。

此项指标在各年度横向测评里,以地区差无差距理想值衡量,无论是全国还是各地，只要存在地区差一律"减分"，而且没有"倒挂"的例外。譬如设无差距理想值为100，则2018年全国总体测算值（$1/N \times 100$，N＝地区差）为81.49，即此项指标检测"失分"达到18.51%。对照本书B.3城乡排行报告表8依此类推，东部整体测算值为75.23，东北整体测算值为90.07，中部整体测算值为86.00，西部整体测算值为83.10。这表明，用此项指标检测2018年，东北"失分"较明显小于全国总体"失分"，中部、西部"失分"略微小于全国总体"失分"，东部"失分"较明显大于全国总体"失分"，皆遭明显"减分"。

在历年度纵向测评里，全国及各地均以自身起始年度地区差为基数衡量。譬如分别设全国城乡总体1998年、2003年、2008年和2013年地区差数值为100，则2018年测算值分别为114.29、116.77、118.74和112.11。这意味着，分别考察20年及其间各五年时段变化，全国城乡总体地区差明显缩小，此项指标检测"加分"，其中最近几年以来明显好转。各地依此类推。

鉴于20年以来全国城乡地区差较长时间处于逐渐扩大之中，近几年才逆转明显缩小，此项指标在横向测评和纵向测评中也就由前一些年的"减分"因素转变为近几年的"加分"因素。

文教消费需求的城乡差距、地区差距是城镇与乡村之间、地区之间民生和文化民生发展不平衡造成的，各省域都应对此承担责任，接受相应的折算扣除。东部、中部、西部和东北四大区域也是如此，其间的省域共同承担责任。全国总体文教消费城乡比、地区差的折算"失分"当然应由全国共同承担责任，在全国层面加以扣除。民生建设、人文发展的要义首先在于公平正义和均等协调。

（四）协调性平衡指标：文化（文教）消费相关增率比

协调性平衡指标其实是对关系值的另一类检测，不像比值那样测算绝对值关系，而是测算增长率差异，在此简单说明。本项测评向自己的直接后继者"中国人民生活发展指数检测体系"反躬学习，"引进"新增文教消费与产值、居民收入、总消费、积蓄之间 4 项增长率比差指标。这一类演算中全国及各地差距极其微小,在省域之间起到"平衡器"作用,避免综合评价指数畸高畸低,以细微差别确定各地排行。毕竟评价排行的目的不是分出各省域高下,而是找出全国及各地自身存在的协调性、均衡性差距。

三 指标权重分配与测评演算方式

全国各地经济社会发展极不平衡,地方经济增长及民众收入水平、消费结构、积蓄习惯等差异极大,同时应用多项衡量指标展开综合评价,有可能在各地达成一定平衡。各地或许会在不同指标上各有千秋,不论任何一个方面的指标优势都能够得到彰显,最后多重指标综合为统一的景气指数评价结果,在各地形成简捷直观的综合效应比较。

测评方式必须充分考虑到全国各地发展不平衡的现状,保证评价结果真正具有合理性和可比性。为了在各地实现相同起点的公平测评,本评价体系特别设计出基于既往年度自身状况的历时性基数值纵向测评。本评价体系各项指标及其演算权重和测评方式见表2。

在此间文教消费需求的种种量化体现中,总量份额值、人均绝对值、4 项比值皆为现实状况的定量反映,没有理论值或理想值可依,分别以全国总量基数值、总体人均值、总体比值来衡量各地高下;城乡比和地区差却有无差距理想值。于是,测评演算显然应当围绕全国基数值、平均值和无差距理想值来设计。

(一)各项测评指标的权重分配

同时运用多项指标展开综合评价时,各项指标之间的权重分配便有举足轻重的意义。

各类权重值一般都没有理论值或理想值可依,而主要是一种经验值。各地人均文教消费绝对数值的可比性较差,而文教消费相对比值更具可比性,

表2　中国文化消费需求景气评价指标及其演算权重和测评方式

评价指标			演算权重	共时性理想值横向测评	历时性基数值纵向测评
序号	分类	取值（城乡综合或单行）			
1	数量指标：绝对数值	文化（文教）消费总量占全国份额变化	2	取上一年度基数值衡量	取自身起始年度基数值衡量
2		文化（文教）消费人均值	2.5	取全国平均值为基准衡量	
3	质量指标：相对比值	文化（文教）消费率（与产值比）	1.5		
4		文化（文教）消费比（占收入比）	1.5		
5		文化（文教）消费比重（占总消费比）	1.5		
6		文化（文教）消费与非文消费剩余比	1.5		
7	均衡性校正指标：比差系数	文化（文教）消费 / 人均值城乡比	4	取无差距理想值衡量	
8		人均值地区差	3		
9	协调性平衡指标：增长率比	文化（文教）消费历年增率 / 与产值增率比	1	取上一年度基数值衡量	
10		与收入增率比	1		
11		与总消费增率比	1		
12		与积蓄增率比	1		

注：本系列检测中"城乡比""地区差"逆指标权重最大，城乡差距、地区差距正是我国"不平衡不充分的发展"最具代表性的方面，历朝历代城乡鸿沟、地区鸿沟引发动荡带来内乱就是"历史周期律"的社会结构体制根源。

可以衡量出各地不同经济背景、收入水平、消费结构、积蓄习惯之下的文教消费需求状况，因而相对比值指标的权重高于绝对数值指标。城乡差距和地区差距持续扩大是当今中国最明显的"发展缺陷"，城乡比和地区差指标权重基于城乡、地区无差异理想状态的综合测算结果反推：由于一些地区其他指标有可能得分较高，以至于拉高综合分值，而城乡比、地区差事实上显著存在，因而此类校正指标权重应当较大，以调控综合分值达到"理想值100"的地区不宜过多，超出"理想值100"的"超理想"分值不宜过高。与此同时，在较长时段的纵向测评中，譬如历时五年、十年纵向测评中，应能保证全国大部分地区综合评价的景气指数有所提升。这就需要在横向测评"从严"而纵向测评"从宽"之间寻求有效平衡。

由于新增相应数值之间历年增长率比差指标，为了协调全部各项指标间演算权重分配，原有若干指标的演算权重亦相应微调。鉴于需与既往数年特别是上年推出的评价排行形成良性协调，经过反复调试并与以往横向测评、纵向测评结果对应检验，其间变动很小。这是对于"文化消费需求景气评价"的必要改进完善。

诚然，测评指标可以继续增加，指标间权重也不妨加以调整，原有权重分配比例关系可能发生变化，因而评价结果百分值不具有绝对值意义。但是，只要使用同样的指标，按照同样的权重进行演算，采用同样的测评方式得出结果，就必定具有纵向对比年度间升降、横向比较地区间高低的相对值可比性。

这样的指标权重分配同时顾及了多层次、多角度分析测评的演算模型相容性。其实，就《中国统计年鉴》基础数据严格说起来，由于各地乡村居民文化消费与教育消费数值未予区分，实际上的文化消费城乡比理应更大得多，因此一并进行文化教育消费分析测评想必更具有合理性和可比性。正是鉴于此，本评价体系必须同时能够兼用于城乡综合、城镇与乡村单独三个方面的文化消费、教育消费和文化教育消费三种类型的分析测评，其评价指标系统和测评演算模型必须统一。

所有指标演算测评通用于全国总体，以及东、中、西部和东北四大区域整体、31个省域和36个中心城市，已分别推出31个省域城乡综合、城镇单行、乡村单行三个层面的文教消费需求景气评价排行，以及36个中心城市文化教育消费需求景气评价排行。

（二）城镇与乡村单行测评的特殊说明

有必要专门予以说明，在分别针对城镇居民与乡村居民文教消费需求景气的单行测评操作中，人均文教消费与人均产值比例关系、人均文教消费城乡比差距两项指标具有特殊性。

（1）《中国统计年鉴》发布全国及各省域人均产值数据并不区分城乡范围。在城乡综合演算测评中，人均文教消费演算为城乡综合数值，与人均产值数值形成城乡综合的比例关系值；而在城镇与乡村单行演算测评中，则是城镇或乡村单方面人均文教消费数值分别与城乡综合人均产值数值形成比例关系值，可揭示出同一经济增长背景下城乡之间文教消费需求增进的差距。其间显然有所不同，体现为综合与不同侧面的关系。

（2）本评价体系将统计数据中用以表示城乡差距的"城乡比"设置为一项校正指标。在城乡综合演算测评中，人均文教消费城乡比揭示出城乡综合数值中实际存在的城乡差距；而在城镇与乡村单行演算测评中，人均文教消费城乡比则揭示出对应的另一方面与之形成的现实差距。其间显然也有所不同，体现为整体与不同部分的关系。

在本评价体系实际演算操作中，各项指标同样用于城乡综合测评、城镇与乡村单行测评、中心城市测评。其数理思路在于，本评价体系的最终测算结果——文教消费需求景气指数——并不追求具有绝对意义，而注重演算的通约性和结果的可比性；其技术可行性在于，人均文教消费与人均产值比例关系、人均文教消费城乡比差距皆为比例关系值，因而在同构的数值关系推演中，具有演算的通约性和结果的可比性。无论是城乡综合演算、城镇与乡村单行演算，还是中心城市演算，只要以同样的测评指标、同样的演算方式同时运用于各个地区之间、各个年度之间，演算过程就是可以通约的，演算结果也是能够加以比较的。

（三）测评方式及其结果排行

1. 共时性的理想值横向测评

各地共时性横向比较的理想值测评，用以比较全国及各地在同一年度里文教消费需求景气指数高低。在此测评方式中，文教消费总量份额值，与产值、收入、总消费、积蓄增率比5项指标以上年自身基数值来衡量，增大"加分"而减小"减分"；人均绝对值、与产值比例值、占收入比重值、占总消费比重值、与非文消费剩余比例值5项指标以当年全国平均值为基准来衡量，取各地相应数值对应于基准值的权衡系数进行加权演算，高出全国平均值基准"加分"，低于全国平均值基准"减分"；城乡比和地区差2项比差值指标以无差距理想值来衡量，无论是对于全国，还是对于各地，只要存在城乡差距和地区差距，一律实行"减分"（城乡比"倒挂"的"加分"特例除外）。这样一来，全国及各地总量份额、相关增率比对应于自身基数值（全国总量可理解为占份额100%即1:1）这一点是对等的，各地相对比值对应于全国平均值基准这一点也是对等的，全国及各地城乡比和地区差对应于无差距理想值这一点更是对等的。同一测评标准的对等保证了测评结果的合理可比，高低上下一目了然。

在理想值横向测评中，由于文教消费绝对值（包括总量份额和人均值）、相对比值均以全国平均值为基准（相对于各地占全国份额，全国总量占份额100%可理解为全国平均值，演算方式相通）来衡量，相关增率比以相对关系变化值来衡量，城乡比和地区差则以无差距理想值来衡量，即全国总体若实现相关增率比平衡，实现城乡、地区之间无差距，则达到"理想值100"，而"失分"自然出自相关增率比失衡，更有可能出自城乡差距和地区差距。所以，在目前相关增率比不平衡、城乡比和地区差明显存在的情况下，全国总体难以达到"理想值100"；时逢相关增率比提高，城乡比和地区差缩小之际，全国总体评价分值即可上升。

2. 历时性的基数值纵向测评

各地自身历时性纵向对比的基数值测评，用以对比全国及各地起始年度以来文教消费需求景气指数升降。在此测评方式中，文教消费总量份额值，人均绝对值，与产值比例值，占收入比重值，占总消费比重值，与非文消费剩余比例值，城乡比，地区差，与产值、收入、总消费、积蓄增率比共12项指标，全部以全国及各地自身起始年度相应数值为基数值（全国总量份额100%基准可理解为基数值）来衡量，取终止年度相应数值对应于基数值的权衡系数进行加权演算，有所提高即高出基数获得"加分"，若有降低即低于基数则要"减分"。这样一来，全国及各地都对等地站在同一起始年度各自起点上，测评到终止年度时若干年内自身变化状况，在同一标准下各自与自身以往相对比，增减升降显而易见。

在基数值纵向测评中，由于全部指标均以往年度自身基数值来衡量，全国总体也不会单纯等待城乡比和地区差"失分"扣减,而有可能在绝对值、相对比值和相关增率比增高,城乡比和地区差缩小多个方面,表现出超越自身以往年度基数的上升态势,从而获得"加分"。

文中图1~图8仅仅限于全国总体状况,各地分析测评与之同构。本评价体系的测评数据库已经完成了1991~2018年全国及东、中、西部和东北四大区域、31个省域的城乡居民综合测评、城镇居民与乡村居民单行测评的文化消费、教育消费和文化教育消费需求景气评价排行,可以随时根据需要提取其间任何年度范围、地域范围、人群分布范围和测评内容范围的演算数值,构建出所需的变动态势分析图表。可参看本书省域城乡篇、省域城镇篇、省域乡村篇子报告。

最后还应当补充说明两点。

(1) 本项研究面向人文研究界和读书界,有必要保持符合"人本"的自然语言风格,避免任何一种演算公式和复杂运算符号,力求以初等数学方法解决问题,这样就能够完全使用自然语言进行表述。当然,在义务教育普及的社会背景之下,阿拉伯数字和简单运算符号成为公众常识,视为已经进入自然语言。

(2) 本项测评体系的全部演算在测评数据库里一次性完成,演算过程中小数无限制保留;书中图表所列数值仅能保留小数2位或4位,依据图表里数值进行验算,可能会出现小数点后细微差异,并非演算误差。尤其是正文里加以描述的数字(亦由测评演算数据库同步生成自动校验),按行文惯例只能保留2位小数,分别经过多重四舍五入,切不可据此进行验算。需验算可取图表里数据按应有步骤从头来过,譬如比较某地与全国年均增幅差异:分别取当地和全国终止年度与起始年度绝对值之商,历时N年即进行N次开方,转换为百分数值,方可比较其间之差。

B.3
全国省域城乡文化教育消费需求景气评价排行
——1998~2018年测评与2020年预测

王亚南 方彧 魏海燕*

摘 要： 1998~2018年，31个省域城乡文教消费总量年均增长均超过10%；26个省域城乡文教消费人均值年均增长超过10%。各省域城乡综合文教消费需求景气评价排行结果：城乡、地区无差距理想值横向测评，湖南、海南、吉林、甘肃、黑龙江为"2018年城乡景气指数排名"前5位；历年各地自身基数值纵向测评，西藏、贵州、青海、宁夏、甘肃为"1998~2018年城乡景气指数提升度"前5位；西藏、云南、海南、贵州、新疆为"2003~2018年城乡景气指数提升度"前5位；贵州、云南、西藏、广西、新疆为"2008~2018年城乡景气指数提升度"前5位；西藏、云南、广西、湖南、湖北为"2013~2018年城乡景气指数提升度"前5位；西藏、海南、新疆、湖北、河南为"2017~2018年城乡景气指数提升度"前5位。

关键词： 省域城乡 文教消费 综合评价 景气排行

---

* 王亚南，云南省社会科学院研究员，文化发展研究中心主任，主要研究方向为民俗学、民族学及文化理论、文化战略和文化产业；方彧，中国老龄科学研究中心副研究员，主要研究方向为口头传统、老龄文化和文化产业；魏海燕，云南省政协信息中心主任编辑，主要从事传媒信息分析研究。

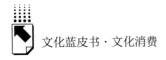

本评价体系运用于全国省域城乡综合文教消费需求景气测评，已经连续推出多个年度的实际评价结果，年度测评排行至上一统计年度2017年，具有延续性，可对照参看。标准化检测流程犹如每年体检程序，实现全国或一地历年之间、同年各地之间"可重复检验"，以保证检测方法的科学性、规范性。

本文全面展开2018年全国及东、中、西部和东北四大区域、31个省域城乡综合文教消费需求景气分析测算及其评价排行。2018数据年度测评统一取全国及各地1998年以来数据，其中"民生数据"统计项迄今保持一致口径，更有利于保证各个时段至今各类测评的前后可比性。

鉴于另有全国总报告和省域城乡子报告对全国及各地详加考察，本文分析侧重于东、中、西部和东北四大区域整体加以比较，对省域则着眼于各项指标排行。

一 各省域城乡文化教育消费需求增长基本状况

全国及各省域城乡文教消费需求总量增长态势可以提供一种宏观视角，本文分析测算就由各省域城乡文教消费总量占全国份额增减变化开始。

（一）各省域城乡总量份额增减变化

1998～2018年各省域城乡文教消费总量增长及其占全国份额增减变化态势见表1，全国城乡总体数据作为测评演算基准列于首行。各省域依属地方位，由北至南、从东到西分为东北和东、中、西部四大区域，按20年里文教消费总量占全国份额增减变化幅度高低排列。其中，省域主排行以1、2、3…为序，四大区域作为附加排行以［1］、［2］、［3］、［4］为序（后同）。

1998～2018年，全国城乡文教消费总量从3357.64亿元增长至31882.97亿元，绝对增长总量28525.33亿元，总增长849.56%，年均增长11.91%。

同期，东部总量年均增长11.55%，低于全国城乡平均增长0.36个百

表1 各省域城乡文教消费总量增长及其占全国份额变动状况

地区	文教消费总量增长				占全国城乡份额变动			
	1998年总量（亿元）	2018年总量（亿元）	20年年均增长		1998年份额（%）	2018年份额（%）	20年份额增减	
			增长指数（上年=100）	指数排序			增减百分比（%）	增减排序
全　国	3357.64	31882.97	111.912	—	100	100	—	—
辽　宁	118.43	1195.13	112.253	15	3.5272	3.7485	6.27	15
吉　林	60.02	602.18	112.220	17	1.7876	1.8887	5.66	17
黑龙江	79.18	774.67	112.079	19	2.3582	2.4297	3.03	19
东　北	257.63	2571.98	112.192	[1]	7.6729	8.0669	5.13	[1]
山　西	58.10	746.16	113.614	5	1.7304	2.3403	35.25	5
河　南	144.74	1762.77	113.313	7	4.3108	5.5289	28.26	7
江　西	84.59	875.42	112.394	12	2.5193	2.7457	8.99	12
湖　南	207.84	2009.61	112.013	20	6.1901	6.3031	1.83	20
安　徽	136.95	1174.18	111.342	23	4.0788	3.6828	-9.71	23
湖　北	187.59	1320.80	110.251	31	5.5870	4.1427	-25.85	31
中　部	819.81	7888.94	111.986	[2]	24.4163	24.7434	1.34	[2]
宁　夏	9.51	152.51	114.883	1	0.2832	0.4783	68.89	1
西　藏	1.85	22.02	113.923	2	0.0484	0.0691	42.62	2
青　海	7.95	103.48	113.691	3	0.2368	0.3246	37.08	3
贵　州	48.48	627.17	113.656	4	1.4439	1.9671	36.24	4
甘　肃	36.96	469.60	113.553	6	1.1008	1.4729	33.80	6
新　疆	37.40	452.14	113.271	8	1.1139	1.4181	27.31	8
云　南	81.27	899.02	112.770	10	2.4205	2.8197	16.49	10
内蒙古	56.22	574.67	112.325	14	1.6744	1.8024	7.64	14
陕　西	81.00	808.95	112.195	18	2.4124	2.5372	5.17	18
重　庆	78.15	664.34	111.294	26	2.3275	2.0837	-10.47	26
广　西	124.96	909.21	110.432	29	3.7217	2.8517	-23.38	29
四　川	197.80	1399.16	110.276	30	5.8910	4.3884	-25.51	30
西　部	759.72	7082.28	111.809	[3]	22.6266	22.2134	-1.83	[3]
海　南	17.77	208.57	113.104	9	0.5292	0.6542	23.62	9
上　海	115.24	1202.97	112.443	11	3.4322	3.7731	9.93	11
河　北	131.58	1358.95	112.383	13	3.9188	4.2623	8.77	13
天　津	49.60	498.34	112.228	16	1.4772	1.5630	5.81	16
山　东	243.78	2268.29	111.798	21	7.2605	7.1144	-2.01	21
福　建	101.42	884.54	111.437	22	3.0206	2.7743	-8.15	22

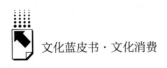

续表

| 地区 | 文教消费总量增长 | | | | 占全国城乡份额变动 | | | |
| | 1998年总量（亿元） | 2018年总量（亿元） | 20年年均增长 | | 1998年份额（%） | 2018年份额（%） | 20年份额增减 | |
			增长指数（上年=100）	指数排序			增减百分比（%）	增减排序
江 苏	247.77	2123.84	111.341	24	7.3793	6.6614	-9.73	24
北 京	101.62	865.19	111.303	25	3.0265	2.7136	-10.34	25
浙 江	208.73	1758.10	111.243	27	6.2166	5.5142	-11.30	27
广 东	389.65	3131.94	110.983	28	11.6049	9.8232	-15.35	28
东 部	1607.16	14300.74	111.549	[4]	47.8658	44.8539	-6.29	[4]

注：①表中均为演算衍生数值，各地总量之和不等于全国总量；另分别经四舍五入，四大区域总量与相应各地之和可能会有小数微小出入。②年均增长指数保留3位小数精确排序。③西藏总量极小，保留4位小数。④各地总量份额较小保留4位小数，份额增减百分比负值为下降百分比。数据演算依据：《中国统计年鉴》相应年卷，其中西藏缺失1998年数据，变通以1999年数据为起始基点；由于历时年份不同，西藏增长变化位次虚设，其后各地位次相应递进（后同）。

分点，占全国城乡份额由47.87%下降为44.85%；东北总量年均增长12.19%，高于全国城乡平均增长0.28个百分点，占全国城乡份额由7.67%上升为8.07%；中部总量年均增长11.99%，高于全国城乡平均增长0.08个百分点，占全国城乡份额由24.42%上升为24.74%；西部总量年均增长11.81%，低于全国城乡平均增长0.10个百分点，占全国城乡份额由22.63%下降为22.21%。

分阶段对比考察，第一个五年（1998~2003年，后同），全国城乡文教消费总量年均增长14.54%；第二个五年（2003~2008年，后同），全国城乡文教消费总量年均增长9.52%；第三个五年（2008~2013年，后同），全国城乡文教消费总量年均增长13.49%；第四个五年（2013~2018年，后同），全国城乡文教消费总量年均增长10.17%。对比各五年时段城乡文教消费总量增长变化，第四个五年全国年均增长比第三个五年降低3.32个百分点，比第二个五年提高0.65个百分点，比第一个五年降低4.37个百分点。

20年间各省域城乡文教消费总量年均增长幅度及占全国城乡份额升降比较，20个省域年均增长幅度高于全国城乡平均增长，占全国城乡份额各有上升，按增幅高低依次为宁夏、西藏、青海、贵州、山西、甘肃、河南、新疆、海南、云南、上海、江西、河北、内蒙古、辽宁、天津、吉林、陕西、黑龙江、湖南；11 个省域年均增长幅度低于全国城乡平均增长，占全国城乡份额各有下降，按增幅高低依次为山东、福建、安徽、江苏、北京、重庆、浙江、广东、广西、四川、湖北。其中，宁夏占据首位，年均增长高于全国城乡平均增长 2.97 个百分点，占全国城乡份额提高 68.89%；湖北处于末位，年均增长低于全国城乡平均增长 1.66 个百分点，占全国城乡份额降低 25.85%。

2018 年，全国城乡文教消费总量增长 7.37%，低于第一个五年年均增长 7.18 个百分点，低于第二个五年年均增长 2.15 个百分点，低于第三个五年年均增长 6.12 个百分点。19 个省域文教消费总量增长幅度高于全国城乡平均增长，按增幅高低依次为西藏、海南、天津、广西、江西、河南、云南、湖北、吉林、福建、山东、新疆、甘肃、宁夏、河北、四川、陕西、浙江、上海；12 个省域文教消费总量增长幅度低于全国城乡平均增长，按增幅高低依次为安徽、辽宁、广东、黑龙江、重庆、山西、北京、内蒙古、湖南、青海、江苏、贵州。

各省域城乡文教消费总量数值本身不具可比性，增长幅度和份额变化却可以进行比较，此处仅提供各地总量增长幅度和份额增减排序。鉴于各省域人口差异极大，各自文教消费需求总量占全国份额差距巨大，份额增减百分点并无比较意义，故采用份额增减百分比加以比较，便于进行排序。实际上，总量增长与份额增减是联系在一起的，总量年均增长排序与份额增减百分比排序也是一致的。

（二）各省域城乡人均绝对值增长变化

1998～2018 年各省域城乡人均文教消费绝对值增长态势分析见表 2，各省域按 20 年里城乡人均文教消费绝对值年均增长指数高低排列。

1998～2018 年，全国城乡人均文教消费需求从 270.36 元增长至 2289.24 元，人均绝对增量 2018.88 元，总增长 746.74%，年均增长 11.27%。

表2　各省域城乡人均文教消费绝对值增长状况

地区	人均文教消费绝对值					人均文教消费增长变动			
	1998 年		2018 年			20 年增量比		20 年年均增长	
	人均值（元）	排序	人均值（元）	排序	附年鉴人均值（元）	全国增量值（元）=1	增量比排序	增长指数（上年=100）	指数排序
全　国	270.36	—	2289.24	—	2225.73	2018.88	—	111.272	—
吉　林	227.69	17	2221.66	15	2193.38	0.9877	12	112.064	8
黑龙江	210.48	21	2048.93	18	2030.26	0.9106	18	112.051	9
辽　宁	285.55	10	2738.61	7	2707.99	1.2151	6	111.968	10
东　北	244.31	[2]	2369.32	[2]	—	1.0526	[2]	112.030	[1]
河　南	155.98	28	1839.66	24	1769.10	0.8340	21	113.131	4
山　西	184.08	25	2011.21	19	1940.04	0.9050	19	112.700	5
江　西	202.82	22	1888.71	20	1812.97	0.8351	20	111.803	14
湖　南	320.56	7	2921.12	5	2786.20	1.2881	5	111.682	16
安　徽	222.49	19	1866.89	22	1810.38	0.8145	23	111.222	20
湖　北	318.49	8	2235.05	13	2187.47	0.9493	15	110.232	25
中　部	233.33	[3]	2131.82	[3]	—	0.9404	[3]	111.696	[2]
贵　州	133.49	30	1746.98	28	1660.05	0.7992	26	113.721	1
宁　夏	178.06	26	2226.45	14	2139.52	1.0146	9	113.462	2
甘　肃	147.45	29	1784.53	27	1710.29	0.8109	24	113.278	3
青　海	159.22	27	1723.24	29	1655.63	0.7747	29	112.646	6
西　藏	72.65	31	646.70	31	609.26	0.2843	31	112.195	7
云　南	197.31	24	1867.03	21	1772.68	0.8271	22	111.892	11
内蒙古	240.72	14	2270.08	9	2245.37	1.0052	10	111.873	13
陕　西	226.07	18	2101.44	17	2008.77	0.9289	17	111.793	15
新　疆	215.89	20	1833.50	25	1762.50	0.8012	25	111.289	18
重　庆	256.16	13	2150.96	16	2087.77	0.9385	16	111.226	19
四　川	233.76	16	1681.38	30	1599.72	0.7170	30	110.368	24
广　西	268.51	12	1853.45	23	1798.91	0.7851	28	110.142	26
西　部	216.39	[4]	1872.36	[4]	—	0.8202	[4]	111.393	[3]
海　南	237.55	15	2242.73	12	2185.45	0.9932	11	111.880	12
河　北	200.97	23	1802.86	26	1734.46	0.7935	27	111.594	17
山　东	276.66	11	2262.31	10	2174.38	0.9835	13	111.079	21
江　苏	345.81	6	2641.55	8	2582.58	1.1371	7	110.701	22
福　建	308.22	9	2253.03	11	2194.01	0.9633	14	110.458	23
浙　江	469.54	5	3086.02	4	3031.28	1.2960	4	109.872	27

地区	人均文教消费绝对值					人均文教消费增长变动			
	1998 年		2018 年			20 年增量比		20 年年均增长	
	人均值（元）	排序	人均值（元）	排序	附年鉴人均值（元）	全国增量值（元）=1	增量比排序	增长指数（上年=100）	指数排序
上 海	789.07	2	4968.91	1	5049.40	2.0704	1	109.637	28
天 津	519.37	4	3197.55	3	3186.60	1.3266	3	109.513	29
广 东	549.03	3	2782.09	6	2750.89	1.1061	8	108.452	30
北 京	817.51	1	4001.13	2	3999.40	1.5769	2	108.264	31
东 部	384.83	[1]	2670.21	[1]	—	1.1320	[1]	110.170	[4]

注：①附年鉴发布的城乡人均值供参考，其与总量数据之间存在演算误差，对应年鉴同时发布的产值人均值和总量分别演算文教消费率有出入，本文恢复采用自行演算城乡人均值，以保证数据库测算模型的规范性及其历年通行测评的标准化；②各地人均绝对值"增量比"小于1为小于全国城乡人均增量；③年均增长指数（小于100为负增长）保留3位小数精确排序。

　　同期，东部人均值年均增长 10.17%，低于全国城乡平均增长 1.10 个百分点，从全国城乡人均值的 142.34% 降低至 116.64%，绝对增量为全国城乡人均增量的 113.20%；东北人均值年均增长 12.03%，高于全国城乡平均增长 0.76 个百分点，从全国城乡人均值的 90.36% 提高至 103.50%，绝对增量为全国城乡人均增量的 105.26%；中部人均值年均增长 11.70%，高于全国城乡平均增长 0.43 个百分点，从全国城乡人均值的 86.31% 提高至 93.12%，绝对增量为全国城乡人均增量的 94.04%；西部人均值年均增长 11.39%，高于全国城乡平均增长 0.12 个百分点，从全国城乡人均值的 80.04% 提高至 81.79%，绝对增量为全国城乡人均增量的 82.02%。

　　分阶段对比考察，第一个五年，全国城乡人均文教消费年均增长 13.70%；第二个五年，全国城乡人均文教消费年均增长 8.91%；第三个五年，全国城乡人均文教消费年均增长 12.94%；第四个五年，全国城乡人均文教消费年均增长 9.61%。对比各五年时段城乡人均文教消费需求增长变化，第四个五年全国年均增长比第三个五年降低 3.33 个百分点，比第二个五年提高 0.70 个百分点，比第一个五年降低 4.09 个百分点。

20 年间各省域城乡人均文教消费年均增长幅度比较，18 个省域年均增长幅度高于全国城乡平均增长，按增幅高低依次为贵州、宁夏、甘肃、河南、山西、青海、西藏、吉林、黑龙江、辽宁、云南、海南、内蒙古、江西、陕西、湖南、河北、新疆；13 个省域年均增长幅度低于全国城乡平均增长，按增幅高低依次为重庆、安徽、山东、江苏、福建、四川、湖北、广西、浙江、上海、天津、广东、北京。其中，贵州占据首位，年均增长高于全国城乡平均增长 2.45 个百分点；北京处于末位，年均增长低于全国城乡平均增长 3.01 个百分点。

2018 年，全国城乡人均文教消费年度增长 6.88%，低于第一个五年年均增长 6.83 个百分点，低于第二个五年年均增长 2.03 个百分点，低于第三个五年年均增长 6.06 个百分点。20 个省域人均值年均增长幅度高于全国城乡平均增长，按增幅高低依次为西藏、海南、天津、吉林、广西、河南、湖北、江西、云南、福建、山东、甘肃、宁夏、新疆、河北、四川、陕西、上海、辽宁、黑龙江；11 个省域人均值年均增长幅度低于全国城乡平均增长，按增幅高低依次为浙江、安徽、广东、重庆、山西、北京、内蒙古、湖南、青海、江苏、贵州。

特别需要注意，其中前 3 个省域出现超过 15% 高增长，后 4 个省域出现负增长，这一特异动向对于该年度检测评价会产生极大影响，导致各地排行发生重大变故。

人均文教消费绝对值系本评价体系进行演算测评的基础性指标，虽然在最后的综合评价中演算权重不高，却是以下各项指标演算的基础，因而实际上具有决定性意义。当然，全国及各省域城乡文教消费需求状况分析不能孤立地进行，必须放到全国及各地经济增长、民生增进的相关背景当中，同时放到城乡之间、地区之间协调增长背景当中，进一步展开分析。

二 各省域城乡相关背景协调增长情况对比

在本评价体系当中，全国及各省域城乡文教消费需求及其增长需要放到相关经济、民生背景中考察其间的"协调增长"状况，从而得出极其重要的各项比值平衡指标演算数值。

（一）文化教育消费与产值比关系变化

1998～2018 年各省域城乡文教消费与产值比（文教消费率）变动态势分析见表 3，各省域按 20 年间城乡文教消费与产值比升降变化状况优劣排列。表 3 同时提供 1998 年和 2018 年各地人均产值数据，对照表 2 中各地人均文教消费数据，可以进行重复验算。

表 3　各省域城乡文教消费与产值比变动状况

地区	1998 年			2018 年			20 年比值升降变化		
	人均产值（元）	文教消费与产值比（%）	比值排序	人均产值（元）	文教消费与产值比（%）	比值排序	升降百分点	升降百分比（%）	排序
全　国	6860	3.9410	—	64644	3.5413	—	-0.3997	-10.14	—
黑龙江	7375	2.8540	30	43274	4.7347	4	1.8807	65.90	1
辽　宁	9415	3.0329	29	58008	4.7211	5	1.6882	55.66	2
吉　林	5983	3.8056	18	55611	3.9950	11	0.1894	4.98	12
东　北	7807	3.1292	[4]	52280	4.5320	[1]	1.4028	44.83	[1]
山　西	5104	3.6065	20	45328	4.4370	7	0.8305	23.03	4
河　南	4643	3.3595	25	50152	3.6682	17	0.3087	9.19	8
江　西	4124	4.9181	10	47434	3.9818	12	-0.9363	-19.04	16
湖　南	4667	6.8688	1	52949	5.5169	2	-1.3519	-19.68	17
安　徽	4235	5.2536	7	47712	3.9129	13	-1.3407	-25.52	22
湖　北	5287	6.0241	3	66616	3.3551	20	-2.6690	-44.31	31
中　部	4645	5.0228	[2]	52062	4.0948	[2]	-0.9280	-18.48	[2]
河　北	6501	3.0914	28	47772	3.7739	14	0.6825	22.08	5
上　海	24513	3.2190	26	134982	3.6812	16	0.4622	14.36	6
海　南	5912	4.0181	16	51955	4.3166	8	0.2985	7.43	9
山　东	7968	3.4722	23	76267	2.9663	26	-0.5059	-14.57	15
福　建	9603	3.2096	27	91197	2.4705	29	-0.7391	-23.03	18
浙　江	11394	4.1209	15	98643	3.1285	25	-0.9924	-24.08	19
天　津	14243	3.6465	19	120711	2.6489	28	-0.9976	-27.36	23
北　京	19118	4.2761	13	140211	2.8536	27	-1.4225	-33.27	25

续表

地区	1998 年			2018 年			20 年比值升降变化		
	人均产值（元）	文教消费与产值比（%）	比值排序	人均产值（元）	文教消费与产值比（%）	比值排序	升降百分点	升降百分比（%）	排序
江　苏	10049	3.4412	24	115168	2.2936	30	-1.1476	-33.35	26
广　东	10819	5.0747	9	86412	3.2196	24	-1.8551	-36.56	28
东　部	10348	3.7190	[3]	89811	2.9732	[4]	-0.7458	-20.05	[3]
甘　肃	3541	4.1641	14	31336	5.6948	1	1.5307	36.76	3
云　南	4446	4.4380	12	37136	5.0275	3	0.5895	13.28	7
宁　夏	4607	3.8649	17	54094	4.1159	10	0.2510	6.49	10
新　疆	6174	3.4968	22	49475	3.7059	15	0.2091	5.98	11
青　海	4426	3.5973	21	47689	3.6135	18	0.0162	0.45	13
西　藏	4180	1.7381	31	43398	1.4902	31	-0.2479	-14.26	14
贵　州	2364	5.6466	4	41244	4.2358	9	-1.4108	-24.98	20
内蒙古	5406	4.4528	11	68302	3.3236	21	-1.1292	-25.36	21
广　西	4346	6.1783	2	41489	4.4673	6	-1.7110	-27.69	24
重　庆	5016	5.1069	8	65933	3.2624	23	-1.8445	-36.12	27
四　川	4294	5.4440	6	48883	3.4396	19	-2.0044	-36.82	29
陕　西	4070	5.5546	5	63477	3.3105	22	-2.2441	-40.40	30
西　部	4183	5.1736	[1]	48725	3.8428	[3]	-1.3308	-25.72	[4]

注：①人均产值数据出自《中国统计年鉴》相应年卷，其余为演算衍生数值。另需说明，国家统计局虽已公布第四次全国经济普查对于 2018 年全国产值修订数据，但未公布相应各地修订数据，因而仍统一采用《中国统计年鉴》2019 年卷发布的全国及各地产值"初步核算数"，留待《中国统计年鉴》2020 年卷发布时再统一修订（后 B.4 城镇排行报告、B.4 乡村排行报告表 3 同）；②文教消费与产值比即文教消费率的比值较小且各地接近，保留 4 位小数以便精确排序；③比值升降百分点、百分比负值为下降百分点、百分比，以升降百分比排序更加准确（表 4～表 6 同）。

1998～2018 年，全国人均产值从 6860 元增长至 64644 元，年均增长 11.87%，高于同期全国城乡人均文教消费年均增长 0.60 个百分点。20 年里，全国城乡人均文教消费占人均产值的比例从 3.94% 下降至 3.54%，降低 0.40 个百分点。

同期，东部比值从 3.72% 下降至 2.97%，降低 0.75 个百分点；东北比值从 3.13% 上升至 4.53%，提升 1.40 个百分点；中部比值从 5.02% 下降至 4.09%，降低 0.93 个百分点；西部比值从 5.17% 下降至 3.84%，降低 1.33

个百分点。

20 年间各省域城乡文教消费与产值比升降变化比较，13 个省域此项比值上升，按升幅高低依次为黑龙江、辽宁、甘肃、山西、河北、上海、云南、河南、海南、宁夏、新疆、吉林、青海；18 个省域此项比值下降，按降幅大小倒序为西藏、山东、江西、湖南、福建、浙江、贵州、内蒙古、安徽、天津、广西、北京、江苏、重庆、广东、四川、陕西、湖北。其中，黑龙江占据首位，此项比值提高 65.90%；湖北处于末位，此项比值降低 44.31%。

2018 年与上一年相比，全国城乡此项比值下降 2.12%。同时，18 个省域此项比值上升，按升幅高低依次为西藏、天津、海南、吉林、山东、河南、广西、云南、河北、黑龙江、江西、宁夏、湖北、福建、上海、甘肃、重庆、四川；13 个省域此项比值下降，按降幅大小倒序为新疆、浙江、辽宁、广东、陕西、安徽、山西、内蒙古、北京、湖南、青海、江苏、贵州。

这一相关性比值分析表明，1998～2018 年，全国及各省域城乡文教消费需求增长与产值增长相比较，其间"增长协调性"欠佳。在全国及大部分省域，城乡文教消费需求增长赶不上产值增长，经济发展成果未能在提升城乡居民文教消费需求上同步体现出来。

（二）文化教育消费占收入比关系变化

1998～2018 年各省域城乡文教消费占居民收入比（文教消费比）变动态势分析见表 4，各省域按 20 年间城乡文教消费占收入比升降变化状况优劣排列。表 4 同时提供 1998 年和 2018 年各省域城乡人均收入数据，对照表 2 中各地人均文教消费数据，可以进行重复验算。

1998～2018 年，全国城乡人均收入从 3226.83 元增长至 29163.52 元，年均增长 11.64%，高于同期全国城乡人均文教消费年均增长 0.37 个百分点。20 年里，全国城乡人均文教消费占人均收入的比例从 8.38% 下降至 7.85%，降低 0.53 个百分点。

同期，东部比值从 8.39% 下降至 7.20%，降低 1.19 个百分点；东北比

表4 各省域城乡文教消费占居民收入比变动状况

地区	1998 年			2018 年			20 年比值升降变化		
	人均收入（元）	文教消费占收入比（%）	比值排序	人均收入（元）	文教消费占收入比（%）	比值排序	升降百分点	升降百分比（%）	排序
全 国	3226.83	8.3784	—	29163.52	7.8497	—	- 0.53	- 6.31	—
黑龙江	3237.12	6.5022	30	22998.54	8.9089	6	2.41	37.01	1
吉 林	3238.29	7.0311	25	23125.51	9.6070	2	2.58	36.64	2
辽 宁	3627.89	7.8709	19	30034.71	9.1182	5	1.25	15.85	8
东 北	3391.10	7.2043	[4]	25858.88	9.1625	[1]	1.96	27.18	[1]
山 西	2562.46	7.1836	24	22912.13	8.7779	9	1.59	22.19	6
河 南	2343.94	6.6547	27	23021.75	7.9910	16	1.34	20.08	7
湖 南	2945.41	10.8835	2	26598.75	10.9822	1	0.10	0.91	15
江 西	2600.09	7.8006	20	25168.42	7.5043	22	- 0.30	- 3.80	16
安 徽	2576.40	8.6357	11	25030.12	7.4586	23	- 1.18	- 13.63	23
湖 北	3118.86	10.2118	3	26625.16	8.3945	12	- 1.82	- 17.80	28
中 部	2675.60	8.7207	[1]	24861.40	8.5748	[2]	- 0.15	- 1.67	[2]
贵 州	2020.18	6.6076	29	19948.74	8.7574	10	2.15	32.54	3
宁 夏	2430.22	7.3267	22	23502.25	9.4734	4	2.15	29.30	4
甘 肃	1966.94	7.4965	21	18756.40	9.5142	3	2.02	26.92	5
青 海	2324.97	6.8480	26	21742.83	7.9256	17	1.08	15.74	9
西 藏	2309.42	3.1460	31	18377.21	3.5190	31	0.37	11.86	10
云 南	2347.60	8.4049	13	21502.99	8.6827	11	0.28	3.31	13
新 疆	2693.93	8.0140	16	22399.97	8.1853	14	0.17	2.14	14
内蒙古	2926.31	8.2261	14	29083.04	7.8055	20	- 0.42	- 5.11	17
广 西	2811.18	9.5514	5	22379.17	8.2820	13	- 1.27	- 13.29	21
重 庆	2826.22	9.0637	8	27458.45	7.8335	18	- 1.23	- 13.57	22
陕 西	2219.89	10.1839	4	23915.33	8.7870	8	- 1.40	- 13.72	24
四 川	2575.35	9.0770	7	23580.80	7.1303	26	- 1.95	- 21.45	29
西 部	2487.98	8.6975	[2]	23044.59	8.1250	[3]	- 0.57	- 6.58	[3]
海 南	2971.52	7.9942	17	25328.40	8.8546	7	0.86	10.76	11
河 北	3023.77	6.6465	28	24588.27	7.3322	25	0.69	10.32	12
天 津	5981.23	8.6833	10	39598.47	8.0749	15	- 0.61	- 7.01	18
福 建	4237.19	7.2742	23	33692.18	6.6871	28	- 0.59	- 8.07	19
山 东	3391.69	8.1571	15	30453.51	7.4287	24	- 0.73	- 8.93	20
广 东	6078.79	9.0319	9	36265.09	7.6716	21	- 1.36	- 15.06	25

地区	1998 年			2018 年			20 年比值升降变化		
	人均收入（元）	文教消费占收入比（%）	比值排序	人均收入（元）	文教消费占收入比（%）	比值排序	升降百分点	升降百分比（%）	排序
江 苏	4338.96	7.9698	18	39078.36	6.7596	27	-1.21	-15.18	26
上 海	8294.06	9.5137	6	63480.54	7.8274	19	-1.69	-17.72	27
浙 江	5503.51	8.5316	12	46655.92	6.6144	29	-1.92	-22.47	30
北 京	7347.14	11.1268	1	62385.43	6.4136	30	-4.71	-42.36	31
东 部	4585.43	8.3924	[3]	37064.65	7.2042	[4]	-1.19	-14.16	[4]

注：①2018 年城乡收入人均值数据亦恢复使用自行演算值，因而表中均为演算衍生数值；②文教消费与居民收入比即文教消费比的比值较小且各地接近，保留 4 位小数以便精确排序。

值从 7.20% 上升至 9.16%，提升 1.96 个百分点；中部比值从 8.72% 下降至 8.57%，降低 0.15 个百分点；西部比值从 8.70% 下降至 8.12%，降低 0.58 个百分点。

20 年间各省域城乡文教消费占收入比升降变化比较，15 个省域此项比值上升，按升幅高低依次为黑龙江、吉林、贵州、宁夏、甘肃、山西、河南、辽宁、青海、西藏、海南、河北、云南、新疆、湖南；16 个省域此项比值下降，按降幅大小倒序为江西、内蒙古、天津、福建、山东、广西、重庆、安徽、陕西、广东、江苏、上海、湖北、四川、浙江、北京。其中，黑龙江占据首位，此项比值提高 37.01%；北京处于末位，此项比值降低 42.36%。

2018 年与上一年相比，全国城乡此项比值下降 2.01%。同时，16 个省域此项比值上升，按升幅高低依次为西藏、海南、天津、吉林、广西、湖北、河南、江西、云南、山东、福建、新疆、甘肃、宁夏、河北、辽宁；15 个省域此项比值下降，按降幅大小倒序为黑龙江、四川、上海、陕西、浙江、广东、安徽、山西、重庆、北京、内蒙古、湖南、青海、江苏、贵州。

这一相关性比值分析表明，1998～2018 年，全国及各省域城乡文教消费需求增长与收入增长相比较，其间"增长协调性"欠佳。在全国及较多省域，城乡文教消费需求增长赶不上居民收入增长，民生增进成效未能在提升城乡居民文教消费需求上同步体现出来。

（三）文化教育消费占总消费比关系变化

1998～2018年各省域城乡文教消费占居民总消费比（文教消费比重）变动态势分析见表5，各省域按20年间城乡文教消费占总消费比升降变化状况优劣排列。表5同时提供1998年和2018年各省域城乡人均总消费数据，对照表2中各地人均文教消费数据，可以进行重复验算。

表5　各省域城乡文教消费占居民总消费比变动状况

地区	1998年			2018年			20年比值升降变化		
	人均总消费（元）	文教消费占总消费比(%)	比值排序	人均总消费（元）	文教消费占总消费比(%)	比值排序	升降百分点	升降百分比（%）	排序
全　国	2484.90	10.8799	—	20384.33	11.2304	—	0.35	3.22	—
吉　林	2398.93	9.4912	24	17430.82	12.7456	4	3.25	34.29	3
黑龙江	2362.30	8.9101	28	17164.42	11.9371	11	3.03	33.97	4
辽　宁	2828.25	10.0962	21	21618.56	12.6679	5	2.57	25.47	7
东　北	2554.71	9.5630	[4]	19021.56	12.4560	[1]	2.89	30.25	[1]
河　南	1683.51	9.2653	26	15790.00	11.6508	12	2.39	25.75	6
山　西	1751.24	10.5113	18	15317.74	13.1300	2	2.62	24.91	8
湖　南	2537.76	12.6318	2	19549.47	14.9422	1	2.31	18.29	10
江　西	1971.35	10.2885	20	16347.36	11.5536	16	1.27	12.30	12
安　徽	1932.78	11.5114	8	17494.85	10.6711	21	-0.84	-7.30	26
湖　北	2546.48	12.5072	4	19956.05	11.1999	18	-1.31	-10.45	29
中　部	2069.74	11.2735	[1]	17466.42	12.2053	[2]	0.93	8.27	[2]
贵　州	1668.49	8.0004	30	14604.53	11.9619	10	3.96	49.52	1
宁　夏	1936.15	9.1964	27	17325.68	12.8506	3	3.65	39.74	2
云　南	2079.75	9.4874	25	15030.74	12.4214	8	2.93	30.93	5
青　海	1905.21	8.3568	29	17147.25	10.0497	27	1.69	20.26	9
西　藏	1578.29	4.6034	31	12280.81	5.2659	31	0.66	14.39	11
甘　肃	1413.26	10.4334	19	15435.69	11.5611	15	1.13	10.81	14
新　疆	2178.42	9.9105	22	16828.32	10.8953	19	0.98	9.94	15
内蒙古	2186.13	11.0113	12	20005.19	11.3474	17	0.34	3.05	16
陕　西	1863.32	12.1327	6	16906.09	12.4301	7	0.30	2.45	17
重　庆	2415.99	10.6027	16	19867.26	10.8267	20	0.22	2.11	18
广　西	2138.40	12.5565	3	15361.34	12.0657	9	-0.49	-3.91	23

地区	1998 年			2018 年			20 年比值升降变化		
	人均总消费（元）	文教消费占总消费比(%)	比值排序	人均总消费（元）	文教消费占总消费比(%)	比值排序	升降百分点	升降百分比(%)	排序
四　川	2133.66	10.9560	13	18269.79	9.2031	30	−1.75	−16.00	30
西　部	2024.80	10.6870	[3]	16860.21	11.1052	[3]	0.42	3.91	[3]
海　南	2115.85	11.2271	11	17993.53	12.4641	6	1.24	11.02	13
山　东	2412.59	11.4674	10	19506.37	11.5978	13	0.13	1.14	19
福　建	3176.26	9.7039	23	23565.55	9.5607	29	−0.14	−1.48	20
江　苏	3266.75	10.5857	17	25488.19	10.3638	25	−0.22	−2.10	21
河　北	1883.88	10.6681	15	17369.99	10.3791	24	−0.29	−2.71	22
上　海	6487.94	12.1621	5	42865.62	11.5918	14	−0.57	−4.69	24
浙　江	4287.80	10.9505	14	29900.52	10.3209	26	−0.63	−5.75	25
广　东	4782.56	11.4798	9	26313.85	10.5727	23	−0.91	−7.90	27
天　津	4408.74	11.7804	7	29976.13	10.6670	22	−1.11	−9.45	28
北　京	5951.03	13.7372	1	39855.95	10.0390	28	−3.70	−26.92	31
东　部	3426.93	11.2295	[2]	25093.80	10.6409	[4]	−0.59	−5.24	[4]

注：①2018 年城乡总消费人均值数据亦恢复使用自行演算值，因而表中均为演算衍生数值；
②文教消费与居民总消费比即文教消费比重的比值较小且各地接近，保留 4 位小数以便精确排序。

1998～2018 年，全国城乡人均总消费从 2484.90 元增长至 20384.33 元，年均增长 11.10%，低于同期全国城乡人均文教消费年均增长 0.17 个百分点。20 年里，全国城乡人均文教消费占人均总消费的比例从 10.88% 上升至 11.23%，提升 0.35 个百分点。

同期，东部比值从 11.23% 下降至 10.64%，降低 0.59 个百分点；东北比值从 9.56% 上升至 12.46%，提升 2.89 个百分点；中部比值从 11.27% 上升至 12.21%，提升 0.94 个百分点；西部比值从 10.69% 上升至 11.11%，提升 0.42 个百分点。

20 年间各省域城乡文教消费占总消费比升降变化比较，19 个省域此项比值上升，按升幅高低依次为贵州、宁夏、吉林、黑龙江、云南、河南、辽宁、山西、青海、湖南、西藏、江西、海南、甘肃、新疆、内蒙古、陕西、重庆、山东；12 个省域此项比值下降，按降幅大小倒序为福建、江苏、河北、广西、上海、浙江、安徽、广东、天津、湖北、四川、北京。其中，贵州占据首位，此项比值提高 49.52%；北京处于末位，此项比值降低26.92%。

2018 年与上一年相比，全国城乡此项比值下降 1.58%。同时，16 个省域此项比值上升，按升幅高低依次为西藏、天津、海南、江西、吉林、福建、山东、河南、辽宁、广西、新疆、河北、宁夏、云南、四川、广东；15个省域此项比值下降，按降幅大小倒序为陕西、甘肃、上海、湖北、安徽、黑龙江、浙江、重庆、内蒙古、北京、山西、青海、湖南、江苏、贵州。

这一相关性比值分析表明，1998～2018 年，全国及各省域城乡文教消费需求增长与总消费增长相比较，其间"增长协调性"稍好。在全国及大部分省域，城乡文教消费需求增长赶上了居民总消费增长，拉动内需扩大消费成效开始在提升城乡居民文教消费需求上同步体现出来。

（四）文化教育消费与非文消费剩余比关系变化

1998～2018 年各省域城乡文教消费与非文消费剩余比变动态势分析见表 6，各省域按 20 年间城乡文教消费与非文消费剩余比升降变化状况优劣排列。表 6 同时提供 1998 年和 2018 年各省域城乡人均非文消费剩余数据，对照表 2 中各地人均文教消费数据，可以进行重复验算。

表 6　各省域城乡文教消费与居民非文消费剩余比变动状况

地区	1998 年			2018 年			20 年比值升降变化		
	人均非文消费剩余（元）	文教消费与非文消费剩余比（%）	比值排序	人均非文消费剩余（元）	文教消费与非文消费剩余比（%）	比值排序	升降百分点	升降百分比（%）	排序
全　国	1012.28	26.71	—	11068.43	20.68	—	-6.03	-22.58	—
黑龙江	1085.31	19.39	27	7883.05	25.99	6	6.60	34.04	2
吉　林	1067.05	21.34	25	7916.35	28.06	3	6.72	31.49	4
辽　宁	1085.18	26.31	16	11154.77	24.55	11	-1.76	-6.69	12
东　北	1080.69	22.61	[4]	9206.64	25.73	[1]	3.12	13.80	[1]
山　西	995.30	18.49	29	9605.60	20.94	18	2.45	13.25	5

续表

地区	1998 年			2018 年			20 年比值升降变化		
	人均非文消费剩余（元）	文教消费与非文消费剩余比（％）	比值排序	人均非文消费剩余（元）	文教消费与非文消费剩余比（％）	比值排序	升降百分点	升降百分比（％）	排序
河　南	816.41	19.11	28	9071.40	20.28	20	1.17	6.12	7
安　徽	866.11	25.69	17	9402.15	19.86	23	−5.83	−22.69	18
江　西	831.56	24.39	20	10709.76	17.64	26	−6.75	−27.68	21
湖　北	890.87	35.75	6	8904.15	25.10	7	−10.65	−29.79	22
湖　南	728.22	44.02	1	9970.40	29.30	2	−14.72	−33.44	25
中　部	839.20	27.80	[4]	9526.80	22.38	[3]	−5.42	−19.50	[2]
河　北	1340.86	14.99	30	9021.14	19.98	22	4.99	33.29	3
海　南	1093.22	21.73	24	9577.60	23.42	13	1.69	7.78	6
天　津	2091.86	24.83	18	12819.89	24.94	8	0.11	0.44	9
福　建	1369.15	22.51	22	12379.65	18.20	25	−4.31	−19.15	16
山　东	1255.76	22.03	23	13209.45	17.13	27	−4.90	−22.24	17
广　东	1845.26	29.75	9	12733.34	21.85	17	−7.90	−26.55	19
江　苏	1418.02	24.39	21	16231.71	16.27	28	−8.12	−33.29	24
上　海	2595.19	30.41	8	25583.82	19.42	24	−10.99	−36.14	26
浙　江	1685.25	27.86	12	19841.42	15.55	29	−12.31	−44.19	29
北　京	2213.62	36.93	5	26530.61	15.08	30	−21.85	−59.17	31
东　部	1543.33	24.93	[3]	14641.06	18.24	[4]	−6.69	−26.84	[3]
甘　肃	701.13	21.03	26	5105.24	34.95	1	13.92	66.19	1
西　藏	803.79	9.04	31	6743.10	9.59	31	0.55	6.08	8
宁　夏	672.13	26.49	15	8403.03	26.50	5	0.01	0.04	10
青　海	578.98	27.50	14	6318.82	27.27	4	−0.23	−0.84	11
贵　州	485.18	27.51	13	7091.19	24.64	10	−2.87	−10.43	13
新　疆	731.40	29.52	10	7405.15	24.76	9	−4.76	−16.12	14
内蒙古	980.90	24.54	19	11347.93	20.00	21	−4.54	−18.50	15
广　西	941.28	28.53	11	8871.28	20.89	19	−7.64	−26.78	20
四　川	675.46	34.61	7	6992.40	24.05	12	−10.56	−30.51	23
陕　西	582.64	38.80	3	9110.68	23.07	14	−15.73	−40.54	27
重　庆	666.39	38.44	4	9742.15	22.08	16	−16.36	−42.56	28
云　南	465.16	42.42	2	8339.29	22.39	15	−20.03	−47.22	30
西　部	679.57	31.84	[1]	8056.74	23.24	[2]	−8.60	−27.01	[4]

注：表中均为城乡综合演算衍生数值，非文消费即总消费与文教消费之差，非文消费剩余即居民收入与非文消费之差，此为本项研究独特的取值方式，亦恢复使用自行演算的居民收入、总消费和文教消费人均值得出。

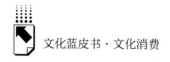

1998～2018 年，全国城乡人均非文消费剩余从 1012.28 元增长至 11068.43 元，年均增长 12.70%，高于同期全国城乡人均文教消费年均增长 1.43 个百分点。20 年里，全国城乡人均文教消费占人均非文消费剩余的比例从 26.71% 下降至 20.68%，降低 6.03 个百分点。

同期，东部比值从 24.93% 下降至 18.24%，降低 6.69 个百分点；东北比值从 22.61% 上升至 25.73%，提升 3.12 个百分点；中部比值从 27.80% 下降至 22.38%，降低 5.42 个百分点；西部比值从 31.84% 下降至 23.24%，降低 8.60 个百分点。

20 年间各省域城乡文教消费与非文消费剩余比升降变化比较，10 个省域此项比值上升，按升幅高低依次为甘肃、黑龙江、河北、吉林、山西、海南、河南、西藏、天津、宁夏；21 个省域此项比值下降，按降幅大小倒序为青海、辽宁、贵州、新疆、内蒙古、福建、山东、安徽、广东、广西、江西、湖北、四川、江苏、湖南、上海、陕西、重庆、浙江、云南、北京。其中，甘肃占据首位，此项比值提高 66.19%；北京处于末位，此项比值降低 59.17%。

2018 年与上一年相比，全国城乡此项比值下降 2.39%。同时，15 个省域此项比值上升，按升幅高低依次为海南、西藏、湖北、吉林、天津、广西、云南、甘肃、河南、黑龙江、山东、江西、福建、新疆、宁夏；16 个省域此项比值下降，按降幅大小倒序为上海、四川、河北、浙江、山西、陕西、辽宁、湖南、安徽、重庆、北京、广东、内蒙古、青海、江苏、贵州。

这一相关性比值分析表明，1998～2018 年，全国及各省域城乡文教消费需求增长与非文消费剩余增长相比较，其间"增长协调性"欠佳。在全国及绝大部分省域，城乡文教消费需求增长赶不上居民必需消费（本评价体系设定全部非文消费为必需消费）之外余钱增多速度，全面建设小康社会发展成就未能在提升城乡居民文教消费需求上同步体现出来。

三 各省域城乡、区域之间均衡增长状况

在本评价体系当中，文教消费需求及其增长还需要放到城乡关系、地区

关系背景中考察其间的"均衡增长"状况，从而得出不可或缺的各项比差值校正指标演算数值。

（一）文化教育消费需求的城乡差距变化

1998~2018年各省域人均文教消费城乡比及其变动态势分析见表7，各省域按20年间人均文教消费城乡比扩减变化状况优劣排列。表7同时提供1998年和2018年各省域城镇与乡村人均文教消费基础数据，可以进行重复验算。

表7 各省域文教消费城乡差距变动状况

地区	1998年文教消费城乡差距			2018年文教消费城乡差距			20年城乡比扩减变化	
	城镇人均值（元）	乡村人均值（元）	城乡比（乡村=1）	城镇人均值（元）	乡村人均值（元）	城乡比（乡村=1）	扩减百分比（%）	排序
全　国	499.39	159.41	3.1327	2974.14	1301.58	2.2850	-27.06	—
西　藏	371.04	7.78	47.6915	1175.81	409.00	2.8749	-93.97	1
青　海	405.53	43.44	9.3354	2393.62	944.62	2.5339	-72.86	2
重　庆	604.78	110.16	5.4900	2588.76	1345.16	1.9245	-64.95	3
云　南	588.45	95.66	6.1515	2664.08	1153.11	2.3103	-62.44	4
贵　州	353.39	74.24	4.7601	2413.52	1161.20	2.0785	-56.33	5
甘　肃	351.27	90.19	3.8948	2440.30	1201.85	2.0304	-47.87	6
宁　夏	373.18	95.81	3.8950	2888.68	1295.83	2.2292	-42.77	8
新　疆	455.76	102.16	4.4612	2651.38	1010.74	2.6232	-41.20	9
广　西	561.06	174.11	3.2224	2466.91	1246.85	1.9785	-38.60	12
四　川	546.89	137.29	3.9835	2383.78	934.20	2.5517	-35.94	14
内蒙古	356.60	163.98	2.1747	2592.10	1736.48	1.4927	-31.36	18
陕　西	406.01	152.82	2.6568	2729.66	1252.85	2.1788	-17.99	23
西　部	483.06	123.90	3.8989	2529.06	1152.71	2.1940	-43.73	[1]
安　徽	476.45	139.92	3.4052	2372.43	1271.11	1.8664	-45.19	7
山　西	365.99	100.73	3.6334	2638.24	1149.55	2.2950	-36.84	13
湖　北	521.57	205.91	2.5330	2694.59	1551.43	1.7368	-31.43	17
河　南	320.88	113.79	2.8199	2429.90	1226.85	1.9806	-29.76	19
湖　南	642.68	206.60	3.1107	3924.53	1678.59	2.3380	-24.84	20
江　西	328.28	160.88	2.0405	2490.55	1143.73	2.1776	6.72	29

续表

地区	1998年文教消费城乡差距			2018年文教消费城乡差距			20年城乡比扩减变化	
	城镇人均值（元）	乡村人均值（元）	城乡比（乡村=1）	城镇人均值（元）	乡村人均值（元）	城乡比（乡村=1）	扩减百分比（%）	排序
中　部	456.73	153.70	2.9715	2775.68	1346.48	2.0614	-30.63	[2]
河　北	435.98	130.45	3.3421	2305.00	1170.91	1.9686	-41.10	10
浙　江	771.18	251.19	3.0701	3684.19	1787.93	2.0606	-32.88	15
山　东	531.49	156.34	3.3996	2902.74	1265.59	2.2936	-32.53	16
海　南	396.92	156.80	2.5314	2855.72	1376.04	2.0753	-18.02	22
天　津	657.77	202.49	3.2484	3598.14	1236.78	2.9093	-10.44	24
广　东	798.82	318.17	2.5107	3335.67	1473.04	2.2645	-9.81	25
福　建	472.05	214.17	2.2041	2727.62	1359.44	2.0064	-8.97	26
江　苏	530.38	240.03	2.2096	3128.96	1547.27	2.0222	-8.48	27
北　京	964.19	374.81	2.5725	4401.60	1436.24	3.0647	19.13	30
上　海	843.24	462.59	1.8229	5490.91	1173.35	4.6797	156.72	31
东　部	651.59	210.15	3.1006	3289.59	1391.49	2.3641	-23.75	[3]
黑龙江	315.97	109.84	2.8766	2472.90	1419.42	1.7422	-39.44	11
吉　林	336.28	131.84	2.5507	2830.80	1411.03	2.0062	-21.35	21
辽　宁	405.20	158.79	2.5518	3410.20	1325.24	2.5733	0.84	28
东　北	357.36	134.07	2.6654	2964.64	1384.67	2.1411	-19.67	[4]

注：①全国及省域城镇与乡村文教消费人均值数据出自《中国统计年鉴》相应年卷，其余为演算衍生数值；②城乡比扩减百分比负值为城乡比缩小。

1998～2018年，全国城镇人均文教消费从499.39元增长至2974.14元，总增长495.55%，年均增长9.33%；全国乡村人均文教消费从159.41元增长至1301.58元，总增长716.50%，年均增长11.07%。20年里，全国城镇人均文教消费年均增长幅度低于乡村1.74个百分点。因此，全国人均文教消费城乡比从3.1327缩小至2.2850，文教消费需求的城乡差距缩小27.06%。

分阶段对比考察，第一个五年，全国人均文教消费城乡比扩大26.56%；第二个五年，全国人均文教消费城乡比扩大8.92%；第三个五年，全国人均文教消费城乡比扩大9.33%；第四个五年，全国人均文教消费城乡比缩小51.60%。对比各五年时段全国人均文教消费城乡比扩减变化，第四个五年显著好于第三个五年，亦显著好于第二个五年，也显著好于第一个五年。

20年以来，27个省域城乡比缩小，按缩减程度大小依次为西藏、青海、重庆、云南、贵州、甘肃、安徽、宁夏、新疆、河北、黑龙江、广西、山西、四川、浙江、山东、湖北、内蒙古、河南、湖南、吉林、海南、陕西、天津、广东、福建、江苏；4个省域城乡比扩大，按扩增程度大小倒序为辽宁、江西、北京、上海。其中，西藏占据首位，其城乡比缩小93.97%；上海处于末位，其城乡比扩大156.72%。

2018年与上一年相比，全国文教消费城乡比缩小6.36%。同时，20个省域城乡比缩小，按缩减程度大小依次为西藏、新疆、广东、安徽、江苏、甘肃、青海、贵州、陕西、河南、河北、内蒙古、北京、浙江、重庆、福建、湖北、四川、江西、山东；11个省域城乡比扩大，按扩增程度大小倒序为湖南、山西、云南、宁夏、黑龙江、广西、辽宁、吉林、海南、上海、天津。

这意味着，从1998年到2018年，全国及各省域城镇与乡村相比较，其间文教消费需求的"增长协调性"稍好。在全国及绝大部分省域，文教消费城乡比普遍逐步缩小，而极少数省域的城乡比扩大程度较为严重。城乡之间"不平衡不充分的发展"矛盾依然明显。

（二）城乡文化教育消费需求的地区差距变化

1998～2018年各省域城乡人均文教消费地区差距及其变动态势分析见表8，各省域按20年间城乡人均文教消费地区差扩减变化状况优劣排列。按照文教消费地区差演算方法，对应表2各地人均文教消费数据，可以进行重复验算。同时利用表8表栏空间，另附1998年和2018年省域人均文教消费城乡比排序结果。

1998～2018年，全国城乡人均文教消费地区差从1.4024缩小至1.2271，文教消费需求的地区差距缩小12.50%。

分阶段对比考察，第一个五年，全国城乡人均文教消费地区差扩大2.17%；第二个五年，全国城乡人均文教消费地区差扩大1.70%；第三个

表8 各省域城乡文教消费地区差距变动状况

地区	1998年文教消费地区差距		2018年文教消费地区差距		20年地区差扩减变化		城乡比排序（配合表7）	
	地区差（无差距=1）	排序	地区差（无差距=1）	排序	扩减百分比（%）	排序	1998年	2018年
全 国	1.4024	—	1.2271	—	-12.50	—	—	—
北 京	3.0238	31	1.7478	30	-42.20	1	11	30
广 东	2.0308	29	1.2153	21	-40.16	2	6	19
天 津	1.9210	28	1.3968	28	-27.29	3	18	29
上 海	2.9186	30	2.1705	31	-25.63	4	1	31
浙 江	1.7367	26	1.3481	27	-22.38	6	15	13
福 建	1.1401	8	1.0158	3	-10.90	14	4	10
江 苏	1.2791	19	1.1539	12	-9.79	15	5	11
海 南	1.1213	6	1.0203	4	-9.01	18	7	14
河 北	1.2566	17	1.2125	20	-3.51	22	19	6
山 东	1.0233	2	1.0118	2	-1.12	24	20	20
东 部	1.7451	[4]	1.3293	[4]	-23.83	[1]	[3]	[4]
河 南	1.4230	23	1.1964	18	-15.92	9	13	8
山 西	1.3191	20	1.1215	11	-14.98	10	22	21
湖 北	1.1781	12	1.0237	5	-13.11	11	8	2
江 西	1.2498	16	1.1750	13	-5.98	21	2	16
安 徽	1.1770	11	1.1845	15	0.64	26	21	4
湖 南	1.1857	13	1.2760	26	7.62	28	16	23
中 部	1.2555	[3]	1.1628	[2]	-7.38	[2]	[2]	[1]
宁 夏	1.3414	21	1.0274	6	-23.41	5	24	18
贵 州	1.5063	25	1.2369	23	-17.88	7	27	15
甘 肃	1.4546	24	1.2205	22	-16.09	8	23	12
青 海	1.4111	22	1.2472	24	-11.62	12	30	24
内蒙古	1.1096	5	1.0084	1	-9.12	17	3	1
陕 西	1.1638	10	1.0820	9	-7.03	19	12	17
云 南	1.2702	18	1.1844	14	-6.75	20	29	22
西 藏	1.7611	27	1.7175	29	-2.48	23	31	28
新 疆	1.2014	14	1.1991	19	-0.19	25	26	27
重 庆	1.0525	3	1.0604	8	0.75	27	28	5
四 川	1.1353	7	1.2655	25	11.47	29	25	25
广 西	1.0068	1	1.1904	16	18.24	31	17	7

地区	1998年文教消费地区差距		2018年文教消费地区差距		20年地区差扩减变化		城乡比排序（配合表7）	
	地区差（无差距=1）	排序	地区差（无差距=1）	排序	扩减百分比（％）	排序	1998年	2018年
西　部	1.2412	[2]	1.2033	[3]	−3.05	[3]	[4]	[3]
吉　林	1.1578	9	1.0295	7	−11.08	13	9	9
黑龙江	1.2215	15	1.1050	10	−9.54	16	14	3
辽　宁	1.0562	4	1.1963	17	13.26	30	10	26
东　北	1.1452	[1]	1.1103	[1]	−3.05	[4]	[1]	[2]

注：①表中均为演算衍生数值。②地区差扩减百分比负值为地区差缩小。所附城乡比排序配合前表7。

五年，全国城乡人均文教消费地区差缩小5.59%；第四个五年，全国城乡人均文教消费地区差缩小10.80%。对比各五年时段全国城乡人均文教消费地区差扩减变化，第四个五年略微好于第三个五年，较明显好于第二个五年，也较明显好于第一个五年。

20年以来，25个省域地区差缩小，按缩减程度大小依次为北京、广东、天津、上海、宁夏、浙江、贵州、甘肃、河南、山西、湖北、青海、吉林、福建、江苏、黑龙江、内蒙古、海南、陕西、云南、江西、河北、西藏、山东、新疆；6个省域地区差扩大，按扩增程度大小倒序为安徽、重庆、湖南、四川、辽宁、广西。其中，北京占据首位，其地区差缩小42.20%；广西处于末位，其地区差扩大18.24%。

2018年与上一年相比，全国城乡文教消费地区差缩小1.94%。同时，23个省域地区差缩小，按缩减程度大小依次为海南、江苏、湖南、吉林、湖北、北京、内蒙古、福建、广西、山东、江西、河南、云南、西藏、宁夏、甘肃、新疆、河北、广东、四川、陕西、浙江、黑龙江；8个省域地区差扩大，按扩增程度大小倒序为辽宁、安徽、上海、重庆、山西、青海、贵州、天津。

这意味着，从1998年到2018年，全国各地城乡人均文教消费需求增长相互比较，其间的"增长协调性"稍好。在全国及绝大部分省域，城乡文教消费地区差略有缩小，不过另有少数省域城乡文教消费地区差继续扩大。其中有所区别之处在于，发达地区城乡文教消费地区差扩大是由于"领先"增长的偏离，欠发达地区城乡文教消费地区差扩大则由于"滞后"增长的偏离。区域之间"不平衡不充分的发展"矛盾依然明显。

四 各省域城乡景气排行与预测

基于以上各项指标的分析数值，按照本评价体系的测评方式和演算权重，最后测算得出2018年各省域城乡综合文教消费需求景气评价排行。基于不同时间段、不同基准值的各类测评结果均落实在2018年之上。景气指数取百分制，以便横向衡量百分点高低，纵向衡量百分比升降。

（一）2018年文化教育消费需求景气指数测评

1998年以来各省域城乡综合演算的文教消费需求景气指数变动态势分析见表9，各省域以2018年横向测评的文教消费需求景气指数高低排列。

表9 各省域城乡文教消费需求景气指数变动状况

地区	起始年度基数值纵向测评（起点年基数值=100）						2018年理想值无差距横向测评（理想值=100）	
	1998年以来20年	2003年以来15年	2008年以来10年	2013年以来5年	最近一年以来（2017~2018年）			
	景气指数	景气指数	景气指数	景气指数	景气指数	排序	景气指数	排序
全 国	192.21	149.42	143.13	128.17	101.28	—	86.55	—
吉 林	220.17	152.56	144.69	121.63	106.07	6	98.18	3
黑龙江	226.30	164.07	132.69	131.02	100.85	21	95.32	5
辽 宁	204.72	155.56	137.87	118.92	99.46	23	94.05	8
东 北	214.93	157.11	137.52	123.16	101.52	[3]	95.18	[1]
湖 南	194.51	159.33	177.68	150.67	96.52	29	99.27	1
湖 北	170.79	160.51	169.33	149.64	106.42	4	94.86	7
山 西	236.54	150.28	132.73	118.48	97.85	27	89.44	15
河 南	243.80	185.88	172.81	137.66	106.41	5	88.13	17
江 西	194.47	153.75	157.89	140.91	104.55	9	86.73	20

地区	起始年度基数值纵向测评(起点年基数值=100)						2018年理想值无差距横向测评(理想值=100)	
	1998年以来20年	2003年以来15年	2008年以来10年	2013年以来5年	最近一年以来(2017~2018年)			
	景气指数	景气指数	景气指数	景气指数	景气指数	排序	景气指数	排序
安 徽	192.43	172.70	141.68	144.65	102.16	17	86.00	24
中 部	200.64	164.96	162.20	140.58	101.93	[1]	90.44	[2]
甘 肃	264.18	164.46	171.80	148.30	105.89	7	97.04	4
宁 夏	264.22	183.07	175.04	135.68	101.90	19	95.12	6
云 南	230.61	199.39	199.15	168.63	104.07	12	91.46	9
内蒙古	203.89	153.15	141.11	136.71	98.06	26	90.97	12
广 西	173.28	171.46	184.66	165.18	104.83	8	90.93	13
陕 西	197.26	134.76	131.00	128.01	102.37	16	89.60	14
重 庆	214.06	162.74	162.06	135.54	99.90	22	88.38	16
新 疆	204.62	186.44	177.82	146.66	108.61	3	86.23	22
贵 州	270.26	189.25	212.28	148.94	91.07	31	84.44	26
青 海	267.60	162.39	171.43	142.04	95.45	30	81.94	28
四 川	169.70	139.14	164.69	123.20	101.91	18	81.88	29
西 藏	492.08	228.06	186.69	234.83	126.09	1	64.72	31
西 部	199.38	159.67	166.27	140.85	101.41	[4]	86.76	[3]
海 南	211.02	197.42	158.37	149.45	111.99	2	98.70	2
上 海	152.70	113.29	106.13	99.30	98.58	25	91.45	10
天 津	165.34	134.31	143.01	117.83	103.05	15	91.31	11
广 东	150.29	140.20	154.37	118.88	103.10	14	87.98	18
山 东	189.03	137.24	129.69	125.20	104.14	11	87.86	19
浙 江	168.95	123.81	117.69	111.16	101.37	20	86.36	21
福 建	173.32	138.48	132.66	121.09	104.39	10	86.11	23
河 北	211.71	168.50	157.12	138.71	103.78	13	85.62	25
北 京	139.15	109.56	106.86	94.57	98.79	24	83.20	27
江 苏	164.74	129.06	110.27	105.95	97.04	28	81.32	30
东 部	172.13	137.09	127.93	115.94	101.66	[2]	84.32	[4]

注：西藏因缺失1998年数据，变通以1999年数据为起始基点，统一纳入各时段以来纵向测评。

1. 各年度无差距理想值横向测评

以文教消费需求城乡之间、地区之间实现无差距状态为"理想值"100，在年度横向测评中，2018年全国城乡文教消费需求景气指数为86.55，低于理想值 13.45%。此项测评中，由于全国城乡文教消费总量份额值（全国份额为100%基准）、人均绝对值、相对比值作为演算基准，全国城乡总体景气指数高低，都缘于文教消费相关增率比提高或降低，城乡比和地区差缩小或扩大。

此项测评中，四大区域和各省域城乡景气指数高低，除了缘于自身文教消费城乡比、与全国地区差的存在及其扩减变化以外，更有可能缘于其文教消费总量份额、相关增率比上升或下降，缘于人均绝对值、各项相对比值高于或低于全国总体平均值。

各省域城乡综合景气指数比较，湖南、海南、吉林、甘肃、黑龙江从高到低依次占据"2018 年城乡文教消费需求景气指数排名"全国前 5 位。20个省域景气指数高于全国城乡总体景气指数，按指数高低依次为上述 5 地和宁夏、湖北、辽宁、云南、上海、天津、内蒙古、广西、陕西、山西、重庆、河南、广东、山东、江西；11 个省域景气指数低于全国城乡总体景气指数，按指数高低依次为浙江、新疆、福建、安徽、河北、贵州、北京、青海、四川、江苏、西藏。

2. 1998年以来20年基数值纵向测评

以 1998 年为起点基数值 100，在 1998 年以来 20 年间自身纵向测评中，2018 年全国城乡文教消费需求景气指数为 192.21，高于 1998 年基数值92.21%。此项测评中，全国城乡总体景气指数升降，缘于与自身 1998 年相比，2018 年各项指标数值或有升降。四大区域和各省域城乡亦然。

各省域城乡综合景气指数比较，西藏、贵州、青海、宁夏、甘肃从高到低依次占据"1998～2018 城乡文教消费需求景气指数提升度"全国前 5 位。20 个省域景气指数提升高于全国城乡总体景气指数提升，按指数高低依次为上述 5 地和河南、山西、云南、黑龙江、吉林、重庆、河北、海南、辽宁、新疆、内蒙古、陕西、湖南、江西、安徽；11 个省域景气指数提升低于全国城乡总体景气指数提升，按指数高低依次为山东、福建、广西、湖北、四川、浙江、天津、江苏、上海、广东、北京。

3. 2003年以来15年基数值纵向测评

以 2003 年为起点基数值 100，在 2003 年以来 15 年间自身纵向测评中，

2018 年全国城乡文教消费需求景气指数为 149.42，高于 2003 年基数值 49.42%。此项测评中，全国城乡总体景气指数升降，缘于与自身 2003 年相比，2018 年各项指标数值或有升降。四大区域和各省域城乡亦然。

各省域城乡综合景气指数比较，西藏、云南、海南、贵州、新疆从高到低依次占据"2003～2018 城乡文教消费需求景气指数提升度"全国前 5 位。21 个省域景气指数提升高于全国城乡总体景气指数提升，按指数高低依次为上述 5 地和河南、宁夏、安徽、广西、河北、甘肃、黑龙江、重庆、青海、湖北、湖南、辽宁、江西、内蒙古、吉林、山西；10 个省域景气指数提升低于全国城乡总体景气指数提升，按指数高低依次为广东、四川、福建、山东、陕西、天津、江苏、浙江、上海、北京。

4. 2008年以来10年基数值纵向测评

以 2008 年为起点基数值 100，在 2008 年以来 10 年间自身纵向测评中，2018 年全国城乡文教消费需求景气指数为 143.13，高于 2008 年基数值 43.13%。此项测评中，全国城乡总体景气指数升降，缘于与自身 2008 年相比，2018 年各项指标数值或有升降。四大区域和各省域城乡亦然。

各省域城乡综合景气指数比较，贵州、云南、西藏、广西、新疆从高到低依次占据"2008～2018 城乡文教消费需求景气指数提升度"全国前 5 位。18 个省域景气指数提升高于全国城乡总体景气指数提升，按指数高低依次为上述 5 地和湖南、宁夏、河南、甘肃、青海、湖北、四川、重庆、海南、江西、河北、广东、吉林；13 个省域景气指数提升低于全国城乡总体景气指数提升，按指数高低依次为天津、安徽、内蒙古、辽宁、山西、黑龙江、福建、陕西、山东、浙江、江苏、北京、上海。

5. 2013年以来5年基数值纵向测评

以 2013 年为起点基数值 100，在 2013 年以来 5 年间自身纵向测评中，2018 年全国城乡文教消费需求景气指数为 128.17，高于 2013 年基数值 28.17%。此项测评中，全国城乡总体景气指数升降，缘于与自身 2013 年相比，2018 年各项指标数值或有升降。四大区域和各省域城乡亦然。

各省域城乡综合景气指数比较，西藏、云南、广西、湖南、湖北从高到低依次占据"2013～2018 年城乡文教消费需求景气指数提升度"全国前 5位。18 个省域景气指数提升高于全国城乡总体景气指数提升，按指数高低依次为上述 5 地和海南、贵州、甘肃、新疆、安徽、青海、江西、河北、河南、内蒙古、宁夏、重庆、黑龙江；13 个省域景气指数提升低于全国城乡总体景气指数提升，按指数高低依次为陕西、山东、四川、吉林、福建、辽宁、广东、山西、天津、浙江、江苏、上海、北京。

6. 逐年度上年基数值纵向测评

各年度均以上年为起点基数值 100，在逐年自身纵向测评中，2018 年全国城乡文教消费需求景气指数为 101.28，高于上年基数值 1.28%。此项测评中，全国城乡总体景气指数升降，缘于与自身上年相比，本年度各项指标数值或有升降。四大区域和各省域城乡亦然。

各省域城乡综合景气指数比较，西藏、海南、新疆、湖北、河南从高到低依次占据"2017～2018 城乡文教消费需求景气指数提升度"全国前 5 位。20 个省域景气指数提升高于全国城乡总体景气指数提升，按指数高低依次为上述 5 地和吉林、甘肃、广西、江西、福建、山东、云南、河北、广东、天津、陕西、安徽、四川、宁夏、浙江；11 个省域景气指数提升低于全国城乡总体景气指数提升，按指数高低依次为黑龙江、重庆、辽宁、北京、上海、内蒙古、山西、江苏、湖南、青海、贵州。

（二）2020 年增长态势预测与景气状况测算

鉴于 2019 年统计数据尚待公布，而现实年度已经进入 2020 年，有必要把数据演算推向今后年度预测。在此充分发挥本项研究测评的演算数据库潜力，基于现有基础数据推演的"最大"概率或然性，按照 1998～2018 年各省域人均产值及其城乡人均收入、总消费、积蓄、文教消费各项年均增长率，预测 2020 年各省域城乡文教消费需求增长态势，其中城乡比指标检测值需依据城镇与乡村人均数值的不同年均增长率推算，并测算各自文教消费需求景气状况。

2020 年各省域城乡综合演算的文教消费增长态势预测与景气状况测算

见表10，各省域分为东北和东、中、西部四大区域，以由北至南、从东到西的大致地理分布排列。依照表1～表8列出的各项基础数据，同样可以进行重复验算。鉴于表10均为预测数值，不加以分析，也不列排行，仅供参考。

表10 2020年各省域城乡文教消费增长态势预测与景气状况测算

地区	2020年增长态势预测						2020年景气测算	
	城乡综合预测		城乡差距、地区差距检测				自身纵向测评 2018年基数值=100	各地横向测评 无差距理想值=100
	文教消费总量（亿元）	文教消费人均值（元）	城镇人均文教消费（元）	乡村人均文教消费（元）	城乡比（乡村=1）	地区差（无差距=1）		
全　国	38732.81	2749.90	3555.12	1605.70	2.2141	1.2121	101.67	87.01
黑龙江	958.82	2514.54	3037.83	1833.35	1.6570	1.0856	104.52	98.22
吉　林	751.79	2709.09	3502.92	1788.48	1.9586	1.0148	103.47	98.09
辽　宁	1504.95	3386.68	4219.79	1638.48	2.5754	1.2316	102.49	95.87
东　北	3215.57	2914.78	3595.93	1706.91	2.1067	1.1107	103.41	96.96
北　京	1094.33	4378.66	5123.37	1642.74	3.1188	1.5923	98.27	81.36
天　津	659.76	3742.39	4264.60	1482.12	2.8774	1.3609	102.09	88.60
河　北	1648.75	2150.64	2722.65	1458.25	1.8671	1.2179	102.04	85.52
山　东	2688.43	2657.28	3439.85	1559.96	2.2051	1.0337	100.37	85.51
江　苏	2552.82	3120.00	3736.65	1864.22	2.0044	1.1346	100.05	83.90
上　海	1512.15	5574.87	6622.38	1287.81	5.1424	2.0273	98.42	88.68
浙　江	2078.94	3548.84	4307.86	2175.63	1.9801	1.2905	100.39	85.27
福　建	1059.41	2663.21	3250.60	1635.39	1.9877	1.0315	100.29	84.28
广　东	3878.17	3225.95	3848.19	1717.00	2.2412	1.1731	101.35	88.74
海　南	257.48	2707.73	3478.70	1709.85	2.0345	1.0153	102.42	95.04
东　部	17430.25	3126.56	3758.03	1649.22	2.2787	1.2877	101.31	84.43
山　西	932.78	2455.29	3214.40	1466.44	2.1920	1.1071	103.02	91.72
河　南	2171.65	2291.35	2975.18	1556.18	1.9119	1.1668	103.44	88.39
安　徽	1354.78	2220.40	2785.55	1584.95	1.7575	1.1926	100.65	85.70
湖　北	1527.10	2624.18	3175.48	1898.62	1.6725	1.0457	99.79	91.38
江　西	1094.01	2328.36	3050.00	1391.57	2.1918	1.1533	102.07	86.31
湖　南	2408.70	3515.95	4702.92	2069.79	2.2722	1.2786	101.48	101.40
中　部	9489.02	2582.26	3272.88	1623.91	2.0154	1.1573	101.39	90.45
内蒙古	709.15	2776.27	3160.81	2198.66	1.4376	1.0096	101.93	93.42
陕　西	985.50	2567.16	3302.68	1546.22	2.1360	1.0665	101.46	89.80

续表

| 地区 | 2020 年增长态势预测 | | | | | | 2020 年景气测算 | |
| | 城乡综合预测 | | 城乡差距、地区差距检测 | | | | 自身纵向测评2018 年基数值 = 100 | 各地横向测评无差距理想值 = 100 |
	文教消费总量（亿元）	文教消费人均值（元）	城镇人均文教消费（元）	乡村人均文教消费（元）	城乡比（乡村 = 1）	地区差（无差距 = 1）		
宁 夏	194.35	2751.20	3544.69	1681.36	2.1082	1.0005	103.64	96.38
甘 肃	573.30	2194.50	2962.26	1557.11	1.9024	1.2020	103.69	98.33
青 海	127.02	2076.36	2858.63	1285.27	2.2241	1.2449	103.89	85.90
新 疆	555.06	2186.20	3161.89	1271.08	2.4875	1.2050	102.27	86.15
重 庆	764.24	2552.33	2993.93	1727.62	1.7330	1.0718	101.36	88.38
四 川	1602.54	1981.32	2761.87	1131.66	2.4405	1.2795	100.03	80.10
贵 州	733.98	2118.73	2924.76	1528.73	1.9132	1.2295	102.47	89.18
广 西	1051.37	2185.85	2860.67	1518.15	1.8843	1.2051	100.55	88.05
云 南	1081.46	2205.57	3098.35	1479.06	2.0948	1.1979	102.13	89.97
西 藏	27.63	796.66	1327.59	620.65	2.1390	1.7103	109.71	61.74
西 部	8405.61	2243.31	2934.39	1395.69	2.1025	1.2019	101.07	86.37

注：西藏因缺失 1998 年数据，以 1999～2018 年相关数据年均增长推算增长态势，全国及其余各地以 1998～2018 年相关数据年均增长推算。总量测算未涉及人口增长尤其是分布变化，且未经平衡，各地总量之和不等于全国总量。

B.4
全国省域城镇文化教育消费需求景气评价排行

——1998~2018年测评与2020年预测

王亚南　赵娟*

摘　要：　1998~2018年，31个省域城镇文教消费总量年均增长均超过
　　　　　10%，其中3个省域城镇年均增长超过15%；11个省域城镇
　　　　　文教消费人均值年均增长超过10%。各省域城镇单行文教消
　　　　　费需求景气评价排行结果：城乡、地区无差距理想值横向测
　　　　　评，湖南、海南、吉林、宁夏、辽宁为"2018年城镇景气指
　　　　　数排名"前5位；历年各地自身基数值纵向测评，西藏、宁
　　　　　夏、吉林、黑龙江、青海为"1998~2018年城镇景气指数提
　　　　　升度"前5位；西藏、海南、宁夏、云南、新疆为"2003~
　　　　　2018年城镇景气指数提升度"前5位；云南、贵州、湖南、
　　　　　新疆、广西为"2008~2018年城镇景气指数提升度"前5
　　　　　位；西藏、云南、广西、海南、湖南为"2013~2018年城镇
　　　　　景气指数提升度"前5位；海南、西藏、吉林、广西、湖北
　　　　　为"2017~2018年城镇景气指数提升度"前5位。

关键词：　省域城镇　文教消费　单行评价　景气排行

---

* 王亚南，云南省社会科学院研究员，文化发展研究中心主任，主要研究方向为民俗学、民族
学及文化理论、文化战略和文化产业；赵娟，云南省社会科学院民族文学研究所副研究员，
主要研究方向为古典文学、民族文化和文化产业。

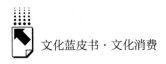

本评价体系运用于全国省域城镇单行文教消费需求景气测评，已经连续推出多个年度的实际评价结果，年度测评排行至上一统计年度2017年，具有延续性，可对照参看。标准化检测流程犹如每年体检程序，实现全国或一地历年之间、同年各地之间"可重复检验"，以保证检测方法的科学性、规范性。

本文全面展开2018年全国及东、中、西部和东北四大区域、31个省域城镇单行文教消费需求景气分析测算及其评价排行。2018数据年度测评统一取全国及各地1998年以来数据，其中"民生数据"统计项迄今保持一致口径，更有利于保证各个时段至今各类测评的前后可对比性。

鉴于另有全国总报告和省域城镇子报告对全国及各地详加考察，本文分析侧重于东、中、西部和东北四大区域整体加以比较，对省域则着眼于各项指标排行。

一 各省域城镇文化教育消费需求增长基本状况

全国及各省域城镇文教消费需求总量增长态势可以提供一种宏观视角，本文分析测算就由各省域城镇文教消费总量占全国份额增减变化开始。

（一）各省域城镇总量份额增减变化

1998~2018年各省域城镇文教消费总量增长及其占全国份额增减变化态势见表1，全国城镇总体数据作为测评演算基准列于首行。各省域依属地方位，由北至南、从东到西分为东北和东、中、西部四大区域，按20年里文教消费总量占全国份额增减变化幅度高低排列。其中，省域主排行以1、2、3…为序，四大区域作为附加排行以［1］、［2］、［3］、［4］为序（后同）。

1998~2018年，全国城镇文教消费总量从2023.95亿元增长至24459.94亿元，绝对增长总量22435.99亿元，总增长1108.52%，年均增长13.27%。

同期，东部总量年均增长12.75%，低于全国城镇平均增长0.52个百

表1　各省域城镇文教消费总量增长及其占全国份额变动状况

地区	文教消费总量增长				占全国城镇份额变动			
	1998年总量（亿元）	2018年总量（亿元）	20年年均增长		1998年份额（%）	2018年份额（%）	20年份额增减	
			增长指数（上年＝100）	指数排序			增减百分比（%）	增减排序
全　国	2023.95	24459.94	113.269	—	100	100	—	—
河　南	60.66	1186.02	116.027	2	2.9971	4.8488	61.78	2
江　西	34.30	638.53	115.743	3	1.6947	2.6105	54.04	3
山　西	36.30	566.53	114.727	5	1.7935	2.3162	29.14	5
湖　南	108.90	1493.68	113.989	10	5.3806	6.1066	13.49	10
安　徽	71.96	807.20	112.848	19	3.5554	3.3001	-7.18	19
湖　北	109.57	952.25	111.417	30	5.4137	3.8931	-28.09	31
中　部	421.69	5644.20	113.849	[1]	20.8350	23.0753	10.75	[1]
宁　夏	5.91	115.61	116.030	1	0.2920	0.4727	61.88	1
甘　肃	19.31	302.13	114.742	4	0.9541	1.2352	29.46	4
贵　州	27.24	405.29	114.453	7	1.3459	1.6570	23.11	7
陕　西	42.09	603.79	114.245	9	2.0796	2.4685	18.70	9
新　疆	25.40	327.89	113.644	11	1.2550	1.3405	6.81	11
内蒙古	33.18	409.23	113.385	14	1.6394	1.6731	2.06	14
云　南	50.00	606.12	113.287	15	2.4704	2.4780	0.31	15
青　海	6.48	77.24	113.191	16	0.3202	0.3158	-1.37	16
重　庆	54.47	518.08	111.921	26	2.6913	2.1181	-21.30	26
广　西	63.70	601.67	111.882	27	3.1473	2.4598	-21.84	27
四　川	108.99	1022.47	111.844	28	5.3850	4.1802	-22.37	28
西　藏	1.68	12.41	111.099	31	0.0695	0.0507	-27.05	30
西　部	436.76	5001.93	112.965	[2]	21.5796	20.4495	-5.24	[2]
海　南	9.98	155.56	114.720	6	0.4931	0.6360	28.98	6
河　北	65.89	968.16	114.382	8	3.2555	3.9581	21.58	8
江　苏	138.45	1740.48	113.493	12	6.8406	7.1156	4.02	12
福　建	56.65	699.41	113.390	13	2.7990	2.8594	2.16	13
山　东	150.21	1771.91	113.132	17	7.4216	7.2441	-2.39	17
上　海	105.63	1168.63	112.770	20	5.2190	4.7777	-8.46	20
天　津	43.72	465.64	112.556	21	2.1601	1.9037	-11.87	21
浙　江	143.96	1436.79	112.191	23	7.1128	5.8741	-17.42	23
广　东	272.30	2639.11	112.026	24	13.4539	10.7895	-19.80	24
北　京	90.02	823.24	111.702	29	4.4477	3.3657	-24.33	29

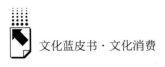

续表

地区	文教消费总量增长				占全国城镇份额变动			
	1998年总量（亿元）	2018年总量（亿元）	20年年均增长		1998年份额（%）	2018年份额（%）	20年份额增减	
			增长指数（上年=100）	指数排序			增减百分比（%）	增减排序
东　部	1076.79	11868.91	112.749	[3]	53.2024	48.5239	-8.79	[3]
辽　宁	86.45	1008.84	113.071	18	4.2714	4.1245	-3.44	18
吉　林	41.56	438.09	112.498	22	2.0534	1.7911	-12.77	22
黑龙江	58.04	558.69	111.988	25	2.8677	2.2841	-20.35	25
东　北	186.05	2005.63	112.624	[4]	9.1924	8.1997	-10.80	[4]

注：①表中均为演算衍生数值，各地总量之和不等于全国总量；另分别经四舍五入，四大区域总量与相应各地之和可能会有小数微小出入；②年均增长指数保留3位小数精确排序；③西藏总量极小，保留4位小数；④各地总量份额较小保留4位小数，份额增减百分比负值为下降百分比。数据演算依据：《中国统计年鉴》相应年卷，其中西藏缺失1998年数据，变通以1999年数据为起始基点；由于历时年份不同，西藏增长变化位次虚设，其后各地位次相应递进（后同）。

分点，占全国城镇份额由53.20%下降为48.52%；东北总量年均增长12.62%，低于全国城镇平均增长0.65个百分点，占全国城镇份额由9.19%下降为8.20%；中部总量年均增长13.85%，高于全国城镇平均增长0.58个百分点，占全国城镇份额由20.84%上升为23.08%；西部总量年均增长12.97%，低于全国城镇平均增长0.30个百分点，占全国城镇份额由21.58%下降为20.45%。

分阶段对比考察，第一个五年（1998~2003年，后同），全国城镇文教消费总量年均增长18.82%；第二个五年（2003~2008年，后同），全国城镇文教消费总量年均增长11.21%；第三个五年（2008~2013年，后同），全国城镇文教消费总量年均增长15.21%；第四个五年（2013~2018年，后同），全国城镇文教消费总量年均增长8.13%。对比各五年时段城镇文教消费总量增长变化，第四个五年全国年均增长比第三个五年降低7.08个百分点，比第二个五年降低3.08个百分点，比第一个五年降低10.69个百分点。

20年间各省域城镇文教消费总量年均增长幅度及占全国城镇份额升降比较，15个省域年均增长幅度高于全国城镇平均增长，占全国城镇份额各有上升，按增幅高低依次为宁夏、河南、江西、甘肃、山西、海南、贵州、河北、陕西、湖南、新疆、江苏、福建、内蒙古、云南；16 个省域年均增长幅度低于全国城镇平均增长，占全国城镇份额各有下降，按增幅高低依次为青海、山东、辽宁、安徽、上海、天津、吉林、浙江、广东、黑龙江、重庆、广西、四川、北京、西藏、湖北。其中，宁夏占据首位，年均增长高于全国城镇平均增长 2.76 个百分点，占全国城镇份额提高 61.88%；湖北处于末位，年均增长低于全国城镇平均增长 2.17 个百分点，占全国城镇份额降低 28.09%。

2018 年，全国城镇文教消费总量增长 6.98%，低于第一个五年年均增长 11.84 个百分点，低于第二个五年年均增长 4.23 个百分点，低于第三个五年年均增长 8.24 个百分点。20 个省域文教消费总量增长幅度高于全国城镇平均增长，按增幅高低依次为海南、天津、广西、西藏、云南、吉林、江西、湖北、宁夏、山东、河南、福建、四川、河北、黑龙江、甘肃、上海、辽宁、陕西、浙江；11 个省域文教消费总量增长幅度低于全国城镇平均增长，按增幅高低依次为重庆、山西、新疆、广东、安徽、湖南、北京、内蒙古、青海、贵州、江苏。

各省域城镇文教消费总量数值本身不具可比性，增长幅度和份额变化却可以进行比较，此处仅提供各地总量增长幅度和份额增减排序。鉴于各省域人口差异极大，各自文教消费需求总量占全国份额差距巨大，份额增减百分点并无比较意义，故采用份额增减百分比加以比较，便于进行排序。实际上，总量增长与份额增减是联系在一起的，总量年均增长排序与份额增减百分比排序也是一致的。

（二）各省域城镇人均绝对值增长变化

1998～2018 年各省域城镇人均文教消费绝对值增长态势分析见表 2，各省域按 20 年里城镇人均文教消费绝对值年均增长指数高低排列。

1998～2018 年，全国城镇人均文教消费需求从 499.39 元增长至 2974.14 元，人均绝对增量 2474.75 元，总增长 495.55%，年均增长 9.33%。

表2　各省域城镇人均文教消费绝对值增长状况

地区	人均文教消费绝对值				人均文教消费增长变动				
	1998年		2018年		20年增量及增量比			20年年均增长	
	人均值（元）	排序	人均值（元）	排序	增量值（元）	增量比（全国=1）	增量比排序	增长指数（上年=100）	指数排序
全　国	499.39	—	2974.14	—	2474.75	1	—	109.332	—
吉　林	336.28	28	2830.80	12	2494.52	1.0080	10	111.240	1
辽　宁	405.20	20	3410.20	6	3005.00	1.2143	4	111.239	2
黑龙江	315.97	31	2472.90	22	2156.93	0.8716	20	110.835	3
东　北	357.36	[4]	2964.64	[2]	2607.28	1.0536	[2]	111.159	[1]
江　西	328.28	29	2490.55	21	2162.27	0.8737	19	110.663	5
河　南	320.88	30	2429.90	25	2109.02	0.8522	21	110.653	6
山　西	365.99	24	2638.24	18	2272.25	0.9182	14	110.380	8
湖　南	642.68	6	3924.53	3	3281.85	1.3261	3	109.469	14
湖　北	521.57	13	2694.59	15	2173.02	0.8781	18	108.557	22
安　徽	476.45	14	2372.43	29	1895.98	0.7661	28	108.357	23
中　部	456.73	[3]	2775.68	[3]	2318.95	0.9370	[3]	109.442	[2]
宁　夏	373.18	22	2888.68	10	2515.50	1.0165	9	110.774	4
内蒙古	356.60	25	2592.10	19	2235.50	0.9033	16	110.427	7
甘　肃	351.27	27	2440.30	24	2089.03	0.8441	22	110.177	10
贵　州	353.39	26	2413.52	26	2060.13	0.8325	24	110.083	11
陕　西	406.01	18	2729.66	13	2323.65	0.9389	13	109.996	12
青　海	405.53	19	2393.62	27	1988.09	0.8033	25	109.283	15
新　疆	455.76	16	2651.38	17	2195.62	0.8872	17	109.204	17
云　南	588.45	8	2664.08	16	2075.63	0.8387	23	107.843	26
广　西	561.06	9	2466.91	23	1905.85	0.7701	27	107.685	27
四　川	546.89	10	2383.78	28	1836.89	0.7423	30	107.639	28
重　庆	604.78	7	2588.76	20	1983.98	0.8017	26	107.541	29
西　藏	371.04	23	1175.81	31	804.77	0.3252	31	106.259	31
西　部	483.06	[2]	2529.06	[4]	2046.00	0.8268	[4]	108.630	[3]
海　南	396.92	21	2855.72	11	2458.80	0.9936	11	110.370	9
上　海	843.24	2	5490.91	1	4647.67	1.8780	1	109.821	13
江　苏	530.38	12	3128.96	8	2598.58	1.0500	7	109.280	16
福　建	472.05	15	2727.62	14	2255.57	0.9114	15	109.167	18
天　津	657.77	5	3598.14	5	2940.37	1.1881	5	108.868	19
山　东	531.49	11	2902.74	9	2371.25	0.9582	12	108.859	20

地区	人均文教消费绝对值				人均文教消费增长变动				
	1998 年		2018 年		20 年增量及增量比			20 年年均增长	
	人均值（元）	排序	人均值（元）	排序	增量值（元）	增量比（全国 =1）	增量比排序	增长指数（上年=100）	指数排序
河 北	435.98	17	2305.00	30	1869.02	0.7552	29	108.683	21
浙 江	771.18	4	3684.19	4	2913.01	1.1771	6	108.133	24
北 京	964.19	1	4401.60	2	3437.41	1.3890	2	107.888	25
广 东	798.82	3	3335.67	7	2536.85	1.0251	8	107.408	30
东 部	651.59	[1]	3289.59	[1]	2638.00	1.0660	[1]	108.432	[4]

注：①城镇人均文教消费数据出自《中国统计年鉴》相应年卷，其余为演算衍生数值；②各地人均绝对值"增量比"小于 1 为小于全国城镇人均增量；③年均增长指数（小于 100 为负增长）保留 3 位小数精确排序。

同期，东部人均值年均增长 8.43%，低于全国城镇平均增长 0.90 个百分点，从全国城镇人均值的 130.48% 降低至 110.61%，绝对增量为全国城镇人均增量的 106.60%；东北人均值年均增长 11.16%，高于全国城镇平均增长 1.83 个百分点，从全国城镇人均值的 71.56% 提高至 99.68%，绝对增量为全国城镇人均增量的 105.36%；中部人均值年均增长 9.44%，高于全国城镇平均增长 0.11 个百分点，从全国城镇人均值的 91.46% 提高至 93.33%，绝对增量为全国城镇人均增量的 93.70%；西部人均值年均增长 8.63%，低于全国城镇平均增长 0.70 个百分点，从全国城镇人均值的 96.73% 降低至 85.03%，绝对增量为全国城镇人均增量的 82.68%。

分阶段对比考察，第一个五年，全国城镇人均文教消费年均增长 13.35%；第二个五年，全国城镇人均文教消费年均增长 7.77%；第三个五年，全国城镇人均文教消费年均增长 11.05%；第四个五年，全国城镇人均文教消费年均增长 5.33%。对比各五年时段城镇人均文教消费需求增长变化，第四个五年全国年均增长比第三个五年降低 5.72 个百分点，比第二个五年降低 2.44 个百分点，比第一个五年降低 8.02 个百分点。

20 年间各省域城镇人均文教消费年均增长幅度比较，14 个省域年均增长幅度高于全国城镇平均增长，按增幅高低依次为吉林、辽宁、黑龙江、宁夏、江西、河南、内蒙古、山西、海南、甘肃、贵州、陕西、上海、湖南；17 个省域年均增长幅度低于全国城镇平均增长，按增幅高低依次为青海、江苏、新疆、福建、天津、山东、河北、湖北、安徽、浙江、北京、云南、广西、四川、重庆、广东、西藏。其中，吉林占据首位，年均增长高于全国城镇平均增长 1.91 个百分点；西藏处于末位，年均增长低于全国城镇平均增长 3.07 个百分点。

2018 年，全国城镇人均文教消费年度增长 4.48%，低于第一个五年年均增长 8.87 个百分点，低于第二个五年年均增长 3.29 个百分点，低于第三个五年年均增长 6.57 个百分点。18 个省域人均值年均增长幅度高于全国城镇平均增长，按增幅高低依次为海南、天津、吉林、广西、云南、西藏、江西、湖北、山东、宁夏、福建、河南、黑龙江、上海、辽宁、四川、河北、浙江；13 个省域人均值年均增长幅度低于全国城镇平均增长，按增幅高低依次为陕西、甘肃、山西、重庆、北京、广东、新疆、安徽、湖南、内蒙古、青海、江苏、贵州。

特别需要注意，其中前 3 个省域出现超过 15% 高增长，后 5 个省域出现负增长，这一特异动向对于该年度检测评价会产生极大影响，导致各地排行发生重大变故。

人均文教消费绝对值系本评价体系进行演算测评的基础性指标，虽然在最后的综合评价中演算权重不高，却是以下各项指标演算的基础，因而实际上具有决定性意义。当然，全国及各省域城镇文教消费需求状况分析不能孤立地进行，必须放到全国及各地经济增长、民生增进的相关背景当中，同时放到城乡之间、地区之间协调增长背景当中，进一步展开分析。

二 各省域城镇相关背景协调增长情况对比

在本评价体系当中，全国及各省域城镇文教消费需求及其增长需要放到相关经济、民生背景中考察其间的"协调增长"状况，从而得出极其重要的各项比值平衡指标演算数值。

（一）文化教育消费与产值比关系变化

1998～2018年各省域城镇文教消费与产值比（文教消费率）变动态势分析见表3，各省域按20年间城镇文教消费与产值比升降变化状况优劣排列。表3同时提供1998年和2018年各地人均产值数据，对照表2中各地人均文教消费数据，可以进行重复验算。

表3　各省域城镇文教消费与产值比变动状况

地区	1998 年			2018 年			1998～2018 年比值升降变化		
	人均产值（元）	文教消费与产值比（％）	比值排序	人均产值（元）	文教消费与产值比（％）	比值排序	升降百分点	升降百分比（％）	排序
全　　国	6860	7.2797	—	64644	4.6008	—	− 2.6789	− 36.80	—
辽　　宁	9415	4.3038	29	58008	5.8789	5	1.5751	36.60	1
黑龙江	7375	4.2843	30	43274	5.7145	8	1.4302	33.38	2
吉　　林	5983	5.6206	24	55611	5.0904	13	− 0.5302	− 9.43	4
东　　北	7807	4.5773	[4]	52280	5.6707	[1]	1.0934	23.89	[1]
上　　海	24513	3.4400	31	134982	4.0679	20	0.6279	18.25	3
海　　南	5912	6.7138	20	51955	5.4965	9	− 1.2173	− 18.13	5
河　　北	6501	6.7064	21	47772	4.8250	18	− 1.8814	− 28.05	9
天　　津	14243	4.6182	28	120711	2.9808	29	− 1.6374	− 35.46	13
北　　京	19118	5.0434	26	140211	3.1393	27	− 1.9041	− 37.75	14
福　　建	9603	4.9157	27	91197	2.9909	28	− 1.9248	− 39.16	15
山　　东	7968	6.6703	22	76267	3.8060	24	− 2.8643	− 42.94	17
浙　　江	11394	6.7683	19	98643	3.7349	26	− 3.0334	− 44.82	18
广　　东	10819	7.3835	15	86412	3.8602	23	− 3.5233	− 47.72	22
江　　苏	10049	5.2779	25	115168	2.7169	30	− 2.5610	− 48.52	23
东　　部	10348	6.2970	[3]	89811	3.6628	[4]	− 2.6342	− 41.83	[2]
山　　西	5104	7.1707	17	45328	5.8203	7	− 1.3504	− 18.83	6
河　　南	4643	6.9110	18	50152	4.8451	17	− 2.0659	− 29.89	10
江　　西	4124	7.9602	14	47434	5.2506	12	− 2.7096	− 34.04	11
湖　　南	4667	13.7707	2	52949	7.4120	2	− 6.3587	− 46.18	21
安　　徽	4235	11.2503	7	47712	4.9724	15	− 6.2779	− 55.80	25
湖　　北	5287	9.8651	10	66616	4.0450	21	− 5.8201	− 59.00	27

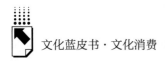

续表

地区	1998 年			2018 年			1998～2018 年比值升降变化		
	人均产值（元）	文教消费与产值比（%）	比值排序	人均产值（元）	文教消费与产值比（%）	比值排序	升降百分点	升降百分比（%）	排序
中 部	4645	9.8319	[2]	52062	5.3315	[2]	-4.5004	-45.77	[3]
甘 肃	3541	9.9201	9	31336	7.7875	1	-2.1326	-21.50	7
新 疆	6174	7.3819	16	49475	5.3591	10	-2.0228	-27.40	8
宁 夏	4607	8.1003	13	54094	5.3401	11	-2.7602	-34.08	12
内蒙古	5406	6.5964	23	68302	3.7951	25	-2.8013	-42.47	16
青 海	4426	9.1624	11	47689	5.0192	14	-4.1432	-45.22	19
云 南	4446	13.2355	3	37136	7.1738	3	-6.0617	-45.80	20
广 西	4346	12.9098	4	41489	5.9459	4	-6.9639	-53.94	24
陕 西	4070	9.9757	8	63477	4.3002	19	-5.6755	-56.89	26
贵 州	2364	14.9488	1	41244	5.8519	6	-9.0969	-60.85	28
四 川	4294	12.7361	5	48883	4.8765	16	-7.8596	-61.71	29
重 庆	5016	12.0570	6	65933	3.9264	22	-8.1306	-67.43	30
西 藏	4180	8.8766	12	43398	2.7094	31	-6.1672	-69.48	31
西 部	4183	11.5492	[1]	48725	5.1905	[3]	-6.3587	-55.06	[4]

注：①人均产值数据（产值相关演算不区分城乡）出自《中国统计年鉴》相应年卷，其余为演算衍生数值；②文教消费与产值比即文教消费率的比值较小且各地接近，保留4位小数以便精确排序；③比值升降百分点、百分比负值为下降百分点、百分比，以升降百分比排序更加准确（表4～表6同）。

1998～2018 年，全国人均产值从 6860 元增长至 64644 元，年均增长 11.87%，高于同期全国城镇人均文教消费年均增长 2.54 个百分点。20 年里，全国城镇人均文教消费占人均产值的比例从 7.28% 下降至 4.60%，降低 2.68 个百分点。

同期，东部比值从 6.30% 下降至 3.66%，降低 2.63 个百分点；东北比值从 4.58% 上升至 5.67%，提升 1.09 个百分点；中部比值从 9.83% 下降至 5.33%，降低 4.50 个百分点；西部比值从 11.55% 下降至 5.19%，降低 6.36 个百分点。

20 年间各省域城镇文教消费与产值比升降变化比较，仅有 3 个省域此项比值上升，按升幅高低依次为辽宁、黑龙江、上海；28 个省域此项比值下降，按降幅大小倒序为吉林、海南、山西、甘肃、新疆、河北、河南、江西、宁夏、天津、北京、福建、内蒙古、山东、浙江、青海、云南、湖南、广东、江苏、广西、安徽、陕西、湖北、贵州、四川、重庆、西藏。其中，辽宁占据首位，此项比值提高36.60%；西藏处于末位，此项比值降低69.48%。

2018年与上一年相比，全国城镇此项比值下降4.32%。同时，14个省域此项比值上升，按升幅高低依次为海南、天津、吉林、山东、广西、黑龙江、云南、宁夏、江西、西藏、河南、上海、河北、湖北；17个省域此项比值下降，按降幅大小倒序为福建、辽宁、重庆、四川、浙江、山西、广东、甘肃、陕西、北京、湖南、内蒙古、新疆、安徽、青海、江苏、贵州。

这一相关性比值分析表明，1998～2018年，全国及各省域城镇文教消费需求增长与产值增长相比较，其间"增长协调性"欠佳。在全国及绝大部分省域，城镇文教消费需求增长赶不上产值增长，经济发展成果未能在提升城镇居民文教消费需求上同步体现出来。

（二）文化教育消费占收入比关系变化

1998～2018年各省域城镇文教消费占居民收入比（文教消费比）变动态势分析见表4，各省域按20年间城镇文教消费占收入比升降变化状况优劣排列。表4同时提供1998年和2018年各省域城镇人均收入数据，对照表2中各地人均文教消费数据，可以进行重复验算。

表4　各省域城镇文教消费占居民收入比变动状况

地区	1998年			2018年			1998～2018年比值升降变化		
	人均收入（元）	文教消费占收入比（%）	比值排序	人均收入（元）	文教消费占收入比（%）	比值排序	升降百分点	升降百分比（%）	排序
全　国	5425.05	9.2053	—	39250.84	7.5773	—	-1.63	-17.69	—
吉　林	4206.64	7.9940	25	30171.94	9.3822	2	1.39	17.37	1
黑龙江	4268.50	7.4024	29	29191.33	8.4714	7	1.07	14.44	2
辽　宁	4617.24	8.7758	20	37341.93	9.1324	3	0.36	4.06	4

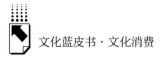

续表

地区	1998 年			2018 年			1998～2018 年比值升降变化		
	人均收入（元）	文教消费占收入比（%）	比值排序	人均收入（元）	文教消费占收入比（%）	比值排序	升降百分点	升降百分比（%）	排序
东 北	4396.73	8.1278	[4]	32979.81	8.9893	[1]	0.86	10.60	[1]
河 南	4219.42	7.6048	28	31874.19	7.6234	16	0.02	0.24	5
江 西	4251.42	7.7217	27	33819.40	7.3643	21	-0.36	-4.63	8
山 西	4098.73	8.9294	18	31034.80	8.5009	6	-0.43	-4.80	9
湖 南	5434.26	11.8264	1	36698.25	10.6941	1	-1.13	-9.57	12
湖 北	4826.36	10.8067	4	34454.63	7.8207	14	-2.99	-27.63	25
安 徽	4770.47	9.9875	7	34393.08	6.8980	25	-3.09	-30.93	26
中 部	4661.27	9.7984	[1]	33803.65	8.2112	[2]	-1.59	-16.20	[2]
宁 夏	4112.41	9.0745	16	31895.22	9.0568	4	-0.02	-0.20	6
贵 州	4565.39	7.7406	26	31591.93	7.6397	15	-0.10	-1.30	7
甘 肃	4009.61	8.7607	21	29957.00	8.1460	10	-0.61	-7.02	10
新 疆	5000.79	9.1138	15	32763.55	8.0925	11	-1.02	-11.21	14
陕 西	4220.24	9.6205	11	33319.25	8.1924	9	-1.43	-14.84	15
内蒙古	4353.02	8.1920	23	38304.68	6.7670	26	-1.43	-17.40	18
云 南	6042.78	9.7381	10	33487.94	7.9553	13	-1.78	-18.31	19
青 海	4240.13	9.5641	13	31514.53	7.5953	18	-1.97	-20.59	21
广 西	5412.24	10.3665	6	32436.07	7.6055	17	-2.76	-26.63	24
四 川	5127.08	10.6667	5	33215.91	7.1766	23	-3.49	-32.72	28
重 庆	5466.57	11.0632	3	34889.30	7.4199	20	-3.64	-32.93	29
西 藏	6908.67	5.3706	31	33797.38	3.4790	31	-1.89	-35.22	30
西 部	4942.08	9.7744	[2]	33316.57	7.5910	[3]	-2.18	-22.34	[3]
海 南	4852.87	8.1791	24	33348.65	8.5632	5	0.38	4.70	3
天 津	7110.54	9.2506	14	42976.25	8.3724	8	-0.88	-9.49	11
福 建	6485.63	7.2784	30	42121.31	6.4756	29	-0.80	-11.03	13
上 海	8773.10	9.6117	12	68033.62	8.0709	12	-1.54	-16.03	16
广 东	8839.68	9.0368	17	44340.97	7.5228	19	-1.51	-16.75	17
河 北	5084.64	8.5745	22	32977.18	6.9897	24	-1.58	-18.48	20
江 苏	6017.85	8.8134	19	47199.97	6.6292	28	-2.18	-24.78	22
山 东	5380.08	9.8788	8	39549.43	7.3395	22	-2.54	-25.70	23
浙 江	7836.76	9.8405	9	55574.31	6.6293	27	-3.21	-32.63	27
北 京	8471.98	11.3809	2	67989.89	6.4739	30	-4.91	-43.12	31
东 部	7018.65	9.2837	[3]	46113.21	7.1337	[4]	-2.15	-23.16	[4]

注：①城镇人均收入数据出自《中国统计年鉴》相应年卷，其余为演算衍生数值；②文教消费与居民收入比即文教消费比的比值较小且各地接近，保留 4 位小数以便精确排序。

1998～2018 年，全国城镇人均收入从 5425.05 元增长至 39250.84 元，年均增长 10.40%，高于同期全国城镇人均文教消费年均增长 1.07 个百分点。20 年里，全国城镇人均文教消费占人均收入的比例从 9.21% 下降至 7.58%，降低 1.63 个百分点。

同期，东部比值从 9.28% 下降至 7.13%，降低 2.15 个百分点；东北比值从 8.13% 上升至 8.99%，提升 0.86 个百分点；中部比值从 9.80% 下降至 8.21%，降低 1.59 个百分点；西部比值从 9.77% 下降至 7.59%，降低 2.18 个百分点。

20 年间各省域城镇文教消费占收入比升降变化比较，仅有 5 个省域此项比值上升，按升幅高低依次为吉林、黑龙江、海南、辽宁、河南；26 个省域此项比值下降，按降幅大小倒序为宁夏、贵州、江西、山西、甘肃、天津、湖南、福建、新疆、陕西、上海、广东、内蒙古、云南、河北、青海、江苏、山东、广西、湖北、安徽、浙江、四川、重庆、西藏、北京。其中，吉林占据首位，此项比值提高 17.37%；北京处于末位，此项比值降低 43.12%。

2018 年与上一年相比，全国城镇此项比值下降 3.12%。同时，14 个省域此项比值上升，按升幅高低依次为海南、天津、吉林、广西、云南、湖北、山东、江西、西藏、福建、黑龙江、宁夏、河南、辽宁；17 个省域此项比值下降，按降幅大小倒序为上海、四川、河北、山西、甘肃、浙江、陕西、新疆、重庆、广东、北京、安徽、内蒙古、湖南、青海、江苏、贵州。

这一相关性比值分析表明，1998～2018 年，全国及各省域城镇文教消费需求增长与收入增长相比较，其间"增长协调性"欠佳。在全国及绝大部分省域，城镇文教消费需求增长赶不上居民收入增长，民生增进成效未能在提升城镇居民文教消费需求上同步体现出来。

（三）文化教育消费占总消费比关系变化

1998～2018 年各省域城镇文教消费占居民总消费比（文教消费比重）变动态势分析见表 5，各省域按 20 年间城镇文教消费占总消费比升降变化状况优劣排列。表5同时提供1998年和2018年各省域城镇人均总消费数据，对照表2中各地人均文教消费数据，可以进行重复验算。

表5 各省域城镇文教消费占居民总消费比变动状况

地区	1998年			2018年			1998~2018年比值升降变化		
	人均总消费（元）	文教消费占总消费比（%）	比值排序	人均总消费（元）	文教消费占总消费比（%）	比值排序	升降百分点	升降百分比（%）	排序
全 国	4331.61	11.5290	—	26112.31	11.3898	—	-0.14	-1.21	—
吉 林	3449.74	9.7480	26	22393.71	12.6411	5	2.89	29.68	1
辽 宁	3890.74	10.4145	23	26447.87	12.8940	4	2.48	23.81	3
黑龙江	3303.15	9.5657	27	21035.46	11.7559	12	2.19	22.90	5
东 北	3578.75	9.9856	[4]	23712.96	12.5022	[1]	2.52	25.20	[1]
河 南	3415.65	9.3944	28	20989.15	11.5769	15	2.18	23.23	4
江 西	3266.81	10.0489	25	20760.02	11.9968	10	1.95	19.38	7
山 西	3267.70	11.2002	20	19789.84	13.3313	2	2.13	19.03	9
湖 南	4370.95	14.7034	1	25064.21	15.6579	1	0.95	6.49	11
湖 北	4074.38	12.8012	5	23995.91	11.2294	16	-1.57	-12.28	26
安 徽	3777.41	12.6131	6	21522.72	11.0229	17	-1.59	-12.61	27
中 部	3767.29	12.1236	[1]	22208.17	12.4985	[2]	0.37	3.09	[2]
贵 州	3799.38	9.3013	29	20787.93	11.6102	14	2.31	24.82	2
宁 夏	3379.82	11.0414	21	21976.69	13.1443	3	2.10	19.05	8
陕 西	3538.52	11.4740	15	21966.43	12.4265	7	0.95	8.30	10
云 南	5032.67	11.6926	13	21626.42	12.3186	8	0.63	5.35	13
广 西	4381.09	12.8064	4	20159.39	12.2370	9	-0.57	-4.45	16
甘 肃	3099.36	11.3336	17	22605.97	10.7949	20	-0.54	-4.75	18
内蒙古	3105.74	11.4820	14	24437.06	10.6072	25	-0.87	-7.62	19
青 海	3580.47	11.3262	18	22997.53	10.4081	27	-0.92	-8.11	20
新 疆	3714.10	12.2711	10	24191.39	10.9600	19	-1.31	-10.68	24
重 庆	4977.26	12.1509	11	24154.15	10.7177	22	-1.43	-11.80	25
四 川	4382.59	12.4787	7	23483.94	10.1507	29	-2.33	-18.66	29
西 藏	5309.12	6.9887	31	23029.44	5.1057	31	-1.88	-26.94	31
西 部	4073.88	11.8575	[2]	22553.97	11.2134	[3]	-0.64	-5.43	[3]
海 南	3832.44	10.3568	24	22971.21	12.4317	6	2.07	20.03	6
福 建	5181.45	9.1104	30	28145.13	9.6913	30	0.58	6.38	12
江 苏	4889.43	10.8475	22	29461.95	10.6204	24	-0.23	-2.09	14

续表

地区	1998 年			2018 年			1998 ~ 2018 年比值升降变化		
	人均总消费（元）	文教消费占总消费比(%)	比值排序	人均总消费（元）	文教消费占总消费比(%)	比值排序	升降百分点	升降百分比(%)	排序
上 海	6866.41	12.2807	9	46015.21	11.9328	11	−0.35	−2.83	15
广 东	7054.09	11.3242	19	30924.31	10.7866	21	−0.54	−4.75	17
天 津	5471.01	12.0228	12	32655.11	11.0186	18	−1.00	−8.35	21
河 北	3834.43	11.3701	16	22127.42	10.4169	26	−0.95	−8.38	22
山 东	4143.96	12.8257	3	24798.38	11.7054	13	−1.12	−8.73	23
浙 江	6217.93	12.4025	8	34597.92	10.6486	23	−1.75	−14.14	28
北 京	6970.83	13.8318	2	42925.65	10.2540	28	−3.58	−25.87	30
东 部	5557.99	11.7234	[3]	30292.23	10.8595	[4]	−0.86	−7.37	[4]

注：①城镇人均总消费数据出自《中国统计年鉴》相应年卷，其余为演算衍生数值；②文教消费与居民总消费比即文教消费比重的比值较小且各地接近，保留 4 位小数以便精确排序。

1998 ~ 2018 年，全国城镇人均总消费从 4331.61 元增长至 26112.31 元，年均增长 9.40%，高于同期全国城镇人均文教消费年均增长 0.07 个百分点。20 年里，全国城镇人均文教消费占人均总消费的比例从 11.53% 下降至 11.39%，降低 0.14 个百分点。

同期，东部比值从 11.72% 下降至 10.86%，降低 0.86 个百分点；东北比值从 9.99% 上升至 12.50%，提升 2.52 个百分点；中部比值从 12.12% 上升至 12.50%，提升 0.38 个百分点；西部比值从 11.86% 下降至 11.21%，降低 0.65 个百分点。

20 年间各省域城镇文教消费占总消费比升降变化比较，13 个省域此项比值上升，按升幅高低依次为吉林、贵州、辽宁、河南、黑龙江、海南、江西、宁夏、山西、陕西、湖南、福建、云南；18 个省域此项比值下降，按降幅大小倒序为江苏、上海、广西、广东、甘肃、内蒙古、青海、天津、河北、山东、新疆、重庆、湖北、安徽、浙江、四川、北京、西藏。其中，吉林占据首位，此项比值提高 29.68%；西藏处于末位，此项比值降低 26.94%。

2018 年与上一年相比，全国城镇此项比值下降 2.19%。同时，13 个省域此项比值上升，按升幅高低依次为海南、天津、广西、吉林、辽宁、江西、西藏、山东、云南、福建、宁夏、河南、四川；18个省域此项比值下降，按降幅大小倒序为上海、广东、黑龙江、河北、湖北、陕西、浙江、重庆、安徽、山西、北京、甘肃、内蒙古、新疆、湖南、青海、贵州、江苏。

这一相关性比值分析表明，1998～2018年，全国及各省域城镇文教消费需求增长与总消费增长相比较，其间"增长协调性"欠佳。在全国及大部分省域，城镇文教消费需求增长赶不上居民总消费增长，拉动内需扩大消费成效未能在提升城镇居民文教消费需求上同步体现出来。

（四）文化教育消费与非文消费剩余比关系变化

1998～2018年各省域城镇文教消费与非文消费剩余比变动态势分析见表6，各省域按20年间城镇文教消费与非文消费剩余比升降变化状况优劣排列。表6同时提供1998年和2018年各省域城镇人均非文消费剩余数据，对照表2中各地人均文教消费数据，可以进行重复验算。

表6　各省域城镇文教消费与居民非文消费剩余比变动状况

地区	1998年			2018年			1998～2018年比值升降变化		
	人均非文消费剩余（元）	文教消费与非文消费剩余比（％）	比值排序	人均非文消费剩余（元）	文教消费与非文消费剩余比（％）	比值排序	升降百分点	升降百分比（％）	排序
全　国	1592.83	31.35	—	16112.67	18.46	—	-12.89	-41.12	—
黑龙江	1281.32	24.66	29	10628.76	23.27	7	-1.39	-5.64	1
吉　林	1093.18	30.76	17	10609.04	26.68	1	-4.08	-13.26	5
辽　宁	1131.70	35.80	9	14304.25	23.84	5	-11.96	-33.41	11
东　北	1175.34	30.40	[4]	12231.50	24.24	[1]	-6.16	-20.26	[1]
湖　南	1705.99	37.67	6	15558.57	25.22	3	-12.45	-33.05	9
江　西	1312.89	25.00	28	15549.92	16.02	25	-8.98	-35.92	14
河　南	1124.65	28.53	22	13314.94	18.25	20	-10.28	-36.03	15
山　西	1197.02	30.58	19	13883.20	19.00	17	-11.58	-37.87	16
湖　北	1273.55	40.95	3	13153.31	20.49	11	-20.46	-49.96	23
安　徽	1469.51	32.42	12	15242.79	15.56	27	-16.86	-52.00	25

续表

地区	1998 年			2018 年			1998～2018 年比值升降变化		
	人均非文消费剩余（元）	文教消费与非文消费剩余比（%）	比值排序	人均非文消费剩余（元）	文教消费与非文消费剩余比（%）	比值排序	升降百分点	升降百分比（%）	排序
中　部	1350.71	33.81	[4]	14371.16	19.31	[2]	-14.50	-42.89	[2]
天　津	2297.30	28.63	21	13919.28	25.85	2	-2.78	-9.71	3
海　南	1417.35	28.00	23	13233.16	21.58	10	-6.42	-22.93	6
河　北	1686.19	25.86	27	13154.76	17.52	21	-8.34	-32.25	8
上　海	2749.93	30.66	18	27509.33	19.96	12	-10.70	-34.90	12
广　东	2584.41	30.91	16	16752.33	19.91	13	-11.00	-35.59	13
福　建	1776.23	26.58	25	16703.80	16.33	24	-10.25	-38.56	17
山　东	1767.61	30.07	20	17653.79	16.44	23	-13.63	-45.33	20
江　苏	1658.80	31.97	14	20866.98	14.99	28	-16.98	-53.11	27
浙　江	2390.01	32.27	13	24660.59	14.94	29	-17.33	-53.70	29
北　京	2465.34	39.11	4	29465.84	14.94	30	-24.17	-61.80	30
东　部	2112.24	30.85	[3]	19110.57	17.21	[4]	-13.64	-44.21	[3]
新　疆	1742.45	26.16	26	11223.54	23.62	6	-2.54	-9.71	2
甘　肃	1261.52	27.84	24	9791.33	24.92	4	-2.92	-10.49	4
内蒙古	1603.88	22.23	30	16459.72	15.75	26	-6.48	-29.15	7
宁　夏	1105.77	33.75	11	12807.21	22.56	8	-11.19	-33.16	10
贵　州	1119.40	31.57	15	13217.51	18.26	19	-13.31	-42.16	18
青　海	1065.19	38.07	5	10910.62	21.94	9	-16.13	-42.37	19
西　藏	1970.59	18.83	31	11943.76	9.84	31	-8.99	-47.74	21
陕　西	1087.73	37.33	7	14082.48	19.38	16	-17.95	-48.08	22
云　南	1598.56	36.81	8	14525.60	18.34	18	-18.47	-50.18	24
广　西	1592.21	35.24	10	14743.59	16.73	22	-18.51	-52.53	26
四　川	1291.38	42.35	2	12115.76	19.68	14	-22.67	-53.53	28
重　庆	1094.09	55.28	1	13323.91	19.43	15	-35.85	-64.85	31
西　部	1351.26	35.75	[1]	13291.65	19.03	[3]	-16.72	-46.77	[4]

注：表中均为演算衍生数值，非文消费即总消费与文教消费之差，非文消费剩余即居民收入与非文消费之差，此为本项研究独特的取值方式。

1998～2018 年，全国城镇人均非文消费剩余从 1592.83 元增长至 16112.67 元，年均增长 12.27%，高于同期全国城镇人均文教消费年均增长 2.94 个百分点。20 年里，全国城镇人均文教消费占人均非文消费剩余的比

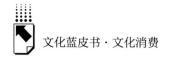

例从31.35%下降至18.46%，降低12.89个百分点。

同期，东部比值从30.85%下降至17.21%，降低13.64个百分点；东北比值从30.40%下降至24.24%，降低6.16个百分点；中部比值从33.81%下降至19.31%，降低14.50个百分点；西部比值从35.75%下降至19.03%，降低16.72个百分点。

20年间各省域城镇文教消费与非文消费剩余比升降变化比较，全部省域此项比值均为下降，按降幅大小倒序为黑龙江、新疆、天津、甘肃、吉林、海南、内蒙古、河北、湖南、宁夏、辽宁、上海、广东、江西、河南、山西、福建、贵州、青海、山东、西藏、陕西、湖北、云南、安徽、广西、江苏、四川、浙江、北京、重庆。其中，黑龙江占据首位，此项比值降低5.64%；重庆处于末位，此项比值降低64.85%。

2018年与上一年相比，全国城镇此项比值下降4.05%。同时，14个省域此项比值上升，按升幅高低依次为海南、吉林、天津、广西、湖北、云南、黑龙江、山东、福建、宁夏、江西、河南、甘肃、西藏；17个省域此项比值下降，按降幅大小倒序为上海、山西、河北、四川、浙江、陕西、辽宁、新疆、湖南、重庆、北京、青海、内蒙古、安徽、广东、江苏、贵州。

这一相关性比值分析表明，1998~2018年，全国及各省域城镇文教消费需求增长与非文消费剩余增长相比较，其间"增长协调性"欠佳。在全国及绝大部分省域，城镇文教消费需求增长赶不上居民必需消费（本评价体系设定全部非文消费为必需消费）之外余钱增多速度，全面建设小康社会发展成就未能在提升城镇居民文教消费需求上同步体现出来。

三 各省域城乡、区域之间均衡增长状况

在本评价体系当中，文教消费需求及其增长还需要放到城乡关系、地区关系背景中考察其间的"均衡增长"状况，从而得出不可或缺的各项比差值校正指标演算数值。

（一）文化教育消费需求的城乡差距变化

在城镇单行分析评价中，依然检测城乡之间文教消费需求的协调增长，相关设计思想和技术方法参看本书 B.2 技术报告。因本节分析与本书 B.3 城乡排行报告完全同构，略不复述。

（二）城镇文化教育消费需求的地区差距变化

1998～2018 年各省域城镇人均文教消费地区差距及其变动态势分析见表 7，各省域按 20 年间城镇人均文教消费地区差扩减变化状况优劣排列。按照文教消费地区差演算方法，对应表 2 中各地人均文教消费数据，可以进行重复验算。

表 7　各省域城镇文教消费地区差距变动状况

地区	1998 年文教消费地区差距			2018 年文教消费地区差距			1998～2018 年地区差扩减变化	
	地区差（无差距＝1）	地区差倒数	排序	地区差（无差距＝1）	地区差倒数	排序	扩减百分比（％）	排序
全　国	1.2673	0.7891	—	1.1896	0.8406	—	－6.13	—
吉　林	1.3266	0.7538	23	1.0482	0.9540	4	－20.99	3
黑龙江	1.3673	0.7314	27	1.1685	0.8558	17	－14.54	6
辽　宁	1.1886	0.8413	13	1.1466	0.8721	15	－3.53	19
东　北	1.2942	0.7727	[3]	1.1211	0.8920	[1]	－13.38	[1]
广　东	1.5996	0.6252	29	1.1216	0.8916	12	－29.88	1
北　京	1.9307	0.5179	31	1.4800	0.6757	29	－23.34	2
浙　江	1.5442	0.6476	28	1.2387	0.8073	27	－19.78	4
海　南	1.2052	0.8297	14	1.0398	0.9617	3	－13.72	7
天　津	1.3171	0.7592	22	1.2098	0.8266	25	－8.15	14
山　东	1.0643	0.9396	5	1.0240	0.9766	1	－3.79	18
江　苏	1.0621	0.9416	4	1.0521	0.9505	5	－0.94	20
福　建	1.0547	0.9481	3	1.0829	0.9235	7	2.67	24
河　北	1.1270	0.8873	9	1.2250	0.8163	26	8.70	27
上　海	1.6885	0.5922	30	1.8462	0.5416	31	9.34	28

地区	1998年文教消费地区差距			2018年文教消费地区差距			1998~2018年地区差扩减变化	
	地区差（无差距=1）	地区差倒数	排序	地区差（无差距=1）	地区差倒数	排序	扩减百分比（%）	排序
东　部	1.3594	0.7356	[4]	1.2320	0.8117	[4]	-9.37	[2]
江　西	1.3426	0.7448	24	1.1626	0.8601	16	-13.41	8
河　南	1.3575	0.7367	26	1.1830	0.8453	20	-12.85	9
山　西	1.2671	0.7892	17	1.1129	0.8985	11	-12.17	11
湖　南	1.2869	0.7770	19	1.3196	0.7578	28	2.54	23
湖　北	1.0444	0.9575	1	1.0940	0.9141	8	4.75	26
安　徽	1.0459	0.9561	2	1.2023	0.8317	24	14.95	30
中　部	1.2241	0.8169	[2]	1.1791	0.8481	[3]	-3.68	[3]
宁　夏	1.2527	0.7983	16	1.0287	0.9721	2	-17.88	5
内蒙古	1.2859	0.7776	18	1.1285	0.8862	13	-12.24	10
甘　肃	1.2966	0.7712	21	1.1795	0.8478	19	-9.03	12
陕　西	1.1870	0.8425	11	1.0822	0.9240	6	-8.83	13
贵　州	1.2924	0.7738	20	1.1885	0.8414	21	-8.04	15
重　庆	1.2110	0.8257	15	1.1296	0.8853	14	-6.72	16
云　南	1.1783	0.8487	10	1.1043	0.9056	9	-6.28	17
青　海	1.1879	0.8418	12	1.1952	0.8367	22	0.61	21
新　疆	1.0874	0.9197	6	1.1085	0.9021	10	1.94	22
广　西	1.1235	0.8901	8	1.1705	0.8543	18	4.18	25
四　川	1.0951	0.9131	7	1.1985	0.8344	23	9.44	29
西　藏	1.3457	0.7431	25	1.6047	0.6232	30	19.25	31
西　部	1.1998	0.8335	[1]	1.1766	0.8499	[2]	-1.93	[4]

注：①表中均为演算衍生数值；②地区差扩减百分比负值为地区差缩小。

1998~2018年，全国城镇人均文教消费地区差从1.2673缩小至1.1896，文教消费需求的地区差距缩小6.13%。

分阶段对比考察，第一个五年，全国城镇人均文教消费地区差扩大0.08%；第二个五年，全国城镇人均文教消费地区差扩大3.39%；第三个五年，全国城镇人均文教消费地区差缩小5.83%；第四个五年，全国城镇人均文教消费地区差缩小3.67%。对比各五年时段全国城镇人均文教消费地区差扩减变化，第四个五年略微逊于第三个五年，亦略微好于第二个五年，也略微好于第一个五年。

20 年间，20 个省域地区差缩小，按缩减程度大小依次为广东、北京、吉林、浙江、宁夏、黑龙江、海南、江西、河南、内蒙古、山西、甘肃、陕西、天津、贵州、重庆、云南、山东、辽宁、江苏；11 个省域地区差扩大，按扩增程度大小倒序为青海、新疆、湖南、福建、广西、湖北、河北、上海、四川、安徽、西藏。其中，广东占据首位，其地区差缩小 29.88%；西藏处于末位，其地区差扩大 19.25%。

2018 年与上一年相比，全国城镇文教消费地区差缩小 1.21%。同时，18 个省域地区差缩小，按缩减程度大小依次为海南、江苏、吉林、广西、云南、湖南、山东、湖北、宁夏、江西、福建、河南、广东、北京、黑龙江、西藏、四川、河北；13 个省域地区差扩大，按扩增程度大小倒序为浙江、陕西、甘肃、山西、重庆、新疆、安徽、辽宁、上海、内蒙古、青海、贵州、天津。

这意味着，从 1998 年到 2018 年，全国各地城镇人均文教消费需求增长相互比较，其间的"增长协调性"稍好。在全国及大部分省域，城镇文教消费地区差略有缩小，不过另有较多省域城镇文教消费地区差继续扩大。其中有所区别之处在于，发达地区城镇文教消费地区差扩大是由于"领先"增长的偏离，欠发达地区城镇文教消费地区差扩大则由于"滞后"增长的偏离。区域之间"不平衡不充分的发展"矛盾依然明显。

四 各省域城镇景气排行与预测

基于以上各项指标的分析数值，按照本评价体系的测评方式和演算权重，最后测算得出 2018 年各省域城镇单行文教消费需求景气评价排行。基于不同时间段、不同基准值的各类测评结果均落实在 2018 年之上。景气指数取百分制，以便横向衡量百分点高低，纵向衡量百分比升降。

（一）2018年文化教育消费需求景气指数测评

1998年以来各省域城镇单行演算的文教消费需求景气指数变动态势分析见表8，各省域以2018年横向测评的文教消费需求景气指数高低排列。

表8　各省域城镇文教消费需求景气指数变动状况

地区	起始年度基数值纵向测评（起点年基数值=100）						2018年理想值无差距横向测评（理想值=100）	
	1998年以来20年	2003年以来15年	2008年以来10年	2013年以来5年	最近一年以来（2017~2018年）			
	景气指数	景气指数	景气指数	景气指数	景气指数	排序	景气指数	排序
全　国	157.12	130.75	129.65	119.72	100.11	—	86.51	—
吉　林	196.44	143.31	138.10	119.24	108.08	3	98.93	3
辽　宁	186.76	146.93	134.86	115.15	99.56	21	94.88	5
黑龙江	195.32	148.55	133.51	127.29	102.11	14	93.36	6
东　北	192.30	146.34	135.05	119.74	102.36	[1]	95.18	[1]
湖　南	158.53	136.54	159.20	136.46	96.28	27	99.91	1
湖　北	141.66	138.21	149.77	135.96	104.93	5	91.01	10
山　西	182.72	133.78	129.60	111.95	98.24	26	90.01	12
河　南	189.06	151.31	147.16	123.60	104.11	9	87.54	17
江　西	181.54	137.86	141.06	129.66	104.09	10	87.37	18
安　徽	143.31	149.83	125.41	129.97	98.44	24	83.08	26
中　部	159.73	140.79	144.38	127.85	100.58	[2]	89.60	[2]
宁　夏	197.08	162.28	154.55	128.16	102.66	13	94.97	4
云　南	164.02	160.99	172.96	147.90	104.70	6	93.25	7
甘　肃	186.85	135.97	147.33	132.61	101.87	16	93.11	8
广　西	143.75	143.60	158.22	147.67	106.17	4	90.97	11
陕　西	165.88	118.63	121.22	119.70	100.53	19	88.16	14
新　疆	166.20	155.36	158.95	133.38	102.96	12	87.73	16
重　庆	160.70	140.19	145.34	127.75	98.89	22	85.55	21
内蒙古	173.88	134.40	124.04	126.36	95.83	28	84.92	22
四　川	132.50	120.58	144.05	114.68	101.13	17	83.72	25
贵　州	185.16	146.67	169.19	130.01	88.58	31	82.74	27
青　海	193.75	139.31	151.90	130.50	93.92	30	82.32	28
西　藏	398.84	187.23	153.27	206.09	113.09	2	62.97	31

续表

| 地区 | 起始年度基数值纵向测评(起点年基数值 = 100) | | | | | | 2018 年理想值无差距横向测评(理想值 = 100) | |
| | 1998 年以来 20 年 | 2003 年以来 15 年 | 2008 年以来 10 年 | 2013 年以来 5 年 | 最近一年以来(2017～2018 年) | | | |
	景气指数	景气指数	景气指数	景气指数	景气指数	排序	景气指数	排序
西　部	153.67	134.63	144.70	127.88	99.98	[4]	86.35	[3]
海　南	183.69	174.19	148.96	137.91	114.47	1	99.14	2
天　津	151.13	128.57	137.55	116.58	104.15	7	92.73	9
上　海	148.29	107.89	101.38	97.32	98.47	23	89.42	13
山　东	151.37	124.43	122.48	121.09	104.14	8	88.04	15
广　东	134.23	127.91	144.26	113.78	101.08	18	86.73	19
浙　江	143.82	114.89	110.60	108.33	100.43	20	85.93	20
河　北	157.58	141.06	139.40	126.28	102.07	15	84.41	23
福　建	152.78	124.13	121.37	113.22	103.71	11	84.00	24
北　京	128.01	101.67	101.66	91.53	98.35	25	81.48	29
江　苏	144.98	116.94	104.09	100.77	95.60	29	80.64	30
东　部	143.96	122.32	118.36	110.31	100.50	[3]	84.28	[4]

注：西藏因缺失 1998 年数据，变通以 1999 年数据为起始基点，统一纳入各时段以来纵向测评。

1. 各年度无差距理想值横向测评

以文教消费需求城乡之间、地区之间实现无差距状态为"理想值"100，在年度横向测评中，2018 年全国城镇文教消费需求景气指数为 86.51，低于理想值 13.49%。此项测评中，由于全国城镇文教消费总量份额值（全国份额为 100% 基准）、人均绝对值、相对比值作为演算基准，全国城镇总体景气指数高低，都缘于文教消费相关增率比提高或降低，城乡比和地区差缩小或扩大。

此项测评中，四大区域和各省域城镇景气指数高低，除了缘于自身文教消费城乡比、与全国地区差的存在及其扩减变化以外，更有可能缘于其文教消费总量份额、相关增率比上升或下降，缘于人均绝对值、各项相对比值高于或低于全国总体平均值。

各省域城镇单行景气指数比较，湖南、海南、吉林、宁夏、辽宁从高到低依次占据"2018 年城镇文教消费需求景气指数排名"全国前 5 位。19 个省域景气指数高于全国城镇总体景气指数，按指数高低依次为上述 5 地和黑龙江、云南、甘肃、天津、湖北、广西、山西、上海、陕西、山东、新疆、河南、江西、广东；12个省域景气指数低于全国城镇总体景气指数，按指数高低依次为浙江、重庆、内蒙古、河北、福建、四川、安徽、贵州、青海、北京、江苏、西藏。

2. 1998年以来20年基数值纵向测评

以1998年为起点基数值100，在1998年以来20年间自身纵向测评中，2018年全国城镇文教消费需求景气指数为157.12，高于1998年基数值57.12%。此项测评中，全国城镇总体景气指数升降，缘于与自身1998年相比，2018年各项指标数值或有升降。四大区域和各省域城镇亦然。

各省域城镇单行景气指数比较，西藏、宁夏、吉林、黑龙江、青海从高到低依次占据"1998～2018城镇文教消费需求景气指数提升度"全国前5位。19个省域景气指数提升高于全国城镇总体景气指数提升，按指数高低依次为上述5地和河南、甘肃、辽宁、贵州、海南、山西、江西、内蒙古、新疆、陕西、云南、重庆、湖南、河北；12个省域景气指数提升低于全国城镇总体景气指数提升，按指数高低依次为福建、山东、天津、上海、江苏、浙江、广西、安徽、湖北、广东、四川、北京。

3. 2003年以来15年基数值纵向测评

以2003年为起点基数值100，在2003年以来15年间自身纵向测评中，2018年全国城镇文教消费需求景气指数为130.75，高于2003年基数值30.75%。此项测评中，全国城镇总体景气指数升降，缘于与自身2003年相比，2018年各项指标数值或有升降。四大区域和各省域城镇亦然。

各省域城镇单行景气指数比较，西藏、海南、宁夏、云南、新疆从高到低依次占据"2003～2018城镇文教消费需求景气指数提升度"全国前5位。21个省域景气指数提升高于全国城镇总体景气指数提升，按指数高低依次为上述5地和河南、安徽、黑龙江、辽宁、贵州、广西、吉林、河北、重庆、青海、湖北、江西、湖南、甘肃、内蒙古、山西；10个省域景气指数提升低于全国城镇总体景气指数提升，按指数高低依次为天津、广东、山东、福建、四川、陕西、江苏、浙江、上海、北京。

4. 2008年以来10年基数值纵向测评

以 2008 年为起点基数值 100，在 2008 年以来 10 年间自身纵向测评中，2018 年全国城镇文教消费需求景气指数为 129.65，高于 2008 年基数值 29.65%。此项测评中，全国城镇总体景气指数升降，缘于与自身 2008 年相比，2018 年各项指标数值或有升降。四大区域和各省域城镇亦然。

各省域城镇单行景气指数比较，云南、贵州、湖南、新疆、广西从高到低依次占据"2008～2018 城镇文教消费需求景气指数提升度"全国前 5 位。21 个省域景气指数提升高于全国城镇总体景气指数提升，按指数高低依次为上述 5 地和宁夏、西藏、青海、湖北、海南、甘肃、河南、重庆、广东、四川、江西、河北、吉林、天津、辽宁、黑龙江；10 个省域景气指数提升低于全国城镇总体景气指数提升，按指数高低依次为山西、安徽、内蒙古、山东、福建、陕西、浙江、江苏、北京、上海。

5. 2013年以来5年基数值纵向测评

以 2013 年为起点基数值 100，在 2013 年以来 5 年间自身纵向测评中，2018 年全国城镇文教消费需求景气指数为 119.72，高于 2013 年基数值 19.72%。此项测评中，全国城镇总体景气指数升降，缘于与自身 2013 年相比，2018 年各项指标数值或有升降。四大区域和各省域城镇亦然。

各省域城镇单行景气指数比较，西藏、云南、广西、海南、湖南从高到低依次占据"2013～2018 年城镇文教消费需求景气指数提升度"全国前 5位。19 个省域景气指数提升高于全国城镇总体景气指数提升，按指数高低依次为上述 5 地和湖北、新疆、甘肃、青海、贵州、安徽、江西、宁夏、重庆、黑龙江、河北、内蒙古、河南、山东；12 个省域景气指数提升低于全国城镇总体景气指数提升，按指数高低依次为陕西、吉林、天津、辽宁、四川、广东、福建、山西、浙江、江苏、上海、北京。

6. 逐年度上年基数值纵向测评

各年度均以上年为起点基数值 100，在逐年自身纵向测评中，2018 年全国城镇文教消费需求景气指数为 100.11，高于上年基数值 0.11%。此项测评中，全国城镇总体景气指数升降，缘于与自身上年相比，本年度各项指标数值或有升降。四大区域和各省域城镇亦然。

各省域城镇单行景气指数比较，海南、西藏、吉林、广西、湖北从高到低依次占据"2017~2018 城镇文教消费需求景气指数提升度"全国前 5 位。20 个省域景气指数提升高于全国城镇总体景气指数提升，按指数高低依次为上述 5 地和云南、天津、山东、河南、江西、福建、新疆、宁夏、黑龙江、河北、甘肃、四川、广东、陕西、浙江；11 个省域景气指数提升低于全国城镇总体景气指数提升，按指数高低依次为辽宁、重庆、上海、安徽、北京、山西、湖南、内蒙古、江苏、青海、贵州。

（二）2020 年增长态势预测与景气状况测算

鉴于 2019 年统计数据尚待公布，而现实年度已经进入 2020 年，有必要把数据演算推向今后年度预测。在此充分发挥本项研究测评的演算数据库潜力，基于现有基础数据推演的"最大"概率或然性，按照 1998~2018 年各省域人均产值及其城镇人均收入、总消费、积蓄、文教消费各项年均增长率，预测 2020 年各省域城镇文教消费需求增长态势，其中城乡比指标检测值需依据城镇与乡村人均数值的不同年均增长率推算，并测算各自文教消费需求景气状况。

2020 年各省域城镇单行演算的文教消费增长态势预测与景气状况测算见表 9，各省域分为东北和东、中、西部四大区域，以由北至南、从东到西的大致地理分布排列。依照表 1~表 7 列出的各项基础数据，同样可以进行重复验算。鉴于表 9 均为预测数值，不加以分析，也不列排行，仅供参考。

表 9　各省域城镇文教消费 2020 年增长态势预测与景气指数测算

地区	2020 年增长态势预测					2020 年景气测算	
	城镇预测		城乡差距、地区差距检测			自身纵向测评 2016 年基数值 =100	各地横向测评无差距理想值 =100
	文教消费总量（亿元）	文教消费人均值（元）	乡村人均文教消费（元）	城乡比（乡村 =1）	地区差（无差距 =1）		
全　国	30330.02	3555.12	1605.70	2.2141	1.1866	101.75	87.21
黑龙江	693.66	3037.83	1833.35	1.6570	1.1455	104.43	95.29
吉　林	543.79	3502.92	1788.48	1.9586	1.0147	103.91	98.05
辽　宁	1299.12	4219.79	1638.48	2.5754	1.1870	102.79	96.48

续表

地区	2020 年增长态势预测					2020 年景气测算	
	城镇预测		城乡差距、地区差距检测			自身 纵向测评 2016 年基 数值 =100	各地 横向测评 无差距理 想值 =100
	文教消费 总量 （亿元）	文教消费 人均值 （元）	乡村人均 文教消费 （元）	城乡比 （乡村 =1）	地区差 （无差 距 =1）		
东　北	2536.57	3595.93	1706.91	2.1067	1.1157	102.77	95.55
北　京	1048.75	5123.37	1642.74	3.1188	1.4411	100.14	81.99
天　津	622.30	4264.60	1482.12	2.8774	1.1996	102.47	89.57
河　北	1204.41	2722.65	1458.25	1.8671	1.2342	101.98	84.58
山　东	2111.59	3439.85	1559.96	2.2051	1.0324	100.98	85.99
江　苏	2149.69	3736.65	1864.22	2.0044	1.0511	100.84	84.32
上　海	1468.83	6622.38	1287.81	5.1424	1.8628	100.36	89.62
浙　江	1707.62	4307.86	2175.63	1.9801	1.2117	100.92	85.55
福　建	856.83	3250.60	1635.39	1.9877	1.0857	101.28	83.02
广　东	3313.93	3848.19	1717.00	2.2412	1.0824	101.35	88.25
海　南	193.13	3478.70	1709.85	2.0345	1.0215	102.95	94.76
东　部	14677.07	3758.03	1649.22	2.2787	1.2222	100.13	83.54
山　西	723.47	3214.40	1466.44	2.1920	1.0958	103.37	92.24
河　南	1528.40	2975.18	1556.18	1.9119	1.1631	103.30	88.28
安　徽	957.17	2785.55	1584.95	1.7575	1.2165	100.66	84.00
湖　北	1120.82	3175.48	1898.62	1.6725	1.1068	100.29	88.41
江　西	834.17	3050.00	1391.57	2.1918	1.1421	102.54	87.30
湖　南	1825.75	4702.92	2069.79	2.2722	1.3229	101.67	101.86
中　部	6989.78	3272.88	1623.91	2.0154	1.1745	100.69	89.12
内蒙古	519.16	3160.81	2198.66	1.4376	1.1109	102.54	88.00
陕　西	757.08	3302.68	1546.22	2.1360	1.0710	101.63	88.89
宁　夏	150.84	3544.69	1681.36	2.1082	1.0029	103.90	95.93
甘　肃	374.03	2962.26	1557.11	1.9024	1.1668	103.30	95.06
青　海	93.40	2858.63	1285.27	2.2241	1.1959	103.24	85.70
新　疆	403.63	3161.89	1271.08	2.4875	1.1106	102.50	89.65
重　庆	605.91	2993.93	1727.62	1.7330	1.1579	100.61	85.05
四　川	1198.08	2761.87	1131.66	2.4405	1.2231	99.70	81.65
贵　州	476.65	2924.76	1528.73	1.9132	1.1773	102.63	88.07
广　西	722.90	2860.67	1518.15	1.8843	1.1953	100.44	87.29
云　南	741.37	3098.35	1479.06	2.0948	1.1285	102.00	91.16
西　藏	13.77	1327.59	620.65	2.1390	1.6266	104.16	61.36
西　部	6056.82	2934.39	1395.69	2.1025	1.1806	100.07	85.20

注：西藏因缺失 1998 年数据，以 1999～2018 年相关数据年均增长推算增长态势，全国及其余各地以 1998～2018 年相关数据年均增长推算。总量测算未涉及人口增长尤其是分布变化，且未经平衡，各地总量之和不等于全国总量。

B.5

全国省域乡村文化教育
消费需求景气评价排行

——1998～2018年测评与2020年预测

王亚南　魏海燕*

摘　要： 1998～2018年，13个省域乡村文教消费总量年均增长超过10%，其中2个省域乡村年均增长超过15%，1个省域乡村年均增长超过20%；25个省域乡村文教消费人均值年均增长超过10%，其中2个省域乡村年均增长超过15%，1个省域乡村年均增长超过20%。各省域乡村单行文教消费需求景气评价排行结果：城乡、地区无差距理想值横向测评，甘肃、湖北、内蒙古、安徽、湖南为"2018年乡村景气指数排名"前5位；历年各地自身基数值纵向测评，西藏、青海、甘肃、贵州、宁夏为"1998～2018年乡村景气指数提升度"前5位；西藏、新疆、贵州、海南、云南为"2003～2018年乡村景气指数提升度"前5位；贵州、广西、西藏、重庆、宁夏为"2008～2018年乡村景气指数提升度"前5位；西藏、云南、广西、湖北、安徽为"2013～2018年乡村景气指数提升度"前5位；西藏、新疆、广东、湖北、安徽为"2017～2018年乡村景气指数提升度"前5位。

* 王亚南，云南省社会科学院研究员，文化发展研究中心主任，主要研究方向为民俗学、民族学及文化理论、文化战略和文化产业；魏海燕，云南省政协信息中心主任编辑，主要从事传媒信息分析研究。

关键词: 省域乡村 文教消费 单行评价 景气排行

本评价体系运用于全国省域乡村单行文教消费需求景气测评,已经连续推出多个年度的实际评价结果,年度测评排行至上一统计年度2017年,具有延续性,可对照参看。标准化检测流程犹如每年体检程序,实现全国或一地历年之间、同年各地之间"可重复检验",以保证检测方法的科学性、规范性。

本文全面展开2018年全国及东、中、西部和东北四大区域、31个省域乡村单行文教消费需求景气分析测算及其评价排行。2018数据年度测评统一取全国及各地1998年以来数据,其中"民生数据"统计项迄今保持一致口径,更有利于保证各个时段至今各类测评的前后可对比性。

鉴于另有全国总报告和省域乡村子报告对全国及各地详加考察,本文分析侧重于东、中、西部和东北四大区域整体加以比较,对省域则着眼于各项指标排行。

一 各省域乡村文化教育消费需求增长基本状况

全国及各省域乡村文教消费需求总量增长态势可以提供一种宏观视角,本文分析测算就由各省域乡村文教消费总量占全国份额增减变化开始。

(一)各省域乡村总量份额增减变化

1998～2018年各省域乡村文教消费总量增长及其占全国份额增减变化态势见表1,全国乡村总体数据作为测评演算基准列于首行。各省域依属地方位,由北至南、从东到西分为东北和东、中、西部四大区域,按20年里文教消费总量占全国份额增减变化幅度高低排列。其中,省域主排行以1、2、3…为序,四大区域作为附加排行以 [1]、[2]、[3]、[4] 为序(后同)。

表 1 各省域乡村文教消费总量增长及其占全国份额变动状况

地区	文教消费总量增长				占全国乡村份额变动			
	1998年总量（亿元）	2018年总量（亿元）	20年年均增长		1998年份额（%）	2018年份额（%）	20年份额增减	
			增长指数（上年=100）	指数排序			增减百分比（%）	增减排序
全 国	1333.70	7423.03	108.962	—	100	100	—	—
黑龙江	21.15	215.98	112.319	6	1.5858	2.9096	83.48	6
吉 林	18.46	164.09	111.543	9	1.3841	2.2106	59.71	9
辽 宁	31.98	186.29	109.211	16	2.3978	2.5096	4.66	16
东 北	71.59	566.36	110.895	[1]	5.3678	7.6298	42.14	[1]
西 藏	0.16	9.61	124.054	1	0.0117	0.1295	1009.25	1
青 海	1.48	26.24	115.461	2	0.1110	0.3535	218.47	2
贵 州	21.24	221.87	112.447	3	1.5926	2.9889	87.67	3
新 疆	12.01	124.25	112.393	4	0.9005	1.6738	85.87	4
宁 夏	3.60	36.90	112.340	5	0.2699	0.4971	84.18	5
甘 肃	17.65	167.47	111.908	7	1.3234	2.2561	70.48	7
云 南	31.27	292.90	111.835	8	2.3446	3.9458	68.29	8
内蒙古	23.04	165.44	110.359	11	1.7275	2.2287	29.01	11
重 庆	23.69	146.26	109.529	14	1.7763	1.9704	10.93	14
陕 西	38.91	205.16	108.668	20	2.9174	2.7638	−5.26	20
广 西	61.26	307.54	108.402	22	4.5932	4.1431	−9.80	22
四 川	88.81	376.69	107.492	26	6.6589	5.0746	−23.79	26
西 部	322.96	2080.34	109.761	[2]	24.2153	28.0255	15.73	[2]
山 西	21.81	179.63	111.118	10	1.6353	2.4199	47.98	10
河 南	84.07	576.76	110.108	12	6.3035	7.7699	23.26	12
安 徽	65.00	366.98	109.040	17	4.8737	4.9438	1.44	17
湖 南	98.94	515.93	108.608	21	7.4185	6.9504	−6.31	21
湖 北	78.02	368.55	108.072	24	5.8499	4.9650	−15.13	24
江 西	50.28	236.89	108.058	25	3.7700	3.1913	−15.35	25
中 部	398.13	2244.74	109.033	[3]	29.8515	30.2402	1.30	[3]
海 南	7.78	53.02	110.071	13	0.5833	0.7143	22.46	13
河 北	65.69	390.79	109.326	15	4.9254	5.2646	6.89	15
天 津	5.88	32.70	108.958	18	0.4409	0.4405	−0.09	18
山 东	93.58	496.38	108.701	19	7.0166	6.6870	−4.70	19
浙 江	64.78	321.31	108.336	23	4.8572	4.3286	−10.88	23
广 东	117.35	492.84	107.439	27	8.7988	6.6393	−24.54	27

地区	文教消费总量增长				占全国乡村份额变动			
	1998 年总量（亿元）	2018 年总量（亿元）	20 年年均增长		1998 年份额（%）	2018 年份额（%）	20 年份额增减	
			增长指数（上年 = 100）	指数排序			增减百分比（%）	增减排序
福　建	44.77	185.13	107.356	28	3.3568	2.4940	−25.70	28
北　京	11.59	41.94	106.642	29	0.8690	0.5650	−34.98	29
上　海	9.61	34.34	106.575	30	0.7206	0.4626	−35.80	30
江　苏	109.33	383.36	106.474	31	8.1975	5.1645	−37.00	31
东　部	530.36	2431.82	107.912	[4]	39.7661	32.7605	−17.62	[4]

注：①表中均为演算衍生数值，各地总量之和不等于全国总量；另分别经四舍五入，四大区域总量与相应各地之和可能会有小数微小出入；②年均增长指数保留 3 位小数精确排序；③西藏总量极小，保留 4 位小数；④各地总量份额较小保留 4 位小数，份额增减百分比负值为下降百分比。数据演算依据：《中国统计年鉴》相应各年卷，其中西藏缺失 1998 年数据，变通以 1999 年数据为起始基点；由于历时年份不同，西藏增长变化位次虚设，其后各地位次相应递进（后同）。

1998～2018 年，全国乡村文教消费总量从 1333.70 亿元增长至 7423.03 亿元，绝对增长总量 6089.33 亿元，总增长 456.57%，年均增长 8.96%。

同期，东部总量年均增长 7.91%，低于全国乡村平均增长 1.05 个百分点，占全国乡村份额由 39.77% 下降为 32.76%；东北总量年均增长 10.90%，高于全国乡村平均增长 1.94 个百分点，占全国乡村份额由 5.37% 上升为 7.63%；中部总量年均增长 9.03%，高于全国乡村平均增长 0.07 个百分点，占全国乡村份额由 29.85% 上升为 30.24%；西部总量年均增长 9.76%，高于全国乡村平均增长 0.80 个百分点，占全国乡村份额由 24.22% 上升为 28.03%。

分阶段对比考察，第一个五年（1998～2003 年，后同），全国乡村文教消费总量年均增长 6.50%；第二个五年（2003～2008 年，后同），全国乡村文教消费总量年均增长 4.51%；第三个五年（2008～2013 年，后同），全国乡村文教消费总量年均增长 6.28%；第四个五年（2013～2018 年，后同），全国乡村文教消费总量年均增长 19.16%。对比各五年时段乡村文教消费总量增长变化，第四个五年全国年均增长比第三个五年提高 12.88 个百分点，比第二个五年提高 14.65 个百分点，比第一个五年提高 12.66 个百分点。

20 年间各省域乡村文教消费总量年均增长幅度及占全国乡村份额升降比较，17 个省域年均增长幅度高于全国乡村平均增长，占全国乡村份额各有上升，按增幅高低依次为西藏、青海、贵州、新疆、宁夏、黑龙江、甘肃、云南、吉林、山西、内蒙古、河南、海南、重庆、河北、辽宁、安徽；14 个省域年均增长幅度低于全国乡村平均增长，占全国乡村份额各有下降，按增幅高低依次为天津、山东、陕西、湖南、广西、浙江、湖北、江西、四川、广东、福建、北京、上海、江苏。其中，西藏占据首位，年均增长高于全国乡村平均增长 15.09 个百分点，占全国乡村份额提高 1009.25%；江苏处于末位，年均增长低于全国乡村平均增长 2.49 个百分点，占全国乡村份额降低 37.00%。

2018 年，全国乡村文教消费总量增长 8.68%，高于第一个五年年均增长 2.17 个百分点，高于第二个五年年均增长 4.17 个百分点，高于第三个五年年均增长 2.40 个百分点。15 个省域文教消费总量增长幅度高于全国乡村平均增长，按增幅高低依次为西藏、新疆、广东、甘肃、安徽、河南、湖北、福建、海南、陕西、河北、江西、浙江、广西、北京；16 个省域文教消费总量增长幅度低于全国乡村平均增长，按增幅高低依次为山东、云南、四川、重庆、吉林、宁夏、内蒙古、江苏、青海、黑龙江、辽宁、山西、贵州、上海、湖南、天津。

各省域乡村文教消费总量数值本身不具可比性，增长幅度和份额变化却可以进行比较，此处仅提供各地总量增长幅度和份额增减排序。鉴于各省域人口差异极大，各自文教消费需求总量占全国份额差距巨大，份额增减百分点并无比较意义，故采用份额增减百分比加以比较，便于进行排序。实际上，总量增长与份额增减是联系在一起的，总量年均增长排序与份额增减百分比排序也是一致的。

（二）各省域乡村人均绝对值增长变化

1998～2018 年各省域乡村人均文教消费绝对值增长态势分析见表 2，各省域按 20 年里乡村人均文教消费绝对值年均增长指数高低排列。

表2 各省域乡村人均文教消费绝对值增长状况

| 地区 | 人均文教消费绝对值 | | | | 人均文教消费增长变动 | | | | |
| | 1998年 | | 2018年 | | 20年增量及增量比 | | | 20年年均增长 | |
	人均值（元）	排序	人均值（元）	排序	增量值（元）	增量比（全国=1）	增量比排序	增长指数（上年=100）	指数排序
全　国	159.41	—	1301.58	—	1142.17	1	—	111.070	—
黑龙江	109.84	23	1419.42	8	1309.58	1.1466	5	113.649	6
吉　林	131.84	19	1411.03	9	1279.19	1.1200	7	112.583	11
辽　宁	158.79	13	1325.24	13	1166.45	1.0213	11	111.192	17
东　北	134.07	[3]	1384.67	[2]	1250.60	1.0949	[1]	112.383	[1]
西　藏	7.78	31	409.00	31	401.22	0.3513	31	123.187	1
青　海	43.44	30	944.62	29	901.18	0.7890	28	116.646	2
贵　州	74.24	29	1161.20	24	1086.96	0.9517	19	114.740	3
宁　夏	95.81	26	1295.83	14	1200.02	1.0506	10	113.909	4
甘　肃	90.19	28	1201.85	21	1111.66	0.9733	16	113.824	5
重　庆	110.16	22	1345.16	12	1235.00	1.0813	8	113.328	7
云　南	95.66	27	1153.11	25	1057.45	0.9258	22	113.255	8
内蒙古	163.98	11	1736.48	2	1572.50	1.3768	1	112.524	12
新　疆	102.16	24	1010.74	28	908.58	0.7955	27	112.142	13
陕　西	152.82	16	1252.85	17	1100.03	0.9631	18	111.093	18
广　西	174.11	10	1246.85	18	1072.74	0.9392	20	110.344	22
四　川	137.29	18	934.20	30	796.91	0.6977	29	110.063	25
西　部	123.90	[4]	1152.71	[4]	1028.81	0.9008	[4]	111.798	[2]
山　西	100.73	25	1149.55	26	1048.82	0.9183	23	112.945	9
河　南	113.79	21	1226.85	20	1113.06	0.9745	15	112.625	10
安　徽	139.92	17	1271.11	15	1131.19	0.9904	14	111.665	14
湖　南	206.60	7	1678.59	3	1471.99	1.2888	3	111.043	19
湖　北	205.91	8	1551.43	4	1345.52	1.1780	4	110.625	21
江　西	160.88	12	1143.73	27	982.85	0.8605	26	110.304	24
中　部	153.70	[2]	1346.48	[3]	1192.78	1.0443	[2]	111.462	[3]
河　北	130.45	20	1170.91	23	1040.46	0.9110	24	111.597	15
海　南	156.80	14	1376.04	10	1219.24	1.0675	9	111.472	16
山　东	156.34	15	1265.59	16	1109.25	0.9712	17	111.023	20
浙　江	251.19	4	1787.93	1	1536.74	1.3455	2	110.311	23
江　苏	240.03	5	1547.27	5	1307.24	1.1445	6	109.765	26
福　建	214.17	6	1359.44	11	1145.27	1.0027	13	109.681	27

地区	人均文教消费绝对值				人均文教消费增长变动				
	1998 年		2018 年		20 年增量及增量比			20 年年均增长	
	人均值（元）	排序	人均值（元）	排序	增量值（元）	增量比（全国 = 1）	增量比排序	增长指数（上年 = 100）	指数排序
天　津	202.49	9	1236.78	19	1034.29	0.9055	25	109.470	28
广　东	318.17	3	1473.04	6	1154.87	1.0111	12	107.964	29
北　京	374.81	2	1436.24	7	1061.43	0.9293	21	106.948	30
上　海	462.59	1	1173.35	22	710.76	0.6223	30	104.764	31
东　部	210.15	[1]	1391.49	[1]	1181.34	1.0343	[3]	109.913	[4]

注：①乡村人均文教消费数据出自《中国统计年鉴》相应年卷，其余为演算衍生数值；②各地人均绝对值"增量比"小于1为小于全国乡村人均增量；③年均增长指数（小于100为负增长）保留3位小数精确排序。

1998～2018 年，全国乡村人均文教消费需求从 159.41 元增长至 1301.58 元，人均绝对增量 1142.17 元，总增长 716.50%，年均增长 11.07%。

同期，东部人均值年均增长 9.91%，低于全国乡村平均增长 1.16 个百分点，从全国乡村人均值的 131.83% 降低至 106.91%，绝对增量为全国乡村人均增量的 103.43%；东北人均值年均增长 12.38%，高于全国乡村平均增长 1.31 个百分点，从全国乡村人均值的 84.11% 提高至 106.38%，绝对增量为全国乡村人均增量的 109.49%；中部人均值年均增长 11.46%，高于全国乡村平均增长 0.39 个百分点，从全国乡村人均值的 96.42% 提高至 103.45%，绝对增量为全国乡村人均增量的 104.43%；西部人均值年均增长 11.80%，高于全国乡村平均增长 0.73 个百分点，从全国乡村人均值的 77.72% 提高至 88.56%，绝对增量为全国乡村人均增量的 90.08%。

分阶段对比考察，第一个五年，全国乡村人均文教消费年均增长 8.13%；第二个五年，全国乡村人均文教消费年均增长 5.94%；第三个五年，全国乡村人均文教消费年均增长 9.09%；第四个五年，全国乡村人均文教消费年均增长 21.78%。对比各五年时段乡村人均文教消费需求增长变化，第四个五年全国年均增长比第三个五年提高 12.69 个百分点，比第二个五年提高 15.84 个百分点，比第一个五年提高 13.65 个百分点。

20 年间各省域乡村人均文教消费年均增长幅度比较，18 个省域年均增长幅度高于全国乡村平均增长，按增幅高低依次为西藏、青海、贵州、宁夏、甘肃、黑龙江、重庆、云南、山西、河南、吉林、内蒙古、新疆、安徽、河北、海南、辽宁、陕西；13 个省域年均增长幅度低于全国乡村平均增长，按增幅高低依次为湖南、山东、湖北、广西、浙江、江西、四川、江苏、福建、天津、广东、北京、上海。其中，西藏占据首位，年均增长高于全国乡村平均增长 12.12 个百分点；上海处于末位，年均增长低于全国乡村平均增长 6.31 个百分点。

2018 年，全国乡村人均文教消费年度增长 11.13%，高于第一个五年年均增长 2.99 个百分点，高于第二个五年年均增长 5.19 个百分点，高于第三个五年年均增长 2.04 个百分点。13 个省域人均值年均增长幅度高于全国乡村平均增长，按增幅高低依次为西藏、新疆、广东、甘肃、河南、安徽、湖北、福建、陕西、河北、海南、江西、浙江；18 个省域人均值年均增长幅度低于全国乡村平均增长，按增幅高低依次为山东、广西、云南、四川、重庆、北京、吉林、宁夏、江苏、内蒙古、青海、黑龙江、辽宁、山西、湖南、贵州、上海、天津。

特别需要注意，其中前 10 个省域出现超过 15% 高增长，后 4 个省域出现负增长，这一特异动向对于该年度检测评价会产生极大影响，导致各地排行发生重大变故。

人均文教消费绝对值系本评价体系进行演算测评的基础性指标，虽然在最后的综合评价中演算权重不高，却是以下各项指标演算的基础，因而实际上具有决定性意义。当然，全国及各省域乡村文教消费需求状况分析不能孤立地进行，必须放到全国及各地经济增长、民生增进的相关背景当中，同时放到城乡之间、地区之间协调增长背景当中，进一步展开分析。

二 各省域乡村相关背景协调增长情况对比

在本评价体系当中，全国及各省域乡村文教消费需求及其增长需要放到相关经济、民生背景中考察其间的"协调增长"状况，从而得出极其重要的各项比值平衡指标演算数值。

（一）文化教育消费与产值比关系变化

1998～2018 年各省域乡村文教消费与产值比（文教消费率）变动态势分析见表3，各省域按 20 年间乡村文教消费与产值比升降变化状况优劣排列。表3 同时提供1998 年和 2018 年各地人均产值数据，对照表 2 中各地人均文教消费数据，可以进行重复验算。

表3 各省域乡村文教消费与产值比变动状况

地区	1998 年			2018 年			1998～2018 年比值升降变化		
	人均产值（元）	文教消费与产值比（%）	比值排序	人均产值（元）	文教消费与产值比（%）	比值排序	升降百分点	升降百分比（%）	排序
全 国	6860	2.3238	—	64644	2.0135	—	-0.3103	-13.35	—
黑龙江	7375	1.4894	28	43274	3.2800	2	1.7906	120.22	2
辽 宁	9415	1.6866	26	58008	2.2846	17	0.5980	35.46	6
吉 林	5983	2.2036	17	55611	2.5373	10	0.3337	15.14	11
东 北	7807	1.7173	[4]	52280	2.6486	[1]	0.9313	54.23	[1]
西 藏	4180	0.1861	31	43398	0.9424	30	0.7563	406.39	1
青 海	4426	0.9815	30	47689	1.9808	20	0.9993	101.81	3
甘 肃	3541	2.5470	12	31336	3.8354	1	1.2884	50.59	4
云 南	4446	2.1516	19	37136	3.1051	4	0.9535	44.32	5
新 疆	6174	1.6547	27	49475	2.0429	18	0.3882	23.46	8
宁 夏	4607	2.0797	20	54094	2.3955	15	0.3158	15.18	10
重 庆	5016	2.1962	18	65933	2.0402	19	-0.1560	-7.10	14
贵 州	2364	3.1404	8	41244	2.8155	6	-0.3249	-10.35	15
内蒙古	5406	3.0333	9	68302	2.5424	9	-0.4909	-16.18	17
广 西	4346	4.0062	2	41489	3.0052	5	-1.0010	-24.99	20
四 川	4294	3.1973	7	48883	1.9111	22	-1.2862	-40.23	26
陕 西	4070	3.7548	5	63477	1.9737	21	-1.7811	-47.44	29
西 部	4183	2.9622	[2]	48725	2.3658	[3]	-0.5964	-20.13	[2]
山 西	5104	1.9736	22	45328	2.5361	11	0.5625	28.50	7
河 南	4643	2.4508	13	50152	2.4462	13	-0.0046	-0.19	13

续表

地区	1998 年			2018 年			1998～2018 年比值升降变化		
	人均产值（元）	文教消费与产值比（%）	比值排序	人均产值（元）	文教消费与产值比（%）	比值排序	升降百分点	升降百分比（%）	排序
安　徽	4235	3.3039	6	47712	2.6642	7	-0.6397	-19.36	19
湖　南	4667	4.4268	1	52949	3.1702	3	-1.2566	-28.39	22
江　西	4124	3.9011	3	47434	2.4112	14	-1.4899	-38.19	24
湖　北	5287	3.8946	4	66616	2.3289	16	-1.5657	-40.20	25
中　部	4645	3.3087	[1]	52062	2.5863	[2]	-0.7224	-21.83	[3]
河　北	6501	2.0066	21	47772	2.4510	12	0.4444	22.15	9
海　南	5912	2.6522	11	51955	2.6485	8	-0.0037	-0.14	12
山　东	7968	1.9621	23	76267	1.6594	25	-0.3027	-15.43	16
浙　江	11394	2.2046	16	98643	1.8125	23	-0.3921	-17.79	18
天　津	14243	1.4217	29	120711	1.0246	28	-0.3971	-27.93	21
福　建	9603	2.2302	15	91197	1.4907	26	-0.7395	-33.16	23
广　东	10819	2.9408	10	86412	1.7047	24	-1.2361	-42.03	27
江　苏	10049	2.3886	14	115168	1.3435	27	-1.0451	-43.75	28
北　京	19118	1.9605	24	140211	1.0243	29	-0.9362	-47.75	30
上　海	24513	1.8871	25	134982	0.8693	31	-1.0178	-53.93	31
东　部	10348	2.0309	[3]	89811	1.5494	[4]	-0.4815	-23.71	[4]

注：①人均产值数据（产值相关演算不区分城乡）出自《中国统计年鉴》相应年卷，其余为演算衍生数值；②文教消费与产值比即文教消费率的比值较小且各地接近，保留4位小数以便精确排序；③比值升降百分点、百分比负值为下降百分点、百分比，以升降百分比排序更加准确（表4～表6同）。

1998～2018 年，全国人均产值从 6860 元增长至 64644 元，年均增长 11.87%，高于同期全国乡村人均文教消费年均增长 0.80 个百分点。20 年间，全国乡村人均文教消费占人均产值的比例从 2.32% 下降至 2.01%，降低 0.31 个百分点。

同期，东部比值从 2.03% 下降至 1.55%，降低 0.48 个百分点；东北比值从 1.72% 上升至 2.65%，提升 0.93 个百分点；中部比值从 3.31% 下降至 2.59%，降低 0.72 个百分点；西部比值从 2.96% 下降至 2.37%，降低 0.59 个百分点。

20年间各省域乡村文教消费与产值比升降变化比较，11个省域此项比值上升，按升幅高低依次为西藏、黑龙江、青海、甘肃、云南、辽宁、山西、新疆、河北、宁夏、吉林；20个省域此项比值下降，按降幅大小倒序为海南、河南、重庆、贵州、山东、内蒙古、浙江、安徽、广西、天津、湖南、福建、江西、湖北、四川、广东、江苏、陕西、北京、上海。其中，西藏占据首位，此项比值提高406.39%；上海处于末位，此项比值降低53.93%。

2018年与上一年相比，全国乡村此项比值上升1.77%。同时，22个省域此项比值上升，按升幅高低依次为西藏、新疆、广东、河南、甘肃、河北、安徽、海南、吉林、山东、重庆、湖北、福建、浙江、陕西、江西、云南、广西、黑龙江、四川、北京、宁夏；9个省域此项比值下降，按降幅大小倒序为江苏、内蒙古、青海、山西、辽宁、湖南、天津、贵州、上海。

这一相关性比值分析表明，1998～2018年，全国及各省域乡村文教消费需求增长与产值增长相比较，其间"增长协调性"欠佳。在全国及大部分省域，乡村文教消费需求增长赶不上产值增长，经济发展成果未能在提升乡村居民文教消费需求上同步体现出来。

（二）文化教育消费占收入比关系变化

1998～2018年各省域乡村文教消费占居民收入比（文教消费比）变动态势分析见表4，各省域按20年间乡村文教消费占收入比升降变化状况优劣排列。表4同时提供1998年和2018年各省域乡村人均收入数据，对照表2中各地人均文教消费数据，可以进行重复验算。

1998～2018年，全国乡村人均收入从2161.98元增长至14617.03元，年均增长10.03%，低于同期全国乡村人均文教消费年均增长1.04个百分点。20年间，全国乡村人均文教消费占人均收入的比例从7.37%上升至8.90%，提升1.53个百分点。

同期，东部比值从7.02%上升至7.57%，提升0.55个百分点；东北比值从5.56%上升至9.83%，提升4.27个百分点；中部比值从7.81%上升至

表4　各省域乡村文教消费占居民收入比变动状况

地区	1998 年			2018 年			1998~2018 年比值升降变化		
	人均收入（元）	文教消费占收入比（%）	比值排序	人均收入（元）	文教消费占收入比（%）	比值排序	升降百分点	升降百分比（%）	排序
全　国	2161.98	7.3733	—	14617.03	8.9045	—	1.53	20.77	—
黑龙江	2253.10	4.8751	29	13803.65	10.2829	9	5.41	110.93	4
吉　林	2383.60	5.5311	26	13748.17	10.2634	10	4.73	85.56	7
辽　宁	2579.79	6.1552	21	14656.33	9.0421	17	2.89	46.90	13
东　北	2410.55	5.5619	[4]	14080.92	9.8336	[1]	4.27	76.80	[1]
西　藏	1309.46	0.5941	31	11449.82	3.5721	31	2.98	501.26	1
青　海	1424.79	3.0489	30	10393.34	9.0887	15	6.04	198.10	2
贵　州	1334.46	5.5633	25	9716.10	11.9512	3	6.39	114.82	3
甘　肃	1393.05	6.4743	17	8804.13	13.6510	1	7.18	110.85	5
宁　夏	1721.17	5.5666	24	11707.64	11.0682	6	5.50	98.83	6
云　南	1387.25	6.8957	15	10767.91	10.7088	7	3.81	55.30	9
重　庆	1720.46	6.4029	18	13781.22	9.7608	14	3.36	52.44	11
内蒙古	1981.48	8.2756	8	13802.56	12.5808	2	4.31	52.02	12
新　疆	1600.14	6.3844	19	11974.50	8.4408	20	2.06	32.21	15
广　西	1971.90	8.8296	6	12434.77	10.0271	11	1.20	13.56	20
陕　西	1405.59	10.8723	1	11212.84	11.1734	5	0.30	2.77	24
四　川	1789.17	7.6734	11	13331.38	7.0075	26	-0.67	-8.68	28
西　部	1646.54	7.5246	[2]	11787.73	9.7789	[2]	2.25	29.96	[2]
山　西	1858.60	5.4197	28	11750.01	9.7834	13	4.36	80.52	8
河　南	1864.05	6.1044	22	13830.74	8.8704	18	2.77	45.31	14
安　徽	1863.06	7.5102	12	13996.02	9.0820	16	1.57	20.93	18
湖　南	2064.85	10.0056	2	14092.51	11.9112	4	1.91	19.05	19
湖　北	2172.24	9.4792	4	14977.82	10.3582	8	0.88	9.27	21
江　西	2048.00	7.8555	9	14459.89	7.9097	22	0.05	0.69	25
中　部	1967.82	7.8108	[1]	13954.21	9.6493	[3]	1.84	23.54	[3]
河　北	2405.32	5.4234	27	14030.89	8.3452	21	2.92	53.87	10
海　南	2018.31	7.7689	10	13988.88	9.8366	12	2.07	26.62	16
山　东	2452.83	6.3739	20	16297.00	7.7658	23	1.39	21.84	17
福　建	2946.37	7.2689	13	17821.19	7.6282	24	0.36	4.94	22
江　苏	3376.78	7.1083	14	20845.07	7.4227	25	0.31	4.42	23
浙　江	3814.56	6.5850	16	27302.37	6.5486	27	-0.04	-0.55	26

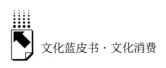
续表

地区	1998 年			2018 年			1998～2018 年比值升降变化		
	人均收入（元）	文教消费占收入比（%）	比值排序	人均收入（元）	文教消费占收入比（%）	比值排序	升降百分点	升降百分比（%）	排序
广　东	3527.14	9.0206	5	17167.74	8.5803	19	-0.44	-4.88	27
天　津	3395.70	5.9631	23	23065.23	5.3621	29	-0.60	-10.08	29
北　京	3952.32	9.4833	3	26490.29	5.4218	28	-4.06	-42.83	30
上　海	5406.87	8.5556	7	30374.73	3.8629	30	-4.69	-54.85	31
东　部	2992.13	7.0234	[3]	18383.80	7.5691	[4]	0.55	7.77	[4]

注：①乡村人均收入数据出自《中国统计年鉴》相应年卷，其余为演算衍生数值；②文教消费与居民收入比即文教消费比的比值较小且各地接近，保留4位小数以便精确排序。

9.65%，提升1.84个百分点；西部比值从7.52%上升至9.78%，提升2.26个百分点。

20年间各省域乡村文教消费占收入比升降变化比较，25个省域此项比值上升，按升幅高低依次为西藏、青海、贵州、黑龙江、甘肃、宁夏、吉林、山西、云南、河北、重庆、内蒙古、辽宁、河南、新疆、海南、山东、安徽、湖南、广西、湖北、福建、江苏、陕西、江西；6个省域此项比值下降，按降幅大小倒序为浙江、广东、四川、天津、北京、上海。其中，西藏占据首位，此项比值提高501.26%；上海处于末位，此项比值降低54.85%。

2018年与上一年相比，全国乡村此项比值上升2.12%。同时，20个省域此项比值上升，按升幅高低依次为西藏、新疆、广东、甘肃、河南、安徽、湖北、福建、海南、河北、陕西、江西、山东、浙江、吉林、云南、四川、广西、重庆、北京；11个省域此项比值下降，按降幅大小倒序为江苏、宁夏、内蒙古、辽宁、青海、黑龙江、山西、湖南、贵州、上海、天津。

这一相关性比值分析表明，1998～2018年，全国及各省域乡村文教消费需求增长与收入增长相比较，其间"增长协调性"较好。在全国及绝大部分省域，乡村文教消费需求增长超过了居民收入增长，民生增进成效已经在提升乡村居民文教消费需求上同步体现出来。

（三）文化教育消费占总消费比关系变化

1998～2018年各省域乡村文教消费占居民总消费比（文教消费比重）变动态势分析见表5，各省域按20年间乡村文教消费占总消费比升降变化状况优劣排列。表5同时提供1998年和2018年各省域乡村人均总消费数据，对照表2中各地人均文教消费数据，可以进行重复验算。

表5　各省域乡村文教消费占居民总消费比变动状况

地区	1998 年			2018 年			1998～2018 年比值升降变化		
	人均总消费（元）	文教消费占总消费比(%)	比值排序	人均总消费（元）	文教消费占总消费比(%)	比值排序	升降百分点	升降百分比（%）	排序
全　国	1590.33	10.0237	—	12124.27	10.7353	—	0.71	7.10	—
黑龙江	1464.64	7.4995	25	11416.78	12.4327	10	4.93	65.78	6
吉　林	1471.46	8.9598	22	10826.24	13.0334	4	4.07	45.47	8
辽　宁	1702.68	9.3259	20	11455.04	11.5691	14	2.24	24.05	14
东　北	1556.22	8.6153	[4]	11262.03	12.2950	[1]	3.68	42.71	[1]
西　藏	767.14	1.0142	31	7452.07	5.4883	31	4.47	441.15	1
青　海	1117.79	3.8862	30	10352.35	9.1247	24	5.24	134.80	2
贵　州	1094.39	6.7837	29	9170.24	12.6627	5	5.88	86.66	3
云　南	1312.31	7.2894	26	9122.90	12.6397	6	5.35	73.40	4
宁　夏	1327.63	7.2166	27	10789.62	12.0099	11	4.79	66.42	5
新　疆	1450.29	7.0441	28	9421.29	10.7282	18	3.68	52.30	7
甘　肃	939.55	9.5993	17	9064.55	13.2588	2	3.66	38.12	9
重　庆	1343.35	8.2004	24	11976.81	11.2313	15	3.03	36.96	10
内蒙古	1577.12	10.3974	12	12661.48	13.7147	1	3.32	31.91	11
陕　西	1181.38	12.9357	2	10070.76	12.4405	9	-0.50	-3.83	21
广　西	1414.76	12.3067	4	10616.96	11.7440	13	-0.56	-4.57	22
四　川	1440.77	9.5289	19	12723.19	7.3425	27	-2.19	-22.94	28
西　部	1319.71	9.3881	[3]	10620.54	10.8536	[3]	1.47	15.61	[2]
山　西	1056.45	9.5348	18	9172.22	12.5330	8	3.00	31.44	12
河　南	1240.30	9.1744	21	10392.01	11.8057	12	2.63	28.68	13
湖　南	1889.17	10.9360	8	12720.54	13.1959	3	2.26	20.66	15
江　西	1538.24	10.4587	11	10885.20	10.5072	19	0.05	0.46	19

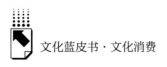

续表

地区	1998 年			2018 年			1998~2018 年比值升降变化		
	人均总消费（元）	文教消费占总消费比（%）	比值排序	人均总消费（元）	文教消费占总消费比（%）	比值排序	升降百分点	升降百分比（%）	排序
安 徽	1333.05	10.4962	10	12748.08	9.9710	21	-0.53	-5.00	23
湖 北	1699.43	12.1164	5	13946.26	11.1243	17	-0.99	-8.19	24
中 部	1464.66	10.4941	[1]	11682.73	11.5254	[2]	1.03	9.83	[3]
山 东	1595.09	9.8013	16	11270.12	11.2296	16	1.43	14.57	16
浙 江	2890.65	8.6897	23	19706.83	9.0726	26	0.38	4.41	17
河 北	1298.54	10.0459	15	11382.80	10.2867	20	0.24	2.40	18
海 南	1246.12	12.5831	3	10955.77	12.5599	7	-0.02	-0.18	20
江 苏	2336.78	10.2718	13	16566.97	9.3395	23	-0.93	-9.08	25
福 建	2025.09	10.5758	9	14942.80	9.0976	25	-1.48	-13.98	26
广 东	2683.18	11.8579	6	15411.31	9.5582	22	-2.30	-19.39	27
天 津	1976.70	10.2438	14	16863.33	7.3342	28	-2.91	-28.40	29
北 京	2873.20	13.0450	1	20195.32	7.1118	29	-5.93	-45.48	30
上 海	4206.89	10.9960	7	19964.73	5.8771	30	-5.12	-46.55	31
东 部	2031.49	10.3446	[2]	14361.58	9.6890	[4]	-0.66	-6.34	[4]

注：①乡村人均总消费数据出自《中国统计年鉴》相应年卷，其余为演算衍生数值；②文教消费与居民总消费比即文教消费比重的比值较小且各地接近，保留4位小数以便精确排序。

1998~2018 年，全国乡村人均总消费从 1590.33 元增长至 12124.27 元，年均增长 10.69%，低于同期全国乡村人均文教消费年均增长 0.38 个百分点。20 年间，全国乡村人均文教消费占人均总消费的比例从 10.02% 上升至 10.74%，提升 0.71 个百分点。

同期，东部比值从 10.34% 下降至 9.69%，降低 0.66 个百分点；东北比值从 8.62% 上升至 12.29%，提升 3.68 个百分点；中部比值从 10.49% 上升至 11.53%，提升 1.04 个百分点；西部比值从 9.39% 上升至 10.85%，提升 1.46 个百分点。

20 年间各省域乡村文教消费占总消费比升降变化比较，19 个省域此项比值上升，按升幅高低依次为西藏、青海、贵州、云南、宁夏、黑龙江、新疆、吉林、甘肃、重庆、内蒙古、山西、河南、辽宁、湖南、山东、浙江、河北、江西；12 个省域此项比值下降，按降幅大小倒序为海南、陕西、广西、安徽、湖北、江苏、福建、广东、四川、天津、北京、上海。其中，西藏占据首位，此项比值提高 441.15%；上海处于末位，此项比值降低 46.55%。

2018 年与上一年相比，全国乡村此项比值上升 0.41%。同时，19 个省域此项比值上升，按升幅高低依次为西藏、新疆、福建、甘肃、陕西、河北、广东、河南、江西、浙江、安徽、吉林、内蒙古、北京、山东、海南、青海、江苏、重庆；12 个省域此项比值下降，按降幅大小倒序为宁夏、四川、广西、湖北、云南、辽宁、黑龙江、山西、天津、湖南、贵州、上海。

这一相关性比值分析表明，1998～2018 年，全国及各省域乡村文教消费需求增长与总消费增长相比较，其间"增长协调性"稍好。在全国及大部分省域，乡村文教消费需求增长赶上了居民总消费增长，拉动内需扩大消费成效开始在提升乡村居民文教消费需求上同步体现出来。

（四）文化教育消费与非文消费剩余比关系变化

1998～2018 年各省域乡村文教消费与非文消费剩余比变动态势分析见表 6，各省域按 20 年间乡村文教消费与非文消费剩余比升降变化状况优劣排列。表 6 同时提供 1998 年和 2018 年各省域乡村人均非文消费剩余数据，对照表 2 中各地人均文教消费数据，可以进行重复验算。

表 6　各省域乡村文教消费与居民非文消费剩余比变动状况

地区	1998 年			2018 年			1998～2018 年比值升降变化		
	人均非文消费剩余（元）	文教消费与非文消费剩余比（%）	比值排序	人均非文消费剩余（元）	文教消费与非文消费剩余比（%）	比值排序	升降百分点	升降百分比（%）	排序
全　国	731.06	21.81	—	3794.34	34.30	—	12.49	57.27	—
黑龙江	898.30	12.23	28	3806.29	37.29	15	25.06	204.91	4
吉　林	1043.98	12.63	25	4332.96	32.56	16	19.93	157.80	9
辽　宁	1035.90	15.33	24	4526.53	29.28	21	13.95	91.00	14

续表

地区	1998 年			2018 年			1998～2018 年比值升降变化		
	人均非文消费剩余（元）	文教消费与非文消费剩余比（%）	比值排序	人均非文消费剩余（元）	文教消费与非文消费剩余比（%）	比值排序	升降百分点	升降百分比（%）	排序
东 北	988.40	13.56	[4]	4203.56	32.94	[3]	19.38	142.92	[1]
青 海	350.44	12.40	27	985.61	95.84	2	83.44	672.90	1
甘 肃	543.69	16.59	21	941.43	127.66	1	111.07	669.50	2
西 藏	550.10	1.41	31	4406.74	9.28	31	7.87	558.16	3
宁 夏	489.35	19.58	17	2213.85	58.53	7	38.95	198.93	5
贵 州	314.31	23.62	13	1707.06	68.02	3	44.40	187.98	7
四 川	485.69	28.27	7	1542.38	60.57	4	32.30	114.26	11
内蒙古	568.34	28.85	6	2877.56	60.35	5	31.50	109.19	12
重 庆	487.27	22.61	14	3149.57	42.71	12	20.10	88.90	15
广 西	731.25	23.81	12	3064.66	40.68	14	16.87	70.85	17
陕 西	377.03	40.53	4	2394.93	52.31	9	11.78	29.06	24
云 南	170.60	56.07	1	2798.12	41.21	13	-14.86	-26.50	28
新 疆	252.01	40.54	3	3563.95	28.36	22	-12.18	-30.04	30
西 部	450.73	27.49	[1]	2319.89	49.69	[1]	22.20	80.76	[2]
山 西	902.88	11.16	29	3727.34	30.84	19	19.68	176.34	8
安 徽	669.93	20.89	16	2519.06	50.46	10	29.57	141.55	10
湖 北	678.72	30.34	5	2582.99	60.06	6	29.72	97.96	13
河 南	737.54	15.43	22	4665.58	26.30	24	10.87	70.45	18
湖 南	382.28	54.04	2	3050.56	55.03	8	0.99	1.83	25
江 西	670.64	23.99	11	4718.42	24.24	25	0.25	1.04	26
中 部	656.87	23.40	[4]	3617.96	37.22	[2]	13.82	59.06	[3]
河 北	1237.23	10.54	30	3819.00	30.66	20	20.12	190.89	6
海 南	928.99	16.88	20	4409.14	31.21	18	14.33	84.89	16
福 建	1135.45	18.86	18	4237.83	32.08	17	13.22	70.10	19
广 东	1162.13	27.38	9	3229.47	45.61	11	18.23	66.58	20
江 苏	1280.03	18.75	19	5825.37	26.56	23	7.81	41.65	21
天 津	1621.49	12.49	26	7438.68	16.63	29	4.14	33.15	22
山 东	1014.08	15.42	23	6292.46	20.11	26	4.69	30.42	23
浙 江	1175.10	21.38	15	9383.47	19.05	27	-2.33	-10.90	27
北 京	1453.93	25.78	10	7731.21	18.58	28	-7.20	-27.93	29
上 海	1662.57	27.82	8	11583.35	10.13	30	-17.69	-63.59	31
东 部	1170.79	17.95	[3]	5413.72	25.70	[4]	7.75	43.18	[4]

注：表中均为演算衍生数值，非文消费即总消费与文教消费之差，非文消费剩余即居民收入与非文消费之差，此为本项研究独特的取值方式。

1998～2018 年，全国乡村人均非文消费剩余从 731.06 元增长至 3794.34 元，年均增长 8.58%，低于同期全国乡村人均文教消费年均增长 2.49 个百分点。20 年间，全国乡村人均文教消费占人均非文消费剩余的比例从 21.81% 上升至 34.30%，提升 12.49 个百分点。

同期，东部比值从 17.95% 上升至 25.70%，提升 7.75 个百分点；东北比值从 13.56% 上升至 32.94%，提升 19.38 个百分点；中部比值从 23.40% 上升至 37.22%，提升 13.82 个百分点；西部比值从 27.49% 上升至 49.69%，提升 22.20 个百分点。

20 年间各省域乡村文教消费与非文消费剩余比升降变化比较，26 个省域此项比值上升，按升幅高低依次为青海、甘肃、西藏、黑龙江、宁夏、河北、贵州、山西、吉林、安徽、四川、内蒙古、湖北、辽宁、重庆、海南、广西、河南、福建、广东、江苏、天津、山东、陕西、湖南、江西；5 个省域此项比值下降，按降幅大小倒序为浙江、云南、北京、新疆、上海。其中，青海占据首位，此项比值提高 672.90%；上海处于末位，此项比值降低 63.59%。

2018 年与上一年相比，全国乡村此项比值上升 6.87%。同时，18 个省域此项比值上升，按升幅高低依次为湖北、西藏、广东、甘肃、安徽、四川、海南、新疆、河南、云南、广西、江西、山东、重庆、河北、浙江、贵州、湖南；13 个省域此项比值下降，按降幅大小倒序为吉林、陕西、辽宁、黑龙江、福建、山西、北京、宁夏、江苏、上海、天津、内蒙古、青海。

这一相关性比值分析表明，1998～2018 年，全国及各省域乡村文教消费需求增长与非文消费剩余增长相比较，其间"增长协调性"较好。在全国及绝大部分省域，乡村文教消费需求增长超过了居民必需消费（本评价体系设定全部非文消费为必需消费）之外余钱增多速度，全面建设小康社会发展成就已经在提升乡村居民文教消费需求上同步体现出来。

三 各省域城乡、区域之间均衡增长状况

在本评价体系当中，文教消费需求及其增长还需要放到城乡关系、地区

关系背景中考察其间的"均衡增长"状况，从而得出不可或缺的各项比差值校正指标演算数值。

（一）文化教育消费需求的城乡差距变化

在乡村单行分析评价中，依然检测城乡之间文教消费需求的协调增长，相关设计思想和技术方法参看本书 B.2 技术报告。因本节分析与本书 B.3 城乡排行报告完全同构，略不复述。

（二）乡村文化教育消费需求的地区差距变化

1998 ~ 2018 年各省域乡村人均文教消费地区差距及其变动态势分析见表 7，各省域按 20 年间乡村人均文教消费地区差扩减变化状况优劣排列。按照文教消费地区差演算方法，对应表 2 各地人均文教消费数据，可以进行重复验算。

表 7　各省域乡村文教消费地区差距变动状况

地区	1998 年文教消费地区差距			2018 年文教消费地区差距			1998 ~ 2018 年地区差扩减变化	
	地区差（无差距 = 1）	地区差倒数	排序	地区差（无差距 = 1）	地区差倒数	排序	扩减百分比（%）	排序
全　国	1.3829	0.7231	—	1.1414	0.8761	—	- 17.46	—
上　海	2.9019	0.3446	31	1.0985	0.9103	15	- 62.15	1
北　京	2.3512	0.4253	30	1.1035	0.9062	17	- 53.07	2
广　东	1.9959	0.5010	29	1.1317	0.8836	22	- 43.30	3
福　建	1.3435	0.7443	18	1.0445	0.9574	8	- 22.26	8
江　苏	1.5057	0.6641	24	1.1888	0.8412	23	- 21.05	9
天　津	1.2702	0.7872	12	1.0498	0.9526	9	- 17.35	14
浙　江	1.5757	0.6346	26	1.3737	0.7280	30	- 12.82	17
河　北	1.1817	0.8463	11	1.1004	0.9088	16	- 6.88	22
山　东	1.0193	0.9811	4	1.0277	0.9731	4	0.82	26
海　南	1.0164	0.9839	3	1.0572	0.9459	10	4.01	28
东　部	1.6162	0.6188	[4]	1.1176	0.8948	[2]	- 30.85	[1]
宁　夏	1.3990	0.7148	21	1.0044	0.9956	1	- 28.21	4

续表

地区	1998 年文教消费地区差距			2018 年文教消费地区差距			1998～2018 年地区差扩减变化	
	地区差（无差距 = 1）	地区差倒数	排序	地区差（无差距 = 1）	地区差倒数	排序	扩减百分比（%）	排序
贵　州	1.5343	0.6518	25	1.1079	0.9026	18	-27.79	5
青　海	1.7275	0.5789	27	1.2742	0.7848	26	-26.24	6
甘　肃	1.4342	0.6972	23	1.0766	0.9288	12	-24.93	7
重　庆	1.3090	0.7640	16	1.0335	0.9676	5	-21.05	10
云　南	1.3999	0.7143	22	1.1141	0.8976	19	-20.42	11
西　藏	1.9538	0.5118	28	1.6858	0.5932	31	-13.72	16
新　疆	1.3591	0.7358	19	1.2235	0.8174	25	-9.98	18
广　西	1.0922	0.9156	7	1.0420	0.9597	7	-4.60	23
陕　西	1.0413	0.9603	6	1.0374	0.9639	6	-0.37	25
四　川	1.1388	0.8781	9	1.2823	0.7799	27	12.60	30
内蒙古	1.0287	0.9721	5	1.3341	0.7496	29	29.69	31
西　部	1.3149	0.7605	[3]	1.1846	0.8441	[4]	-9.91	[2]
黑龙江	1.3110	0.7628	17	1.0905	0.9170	14	-16.82	15
吉　林	1.1730	0.8526	10	1.0841	0.9224	13	-7.58	21
辽　宁	1.0039	0.9961	1	1.0182	0.9821	2	1.42	27
东　北	1.1626	0.8601	[1]	1.0643	0.9396	[1]	-8.46	[3]
山　西	1.3681	0.7309	20	1.1168	0.8954	20	-18.37	12
河　南	1.2862	0.7775	13	1.0574	0.9457	11	-17.79	13
安　徽	1.1223	0.8911	8	1.0234	0.9771	3	-8.81	19
湖　北	1.2917	0.7742	14	1.1920	0.8390	24	-7.72	20
湖　南	1.2960	0.7716	15	1.2897	0.7754	28	-0.49	24
江　西	1.0092	0.9909	2	1.1213	0.8918	21	11.11	29
中　部	1.2289	0.8137	[2]	1.1334	0.8823	[3]	-7.77	[4]

注：①表中均为演算衍生数值；②地区差扩减百分比负值为地区差缩小。

1998～2018 年，全国乡村人均文教消费地区差从 1.3829 缩小至 1.1414，文教消费需求的地区差距缩小 17.46%。

分阶段对比考察，第一个五年，全国乡村人均文教消费地区差扩大 2.21%；第二个五年，全国乡村人均文教消费地区差扩大 3.10%；第三个五年，全国乡村人均文教消费地区差缩小 3.54%；第四个五年，全国乡村

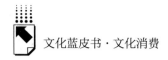

人均文教消费地区差缩小18.80%。对比各五年时段全国乡村人均文教消费
地区差扩减变化，第四个五年明显好于第三个五年，显著好于第二个五年，
也显著好于第一个五年。

20年以来，25个省域地区差缩小，按缩减程度大小依次为上海、北京、
广东、宁夏、贵州、青海、甘肃、福建、江苏、重庆、云南、山西、河南、
天津、黑龙江、西藏、浙江、新疆、安徽、湖北、吉林、河北、广西、湖
南、陕西；6个省域地区差扩大，按扩增程度大小倒序为山东、辽宁、海
南、江西、四川、内蒙古。其中，上海占据首位，其地区差缩小62.15%；
内蒙古处于末位，其地区差扩大29.69%。

2018年与上一年相比，全国乡村文教消费地区差缩小1.73%。同时，
18个省域地区差缩小，按缩减程度大小依次为湖南、新疆、天津、辽宁、
甘肃、黑龙江、西藏、河南、安徽、内蒙古、江苏、陕西、河北、宁夏、吉
林、江西、北京、重庆；13个省域地区差扩大，按扩增程度大小倒序为山
东、四川、广西、云南、浙江、青海、海南、福建、湖北、上海、山西、贵
州、广东。

这意味着，从1998年到2018年，全国各地乡村人均文教消费需求增长
相互比较，其间的"增长协调性"稍好。在全国及绝大部分省域，乡村文
教消费地区差略有缩小，不过另有少数省域乡村文教消费地区差继续扩大。
其中有所区别之处在于，发达地区乡村文教消费地区差扩大是由于"领先"
增长的偏离，欠发达地区乡村文教消费地区差扩大则是由于"滞后"增长
的偏离。区域之间"不平衡不充分的发展"矛盾依然明显。

四 各省域乡村景气排行与预测

基于以上各项指标的分析数值，按照本评价体系的测评方式和演算权
重，最后测算得出2018年各省域乡村单行文教消费需求景气评价排行。基
于不同时间段、不同基准值的各类测评结果均落实在2018年之上。景气指
数取百分制，以便横向衡量百分点高低，纵向衡量百分比升降。

（一）2016年文化教育消费需求景气指数测评

1998年以来各省域乡村单行演算的文教消费需求景气指数变动态势分析见表8，各省域以2018年横向测评的文教消费需求景气指数高低排列。

表8　各省域乡村文教消费需求景气指数变动状况

地区	起始年度基数值纵向测评（起点年基数值＝100）						2018年理想值无差距横向测评（理想值＝100）	
	1998年以来20年	2003年以来15年	2008年以来10年	2013年以来5年	最近一年以来（2017~2018年）			
	景气指数	景气指数	景气指数	景气指数	景气指数	排序	景气指数	排序
全　国	199.21	170.71	172.04	163.62	104.26	—	88.57	—
湖　北	196.08	212.66	221.95	226.35	114.81	4	107.68	2
安　徽	223.92	188.89	178.93	212.05	113.94	5	100.35	4
湖　南	186.12	172.24	203.54	197.63	96.98	26	99.25	5
河　南	239.58	207.05	218.53	177.23	110.52	7	92.76	16
山　西	261.26	164.01	130.43	142.23	95.61	28	87.79	20
江　西	163.02	150.03	185.52	182.05	104.62	11	86.52	23
中　部	205.58	183.52	193.44	186.91	105.01	[2]	94.01	[1]
黑龙江	296.19	216.91	135.79	143.54	98.84	23	98.03	7
吉　林	253.20	182.04	168.24	134.29	100.90	21	94.58	14
辽　宁	201.83	176.68	147.09	140.67	97.87	24	87.68	21
东　北	242.84	190.92	147.12	140.39	99.12	[4]	92.73	[2]
甘　肃	333.26	199.92	209.45	180.08	110.97	6	119.61	1
内蒙古	229.77	188.91	185.92	184.65	97.53	25	102.82	3
贵　州	332.49	246.34	322.71	206.64	96.14	27	98.67	6
宁　夏	301.21	197.82	239.46	157.83	99.07	22	97.29	8
广　西	188.40	206.98	265.34	257.07	102.00	20	96.88	10
陕　西	195.32	148.76	144.47	160.65	106.45	9	96.37	11
云　南	280.08	238.37	229.56	268.24	102.78	18	95.58	13
重　庆	283.67	222.54	241.07	173.42	103.51	15	94.09	15
青　海	490.24	208.84	220.78	196.47	95.17	29	90.95	17
新　疆	236.42	263.98	214.03	192.94	124.94	2	88.55	19
四　川	179.33	150.30	217.16	155.62	105.35	10	85.94	24
西　藏	1229.85	400.09	244.71	399.39	149.58	1	73.51	29

地区	起始年度基数值纵向测评(起点年基数值＝100)						2018年理想值无差距横向测评(理想值＝100)	
	1998年以来20年	2003年以来15年	2008年以来10年	2013年以来5年	最近一年以来(2017~2018年)			
	景气指数	景气指数	景气指数	景气指数	景气指数	排序	景气指数	排序
西 部	222.77	188.74	215.17	190.48	104.34	[3]	92.32	[3]
广 东	159.32	184.39	238.57	154.55	118.51	3	97.05	9
海 南	205.15	238.38	172.89	208.38	103.74	14	95.90	12
河 北	228.09	191.42	190.71	174.15	106.95	8	89.85	18
福 建	168.12	152.23	154.09	152.50	104.24	12	87.17	22
浙 江	180.00	129.57	129.46	119.64	104.24	13	84.98	25
山 东	196.52	142.61	138.56	136.39	103.04	16	84.84	26
江 苏	151.36	137.12	120.45	128.92	102.81	17	83.52	27
北 京	128.70	114.85	116.19	108.25	102.46	19	75.57	28
天 津	157.84	118.06	161.66	117.87	88.31	31	70.39	30
上 海	108.12	102.61	106.42	100.75	90.63	30	63.85	31
东 部	176.05	155.53	149.42	141.17	105.95	[1]	84.83	[4]

注：西藏因缺失1998年数据，变通以1999年数据为起始基点，统一纳入各时段以来纵向测评。

1. 各年度无差距理想值横向测评

以文教消费需求城乡之间、地区之间实现无差距状态为"理想值"100，在年度横向测评中，2018年全国乡村文教消费需求景气指数为88.57，低于理想值11.43%。此项测评中，由于全国乡村文教消费总量份额值（全国份额为100%基准）、人均绝对值、相对比值作为演算基准，全国乡村总体景气指数高低，都缘于文教消费相关增率比提高或降低，城乡比和地区差缩小或扩大。

此项测评中，四大区域和各省域乡村景气指数高低，除了缘于自身文教消费城乡比、与全国地区差的存在及其扩减变化以外，更有可能缘于其文教消费总量份额、相关增率比上升或下降，缘于人均绝对值、各项相对比值高于或低于全国总体平均值。

各省域乡村单行景气指数比较，甘肃、湖北、内蒙古、安徽、湖南从高到低依次占据"2018年乡村文教消费需求景气指数排名"全国前5位。18个省域景气指数高于全国乡村总体景气指数，按指数高低依次为上述5地和贵州、黑龙江、宁夏、广东、广西、陕西、海南、云南、吉林、重庆、河南、青海、河北；13个省域景气指数低于全国乡村总体景气指数，按指数高低依次为新疆、山西、辽宁、福建、江西、四川、浙江、山东、江苏、北京、西藏、天津、上海。

2. 1998年以来20年基数值纵向测评

以1998年为起点基数值100，在1998年以来20年间自身纵向测评中，2018年全国乡村文教消费需求景气指数为199.21，高于1998年基数值99.21%。此项测评中，全国乡村总体景气指数升降，缘于与自身1998年相比，2018年各项指标数值或有升降。四大区域和各省域乡村亦然。

各省域乡村单行景气指数比较，西藏、青海、甘肃、贵州、宁夏从高到低依次占据"1998～2018乡村文教消费需求景气指数提升度"全国前5位。17个省域景气指数提升高于全国乡村总体景气指数提升，按指数高低依次为上述5地和黑龙江、重庆、云南、山西、吉林、河南、新疆、内蒙古、河北、安徽、海南、辽宁；14个省域景气指数提升低于全国乡村总体景气指数提升，按指数高低依次为山东、湖北、陕西、广西、湖南、浙江、四川、福建、江西、广东、天津、江苏、北京、上海。

3. 2003年以来15年基数值纵向测评

以2003年为起点基数值100，在2003年以来15年间自身纵向测评中，2018年全国乡村文教消费需求景气指数为170.71，高于2003年基数值70.71%。此项测评中，全国乡村总体景气指数升降，缘于与自身2003年相比，2018年各项指标数值或有升降。四大区域和各省域乡村亦然。

各省域乡村单行景气指数比较，西藏、新疆、贵州、海南、云南从高到低依次占据"2003～2018乡村文教消费需求景气指数提升度"全国前5位。20个省域景气指数提升高于全国乡村总体景气指数提升，按指数高低依次为上述5地和重庆、黑龙江、湖北、青海、河南、广西、甘肃、宁夏、河北、内蒙古、安徽、广东、吉林、辽宁、湖南；11个省域景气指数提升低于全国乡村总体景气指数提升，按指数高低依次为山西、福建、四川、江西、陕西、山东、江苏、浙江、天津、北京、上海。

4.2008年以来10年基数值纵向测评

以 2008 年为起点基数值 100，在 2008 年以来 10 年间自身纵向测评中，2018 年全国乡村文教消费需求景气指数为 172.04，高于 2008 年基数值 72.04%。此项测评中，全国乡村总体景气指数升降，缘于与自身 2008 年相比，2018 年各项指标数值或有升降。四大区域和各省域乡村亦然。

各省域乡村单行景气指数比较，贵州、广西、西藏、重庆、宁夏从高到低依次占据"2008～2018 乡村文教消费需求景气指数提升度"全国前 5 位。19 个省域景气指数提升高于全国乡村总体景气指数提升，按指数高低依次为上述 5 地和广东、云南、湖北、青海、河南、四川、新疆、甘肃、湖南、河北、内蒙古、江西、安徽、海南；12 个省域景气指数提升低于全国乡村总体景气指数提升，按指数高低依次为吉林、天津、福建、辽宁、陕西、山东、黑龙江、山西、浙江、江苏、北京、上海。

5.2013年以来5年基数值纵向测评

以 2013 年为起点基数值 100，在 2013 年以来 5 年间自身纵向测评中，2018 年全国乡村文教消费需求景气指数为 163.62，高于 2013 年基数值 63.62%。此项测评中，全国乡村总体景气指数升降，缘于与自身 2013 年相比，2018 年各项指标数值或有升降。四大区域和各省域乡村亦然。

各省域乡村单行景气指数比较，西藏、云南、广西、湖北、安徽从高到低依次占据"2013～2018 年乡村文教消费需求景气指数提升度"全国前 5 位。16 个省域景气指数提升高于全国乡村总体景气指数提升，按指数高低依次为上述 5 地和海南、贵州、湖南、青海、新疆、内蒙古、江西、甘肃、河南、河北、重庆；15 个省域景气指数提升低于全国乡村总体景气指数提升，按指数高低依次为陕西、宁夏、四川、广东、福建、黑龙江、山西、辽宁、山东、吉林、江苏、浙江、天津、北京、上海。

6.逐年度上年基数值纵向测评

各年度均以上年为起点基数值 100，在逐年自身纵向测评中，2018 年全国乡村文教消费需求景气指数为 104.26，高于上年基数值 4.26%。此项测评中，全国乡村总体景气指数升降，缘于与自身上年相比，本年度各项指标数值或有升降。四大区域和各省域乡村亦然。

各省域乡村单行景气指数比较，西藏、新疆、广东、湖北、安徽从高到低依次占据"2017～2018乡村文教消费需求景气指数提升度"全国前5位。11个省域景气指数提升高于全国乡村总体景气指数提升，按指数高低依次为上述5地和甘肃、河南、河北、陕西、四川、江西；20个省域景气指数提升低于全国乡村总体景气指数提升，按指数高低依次为福建、浙江、海南、重庆、山东、江苏、云南、北京、广西、吉林、宁夏、黑龙江、辽宁、内蒙古、湖南、贵州、山西、青海、上海、天津。

（二）2020年增长态势预测与景气状况测算

鉴于2019年统计数据尚待公布，而现实年度已经进入2020年，有必要把数据演算推向今后年度预测。在此充分发挥本项研究测评的演算数据库潜力，基于现有基础数据推演的"最大"概率或然性，按照1998～2018年各省域人均产值及其乡村人均收入、总消费、积蓄、文教消费各项年均增长率，预测2020年各省域乡村文教消费需求增长态势，其中城乡比指标检测值需依据城镇与乡村人均数值的不同年均增长率推算，并测算各自文教消费需求景气状况。

2020年各省域乡村单行演算的文教消费增长态势预测与景气状况测算见表9，各省域分为东北和东、中、西部四大区域，以由北至南、从东到西的大致地理分布排列。依照表1～表7列出的各项基础数据，同样可以进行重复验算。鉴于表9均为预测数值，不加以分析，也不列排行，仅供参考。

表9　各省域乡村文教消费2020年增长态势预测与景气指数测算

地区	2020年增长态势预测					2020年景气测算	
	乡村预测		城乡差距、地区差距检测			自身纵向测评2016年基数值=100	各地横向测评无差距理想值=100
	文教消费总量（亿元）	文教消费人均值（元）	城镇人均文教消费（元）	城乡比（乡村=1）	地区差（无差距=1）		
全　国	8402.79	1605.70	3555.12	2.2141	1.1341	104.00	88.29
黑龙江	265.16	1833.35	3037.83	1.6570	1.1418	107.84	103.94
吉　林	208.00	1788.48	3502.92	1.9586	1.1138	106.53	97.80
辽　宁	205.83	1638.48	4219.79	2.5754	1.0204	103.91	89.93

续表

| 地区 | 2020 年增长态势预测 | | | | | 2020 年景气测算 | |
| | 乡村预测 | | 城乡差距、地区差距检测 | | | 自身纵向测评 2016 年基数值＝100 | 各地横向测评无差距理想值＝100 |
	文教消费总量（亿元）	文教消费人均值（元）	城镇人均文教消费（元）	城乡比（乡村＝1）	地区差（无差距＝1）		
东 北	678.99	1706.91	3595.93	2.1067	1.0920	104.83	95.27
北 京	45.58	1642.74	5123.37	3.1188	1.0231	100.04	73.56
天 津	37.46	1482.12	4264.60	2.8774	1.0770	102.07	73.68
河 北	444.34	1458.25	2722.65	1.8671	1.0918	106.40	91.05
山 东	576.84	1559.96	3439.85	2.2051	1.0285	104.06	84.68
江 苏	403.13	1864.22	3736.65	2.0044	1.1610	101.98	83.44
上 海	43.31	1287.81	6622.38	5.1424	1.1980	96.35	63.59
浙 江	371.33	2175.63	4307.86	1.9801	1.3549	103.41	84.28
福 建	202.59	1635.39	3250.60	1.9877	1.0185	102.91	86.02
广 东	564.25	1717.00	3848.19	2.2412	1.0693	103.26	89.81
海 南	64.36	1709.85	3478.70	2.0345	1.0649	104.86	95.25
东 部	2753.18	1649.22	3758.03	2.2787	1.1087	102.53	82.69
山 西	209.32	1466.44	3214.40	2.1920	1.0867	107.07	92.92
河 南	643.25	1556.18	2975.18	1.9119	1.0308	105.09	91.40
安 徽	397.61	1584.95	2785.55	1.7575	1.0129	105.56	98.03
湖 北	406.28	1898.62	3175.48	1.6725	1.1824	104.22	100.75
江 西	259.84	1391.57	3050.00	2.1918	1.1334	101.42	83.90
湖 南	582.95	2069.79	4702.92	2.2722	1.2890	103.25	101.29
中 部	2499.24	1623.91	3272.88	2.0154	1.1226	102.36	91.73
内蒙古	189.99	2198.66	3160.81	1.4376	1.3693	105.06	108.21
陕 西	228.42	1546.22	3302.68	2.1360	1.0370	102.66	94.59
宁 夏	43.51	1681.36	3544.69	2.1082	1.0471	107.16	102.13
甘 肃	199.28	1557.11	2962.26	1.9024	1.0303	109.83	135.04
青 海	33.62	1285.27	2858.63	2.2241	1.1996	110.87	102.16
新 疆	151.43	1271.08	3161.89	2.4875	1.2084	105.57	83.61
重 庆	158.33	1727.62	2993.93	1.7330	1.0759	105.82	95.42
四 川	404.46	1131.66	2761.87	2.4405	1.2952	104.30	85.03
贵 州	257.33	1528.73	2924.76	1.9132	1.0479	109.22	106.41
广 西	328.46	1518.15	2860.67	1.8843	1.0545	103.34	95.74
云 南	340.08	1479.06	3098.35	2.0948	1.0789	107.09	97.40
西 藏	13.86	620.65	1327.59	2.1390	1.6135	123.18	67.97
西 部	2348.79	1395.69	2934.39	2.1025	1.1715	103.16	90.98

注：西藏因缺失 1998 年数据，以 1999～2018 年相关数据年均增长推算增长态势，全国及其余各地以 1998～2018 年相关数据年均增长推算。总量测算未涉及人口增长尤其是分布变化，且未经平衡，各地总量之和不等于全国总量。

省域城乡报告[*]

Reports on Urban and Rural Areas among Provinces

B.6

湖南：2018年城乡景气指数排名第1位

张　林^{**}

摘　要： 2018 年，湖南城乡文教消费总量增长处于第 28 位，人均值增长处于第 28 位。湖南城乡文教消费需求景气评价排行结果：在省域横向测评中，2018 年景气指数排名第 1 位；在自身纵向测评中，1998～2018 年景气指数提升度第 18 位，2003～2018 年景气指数提升度第 16 位，2008～2018 年景气指数提升度第 6 位，2013～2018 年景气指数提升度第 4 位，2017～2018 年景气指数提升度第 29 位。

---

* 限于篇幅无法全面展开省域单独分析，以兼顾排行位次与区域分布的方式选取城乡综合分析子报告：按 B.3 省域城乡排行报告表9（城乡综合测评排行汇总表）年度横向及各类纵向测评结果，取东、中、西部和东北（为平衡数量东北归并邻近河北、山东）四大区域各自省排名、直辖市单列排名、自治区单列排名首位4省1自治区1直辖市，按各地最高位次拟题排文，相同位次以先横向后较长时段纵向测评为序。未有独立子报告的省域见该报告详尽展开列表的各地分析对比及各类排行。

** 张林，云南省社会科学院培训部综合管理科科长、副研究员，主要从事文化、国际关系研究。

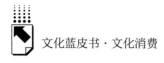
关键词： 湖南 城乡 文教消费 景气评价

一 湖南城乡文教消费需求增长状况

1. 文教消费总量份额值变化

20年来湖南城乡文教消费总量增长、份额变化态势见图1。

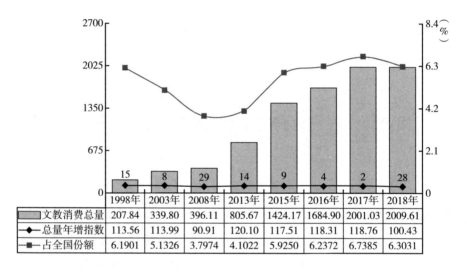

	1998年	2003年	2008年	2013年	2015年	2016年	2017年	2018年
文教消费总量	207.84	339.80	396.11	805.67	1424.17	1684.90	2001.03	2009.61
总量年增指数	113.56	113.99	90.91	120.10	117.51	118.31	118.76	100.43
占全国份额	6.1901	5.1326	3.7974	4.1022	5.9250	6.2372	6.7385	6.3031

图1 湖南城乡文教消费总量增长、份额变化态势

左轴柱形：文教消费总量（亿元）。左轴曲线：年度增长指数（上年=100，小于100为负增长），标注历年增长省域位次。右轴曲线：占全国份额（%）。

1998~2018年，湖南城乡文教消费总量由207.84亿元增至2009.61亿元，增加1801.77亿元，20年间总增长866.90%，年均增长12.01%，增长幅度处于省域间第20位。其中，第一个五年年均增长10.33%；第二个五年年均增长3.11%；第三个五年年均增长15.26%；第四个五年年均增长20.06%。总量最高增长年度为2014年，增长50.43%；最低增长年度为2008年，下降9.09%。

同期，全国城乡文教消费总量年均增长11.91%，略微低于湖南0.10

个百分点。湖南城乡文教消费总量占全国份额由 6. 19% 升高为 6. 30% ，增长幅度和份额升降变化排序处于省域间第 20 位。

其中，第一个五年，全国城乡文教消费总量年均增长 14. 54% ，显著高于湖南 4. 21 个百分点，湖南总量占全国份额下降 17. 08% ；第二个五年，全国城乡文教消费总量年均增长 9. 52% ，极显著高于湖南 6. 41 个百分点，湖南总量占全国份额下降 26. 01% ；第三个五年，全国城乡文教消费总量年均增长 13. 49% ，较明显低于湖南 1. 77 个百分点，湖南总量占全国份额上升 8. 03% ；第四个五年，全国城乡文教消费总量年均增长 10. 17% ，极显著低于湖南 9. 89 个百分点，湖南总量占全国份额上升 53. 65% 。

2. 文教消费人均绝对值增长

20 年来湖南城乡人均文教消费增长、增幅变化态势见图2。

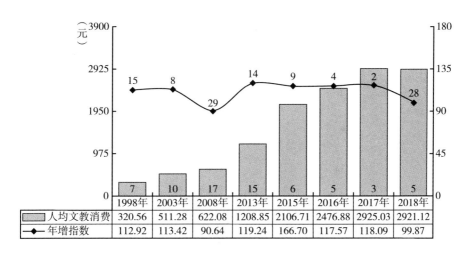

图2　湖南城乡人均文教消费增长、增幅变化态势

左轴柱形：人均文教消费（元）。右轴曲线：年度增长指数（上年 = 100，小于 100 为负增长），标注历年增长、人均值省域位次。

1998~2018 年，湖南城乡人均文教消费由 320. 56 元增至 2921. 12 元，增加 2600. 56 元，总增长 811. 26% ，20 年间年均增长 11. 68% ，增长幅度处于省域间第 15 位。其中，第一个五年人均值总增长 59. 50% ，年均增长 9. 79% ；第二个五年人均值总增长 21. 67% ，年均增长 4. 00% ；第三个五年

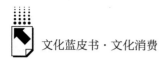

人均值总增长 94.32%，年均增长 14.21%；第四个五年人均值总增长 141.64%，年均增长 19.30%。人均值最高增长年度为 2014 年，增长 49.33%；最低增长年度为 2008 年，下降 9.36%。

同期，全国城乡人均文教消费年均增长 11.27%，略微低于湖南 0.41 个百分点（对照图 5）。湖南城乡人均文教消费从全国城乡人均值的 118.57% 提高至 127.60%，人均绝对值在省域间排序由第 7 位提高为第 5 位。

其中，第一个五年全国城乡人均文教消费年均增长 13.70%，明显高于湖南，2003 年湖南城乡人均值降低至全国人均值的 99.50%，处于省域间第 10 位。第二个五年全国城乡人均文教消费年均增长 8.91%，显著高于湖南，2008 年湖南城乡人均值降低至全国人均值的 79.00%，处于省域间第 17 位。第三个五年全国城乡人均文教消费年均增长 12.94%，较明显低于湖南，2013 年湖南城乡人均值提高至全国人均值的 83.55%，处于省域间第 15 位。第四个五年全国城乡人均文教消费年均增长 9.61%，湖南年均增长 19.30%，极显著高于全国。

二　湖南城乡文教消费相关背景情况

20 年来湖南城乡文教消费相关比值变动态势见图 3。

1. 文教消费与产值比关系

1998～2018 年，湖南城乡文教消费与产值比由 6.87% 降低至 5.52%，在省域间排序从第 1 位下降到第 2 位。其间，此项比值在 1998～2000 年、2003 年、2012～2017 年 10 个年度出现增高，其余年度则为降低；前后对比下降 19.68%，升降变化程度处于省域间第 17 位。最高比值为 2000 年的 6.94%，最低比值为 2011 年的 2.93%。

2. 文教消费占收入比关系

1998～2018 年，湖南城乡文教消费占收入比由 10.88% 提高至 10.98%，在省域间排序从第 2 位上升到第 1 位。其间，此项比值在 1998 年、2000～

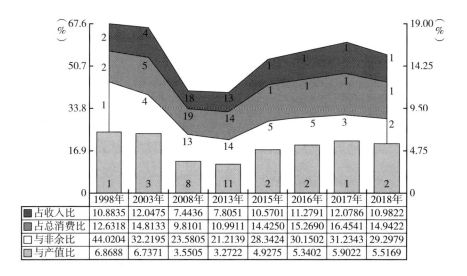

	1998年	2003年	2008年	2013年	2015年	2016年	2017年	2018年
■ 占收入比	10.8835	12.0475	7.4436	7.8051	10.5701	11.2791	12.0786	10.9822
■ 占总消费比	12.6318	14.8133	9.8101	10.9911	14.4250	15.2901	16.4541	14.9422
□ 与非文比	44.0204	32.2195	23.5805	21.2139	28.3424	30.1502	31.2343	29.2979
▨ 与产值比	6.8688	6.7371	3.5505	3.2722	4.9275	5.3402	5.9022	5.5169

图3　湖南城乡文教消费相关比值变动态势

左轴面积：人均文教消费占收入比、占总消费比、与非文消费剩余（简称"非余"）比（％），各项比值历年升降呈直观比例。右轴柱形：人均文教消费与产值比（％）。保留4位小数以便精确演算各项比值变化，标注各项比值省域位次。

2003年、2010年、2012～2017年12个年度出现增高，其余年度则为降低；前后对比上升0.91％，升降变化程度处于省域间第15位。最高比值为2017年的12.08％，最低比值为2011年的7.25％。

3. 文教消费占总消费比关系

1998～2018年，湖南城乡文教消费占总消费比由12.63％提高至14.94％，在省域间排序从第2位上升到第1位。其间，此项比值在1998年、2000～2003年、2009～2010年、2012～2017年13个年度出现增高，其余年度则为降低；前后对比上升18.29％，升降变化程度处于省域间第10位。最高比值为2017年的16.45％，最低比值为2008年的9.81％。

4. 文教消费与非文消费剩余比关系

1998～2018年，湖南城乡文教消费与非文消费剩余比由44.02％降低至29.30％，在省域间排序从第1位下降到第2位。其间，此项比值在1998年、2001年、2004～2008年、2011年、2015～2017年11个年度出现增高，其余年度则为降低；前后对比下降33.44％，升降变化程度处于省域间第25

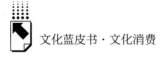

位。最高比值为2000年的44.46%，最低比值为2012年的20.51%。

湖南城乡文教消费相关各项比值的具体分析表明，在文教消费需求增长与当地经济发展、城乡民生进步的协调性关系中，20年以来文教消费占收入比、占总消费比呈提升态势，与产值比、与非文消费剩余比呈下降态势。

三 湖南文教消费城乡、区域协调状况

1. 文教消费人均值城乡比

20年来湖南人均文教消费城乡比变动态势见图4。

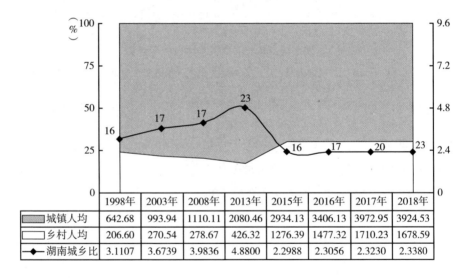

	1998年	2003年	2008年	2013年	2015年	2016年	2017年	2018年
城镇人均	642.68	993.94	1110.11	2080.46	2934.13	3406.13	3972.95	3924.53
乡村人均	206.60	270.54	278.67	426.32	1276.39	1477.32	1710.23	1678.59
湖南城乡比	3.1107	3.6739	3.9836	4.8800	2.2988	2.3056	2.3230	2.3380

图4 湖南人均文教消费城乡比变动态势

左轴面积：城镇、乡村人均文教消费（元转换为%），城乡间历年升降呈直观比例关系。
右轴曲线：文教消费城乡比（乡村＝1），标注城乡比省域位次。

1998～2018年，湖南人均文教消费城乡比由3.1107缩减至2.3380，由于其他省域文教消费城乡比缩小更为显著，湖南城乡比在省域间排序从第16位下降到第23位。最小城乡比为2014年的2.2817，最大城乡比为2013年的4.8800。

其间，城乡比在2000年、2005年、2008年、2011～2012年、2014年6

个年度出现缩减，其余年度则为扩增。前后对比，湖南文教消费城乡比缩小24.84%，城乡比扩减变化状况处于省域间第20位。这意味着，湖南属于文教消费城乡比扩减变化态势良好的省域之一。

分期考察湖南城乡文教消费城乡差距变化动态，第一个五年较明显加大，扩增18.11%；第二个五年略有加大，扩增8.43%；第三个五年继续明显加大，扩增22.50%；第四个五年显著减小，缩减52.09%。

据既往20年动态推演测算，2020年湖南文教消费城乡比将为2.2722，相比当前较明显缩减；2035年湖南文教消费城乡比将为1.8341，相比当前继续极显著缩减。

2. 城乡文教消费人均值地区差

20年来湖南城乡人均文教消费地区差变动态势见图5。

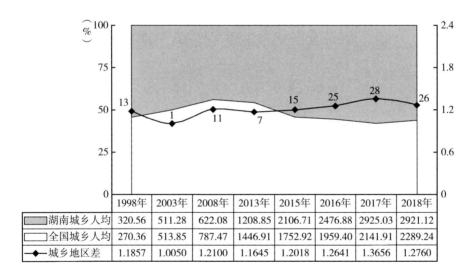

	1998年	2003年	2008年	2013年	2015年	2016年	2017年	2018年
湖南城乡人均	320.56	511.28	622.08	1208.85	2106.71	2476.88	2925.03	2921.12
全国城乡人均	270.36	513.85	787.47	1446.91	1752.92	1959.40	2141.91	2289.24
城乡地区差	1.1857	1.0050	1.2100	1.1645	1.2018	1.2641	1.3656	1.2760

图5 湖南城乡人均文教消费地区差变动态势

左轴面积：当地、全国人均文教消费（元转换为%），二者数值历年升降呈直观比例关系。右轴曲线：文教消费地区差（无差距=1），标注地区差省域位次。

1998~2018年，湖南城乡人均文教消费与全国城乡地区差由1.1857扩增至1.2760，在省域间排序从第13位下降到第26位。最小地区差为2003年的1.0050，最大地区差为2017年的1.3656。

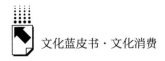

其间，地区差在 1999～2000 年、2002～2003 年、2009～2010 年、2012～2014 年、2018 年 10 个年度出现缩减，其余年度则为扩增。前后对比，湖南城乡文教消费地区差扩大 7.62%，地区差扩减变化状况处于省域间第 28 位。这意味着，湖南属于城乡文教消费地区差扩减变化态势较为严重的省域之一。

分期考察湖南城乡文教消费地区差距变化动态，第一个五年极显著减小，缩减 15.24%；第二个五年极显著加大，扩增 20.40%；第三个五年较明显减小，缩减 3.76%；第四个五年明显加大，扩增 9.57%。

据既往 20 年动态推演测算，2020 年湖南文教消费地区差将为 1.2786，相比当前略微扩增；2035 年湖南文教消费地区差将为 1.4295，相比当前继续明显扩增。

四　湖南城乡文教消费需求景气指数测评

综合以上分析：20 年以来湖南城乡文教消费总量年均增长略微高于全国增长，人均值年均增长也略微高于全国平均增长；文教消费占收入比、占总消费比呈提升态势，与产值比、与非文消费剩余比呈下降态势；城乡比较明显缩小，与全国城乡地区差明显扩大。

这些都集中体现在湖南城乡文教消费需求景气指数的测评演算中。20 年来湖南城乡文教消费需求景气指数变动态势见图 6。

1. 各年度无差距理想值横向测评

以全国城乡文教消费总量份额值、人均绝对值、相对比值为基准，并以相关增率比达到平衡，城乡、地区之间实现无差距状态为"理想值"100 来衡量，2018 年湖南城乡此项景气指数为 99.27，低于理想值 0.73%，也低于上一年 7.16 个点。湖南在省域间排行，1998 年为第 4 位，2003 年为第 5 位，2008 年为第 20 位，2013 年为第 16 位，2018 年与上一年持平，皆为第 1 位。

2. 1998 年以来 20 年基数值纵向测评

以 1998 年为起点基数值 100，2018 年湖南城乡此项景气指数为 194.51，

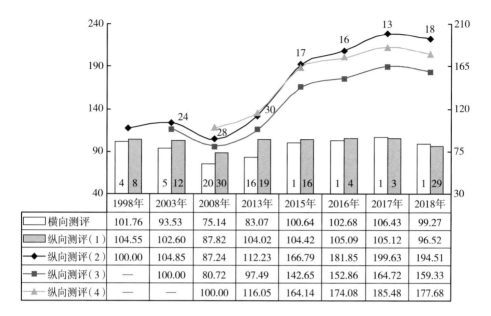

	1998年	2003年	2008年	2013年	2015年	2016年	2017年	2018年
横向测评	101.76	93.53	75.14	83.07	100.64	102.68	106.43	99.27
纵向测评（1）	104.55	102.60	87.82	104.02	104.42	105.09	105.12	96.52
纵向测评（2）	100.00	104.85	87.24	112.23	166.79	181.85	199.63	194.51
纵向测评（3）	—	100.00	80.72	97.49	142.65	152.86	164.72	159.33
纵向测评（4）	—	—	100.00	116.05	164.14	174.08	185.48	177.68

图6　湖南城乡文教消费需求景气指数变动态势

左轴柱形：左横向测评（无差距理想值＝100）；右纵向测评（1），上年＝100。右轴曲线：纵向测评（起点年基数值＝100），（2）以1998年为起点，（3）以2003年为起点，（4）以2008年为起点。标注横向测评、纵向测评（1）（2）省域排行，纵向测评（2）起点年不计。

高于1998年起点基数94.51%，但低于上一年5.12个点。湖南在省域间排行，起点1998年不计，2003年为第24位，2008年为第28位，2013年为第30位，2018年从上一年第13位下降为第18位。

3. 2003年以来15年基数值纵向测评

以2003年为起点基数值100，2018年湖南城乡此项景气指数为159.33，高于2003年起点基数59.33%，但低于上一年5.39个点。湖南在省域间排行，起点2003年不计，2008年为第30位，2013年为第31位，2018年从上一年第10位下降为第16位。

4. 2008年以来10年基数值纵向测评

以2008年为起点基数值100，2018年湖南城乡此项景气指数为177.68，高于2008年起点基数77.68%，但低于上一年7.80个点。湖南在省域间排行，起点2008年不计，2013年为第12位，2018年从上一年第3位下降为

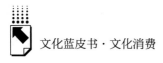

第 6 位。

5. 逐年度上年基数值纵向测评

以 2017 年为起点基数值 100,2018 年湖南城乡此项景气指数为 96.52,低于 2017 年起点基数 3.48%。湖南在省域间排行,1998 年为第 8 位,2003 年为第 12 位,2008 年为第 30 位,2013 年为第 19 位,2018 年从上一年第 3 位下降为第 29 位。

囿于制图空间,2013 年以来 5 年基数值纵向测评省略,可见本书 B.3 城乡排行报告表 9 及相应文字简述。

B.7
西藏：1999～2018年城乡
景气指数提升度第1位

袁春生*

摘　要： 2018年，西藏城乡文教消费总量增长处于第1位，人均值增长处于第1位。西藏城乡文教消费需求景气评价排行结果：在省域横向测评中，2018年景气指数排名第31位；在自身纵向测评中，1999～2018年景气指数提升度第1位，2003～2018年景气指数提升度第1位，2008～2018年景气指数提升度第3位，2013～2018年景气指数提升度第1位，2017～2018年景气指数提升度第1位。

关键词： 西藏　城乡　文教消费　景气评价

一　西藏城乡文教消费需求增长状况

1. 文教消费总量份额值变化

19年来西藏城乡文教消费总量增长、份额变化态势见图1。

1999～2018年，西藏城乡文教消费总量由1.85亿元增至22.02亿元，增加20.17亿元，19年间总增长1090.27%，年均增长13.92%，增长幅度处于省域间第8位。其中，第一个五年（西藏数据仅有4个年度，全文同）

---

* 袁春生，云南省社会科学院科研处副处长、副研究员，主要从事民族文化、民族政治研究。

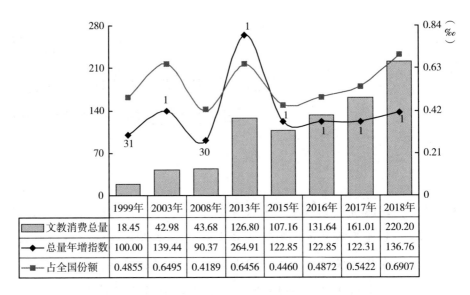

	1999年	2003年	2008年	2013年	2015年	2016年	2017年	2018年
文教消费总量	18.45	42.98	43.68	126.80	107.16	131.64	161.01	220.20
总量年增指数	100.00	139.44	90.37	264.91	122.85	122.85	122.31	136.76
占全国份额	0.4855	0.6495	0.4189	0.6456	0.4460	0.4872	0.5422	0.6907

图1 西藏城乡文教消费总量增长、份额变化态势

左轴柱形：城乡文教消费总量（千万元）。左轴曲线：年增指数（上年＝100，小于100为负增长），标注历年增长省域位次。右轴曲线：占全国城乡份额（‰）。西藏缺1998年数据，换用1999年数据，相应年均增长率演算亦变通。

年均增长23.47%；第二个五年年均增长0.32%；第三个五年年均增长23.74%；第四个五年年均增长11.67%。总量最高增长年度为2013年，增长164.91%；最低增长年度为2014年，下降31.21%。

同期（对应亦取1999~2018年，后同），全国城乡文教消费总量年均增长11.83%，明显低于西藏2.09个百分点。西藏城乡文教消费总量占全国份额由0.49‰升高为0.69‰，增长幅度和份额升降变化排序处于省域间第8位。

其中，第一个五年（对应亦取1999~2003年，后同），全国城乡文教消费总量年均增长14.81%，极显著低于西藏8.66个百分点，西藏总量占全国份额上升33.74%；第二个五年，全国城乡文教消费总量年均增长9.52%，极显著高于西藏9.20个百分点，西藏总量占全国份额下降35.54%；第三个五年，全国城乡文教消费总量年均增长13.49%，极显著低于西藏10.25个百分点，西藏总量占全国份额上升54.18%；第四个五年，全国城乡文教消费总量年均增长 10.17%，较明显低于西藏 1.50 个百分点，西藏总量占全国份额上升 6.97%。

2. 文教消费人均绝对值增长

19 年来西藏城乡人均文教消费增长、增幅变化态势见图 2。

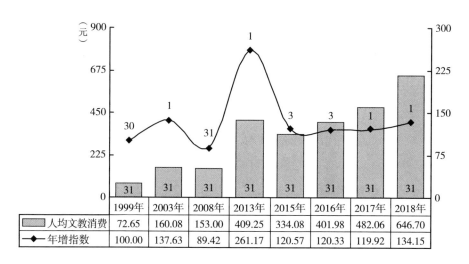

图2　西藏城乡人均文教消费增长、增幅变化态势

左轴柱形：人均文教消费（元）。右轴曲线：年度增长指数（上年＝100，小于100为负增长），标注历年增长、人均值省域位次。

1999～2018 年，西藏城乡人均文教消费由 72.65 元增至 646.70 元，增加 574.05 元，总增长 790.16%，19 年间年均增长 12.19%，增长幅度处于省域间第 17 位。其中，第一个五年人均值总增长 120.34%，年均增长 21.84%；第二个五年人均值总下降 4.42%，年均下降 0.90%；第三个五年人均值总增长 167.48%，年均增长 21.75%；第四个五年人均值总增长 58.02%，年均增长 9.58%。人均值最高增长年度为 2013 年，增长 161.17%；最低增长年度为 2014 年，下降 32.29%。

同期，全国城乡人均文教消费年均增长 11.21%，略微低于西藏 0.98 个百分点（对照图 5）。西藏城乡人均文教消费从全国城乡人均值的 23.89% 提高至 28.25%，人均绝对值在省域间排序保持在第 31 位。

其中，第一个五年全国城乡人均文教消费年均增长 14.01%，极显著低于西藏，2003 年西藏城乡人均值提高至全国人均值的 31.15%，处于省域间第 31 位。第二个五年全国城乡人均文教消费年均增长 8.91%，极显著高于西藏，2008 年西藏城乡人均值降低至全国人均值的 19.43%，处于省域间第 31 位。第三个五年全国城乡人均文教消费年均增长 12.94%，极显著低于西藏，2013 年西藏城乡人均值提高至全国人均值的 28.28%，处于省域间第 31 位。第四个五年全国城乡人均文教消费年均增长 9.61%，西藏年均增长 9.58%，略微低于全国。

二 西藏城乡文教消费相关背景情况

19 年来西藏城乡文教消费相关比值变动态势见图 3。

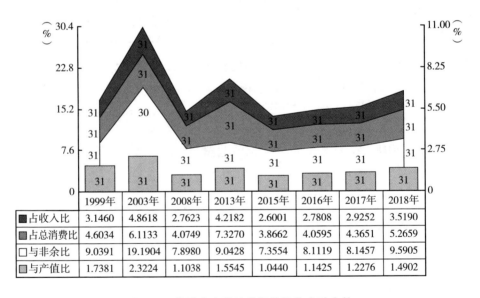

	1999年	2003年	2008年	2013年	2015年	2016年	2017年	2018年
■占收入比	3.1460	4.8618	2.7623	4.2182	2.6001	2.7808	2.9252	3.5190
▨占总消费比	4.6034	6.1133	4.0749	7.3270	3.8662	4.0595	4.3651	5.2659
□与非余比	9.0391	19.1904	7.8980	9.0428	7.3554	8.1119	8.1457	9.5905
▨与产值比	1.7381	2.3224	1.1038	1.5545	1.0440	1.1425	1.2276	1.4902

图 3 西藏城乡文教消费相关比值变动态势

左轴面积：人均文教消费占收入比、占总消费比、与非文消费剩余（简称"非余"）比（%），各项比值历年升降呈直观比例。右轴柱形：人均文教消费与产值比（%）。保留 4 位小数以便精确演算各项比值变化，标注各项比值省域位次。

1. 文教消费与产值比关系

1999～2018年，西藏城乡文教消费与产值比由1.74%降低至1.49%，在省域间排序保持在第31位。其间，此项比值在2000～2001年、2003年、2007年、2013年、2015～2018年9个年度出现增高，其余年度则为降低；前后对比下降14.26%，升降变化程度处于省域间第14位。最高比值为2003年的2.32%，最低比值为2012年的0.68%。

2. 文教消费占收入比关系

1999～2018年，西藏城乡文教消费占收入比由3.15%提高至3.52%，在省域间排序保持在第31位。其间，此项比值在2000～2005年、2013年、2015～2018年11个年度出现增高，其余年度则为降低；前后对比上升11.86%，升降变化程度处于省域间第10位。最高比值为2005年的4.94%，最低比值为2012年的1.84%。

3. 文教消费占总消费比关系

1999～2018年，西藏城乡文教消费占总消费比由4.60%提高至5.27%，在省域间排序保持在第31位。其间，此项比值在2001～2003年、2013年、2015～2018年8个年度出现增高，其余年度则为降低；前后对比上升14.39%，升降变化程度处于省域间第11位。最高比值为2013年的7.33%，最低比值为2012年的3.24%。

4. 文教消费与非文消费剩余比关系

1999～2018年，西藏城乡文教消费与非文消费剩余比由9.04%提高至9.59%，在省域间排序保持在第31位。其间，此项比值在2002年、2005～2006年、2008～2012年、2014年9个年度出现增高，其余年度则为降低；前后对比上升6.10%，升降变化程度处于省域间第8位。最高比值为2005年的29.37%，最低比值为2012年的4.08%。

西藏城乡文教消费相关各项比值的具体分析表明，在文教消费需求增长与当地经济发展、城乡民生进步的协调性关系中，19年以来文教消费占收入比、占总消费比、与非文消费剩余比呈提升态势，与产值比呈下降态势。

三 西藏文教消费城乡、区域协调状况

1. 文教消费人均值城乡比

19 年来西藏人均文教消费城乡比变动态势见图 4。

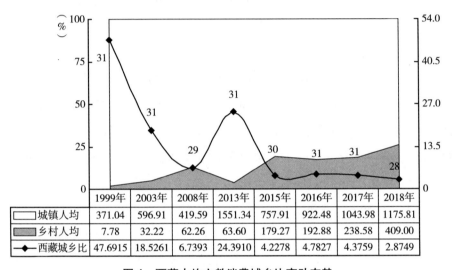

	1999年	2003年	2008年	2013年	2015年	2016年	2017年	2018年
城镇人均	371.04	596.91	419.59	1551.34	757.91	922.48	1043.98	1175.81
乡村人均	7.78	32.22	62.26	63.60	179.27	192.88	238.58	409.00
西藏城乡比	47.6915	18.5261	6.7393	24.3910	4.2278	4.7827	4.3759	2.8749

图 4 西藏人均文教消费城乡比变动态势

左轴面积：城镇、乡村人均文教消费（元转换为%），城乡间历年升降呈直观比例关系。
右轴曲线：文教消费城乡比（乡村=1），标注城乡比省域位次。

1999～2018 年，西藏人均文教消费城乡比由 47.6915 缩减至 2.8749，在省域间排序从第 31 位上升到第 28 位。最小城乡比为 2018 年的 2.8749，最大城乡比为 1999 年的 47.6915。

其间，城乡比在 2000 年、2002 年、2004 年、2006 年、2008 年、2014～2015 年、2017～2018 年 9 个年度出现缩减，其余年度则为扩增。前后对比，西藏文教消费城乡比缩小 93.97%，城乡比扩减变化状况处于省域间第 1 位。这意味着，西藏属于文教消费城乡比扩减变化态势良好的省域之一。

分期考察西藏城乡文教消费城乡差距变化动态，第一个五年极显著减小，缩减 61.15%；第二个五年极显著减小，缩减 63.62%；第三个五年显著加大，扩增 261.92%；第四个五年极显著减小，缩减 88.21%。

据既往 20 年动态推演测算，2020 年西藏文教消费城乡比将为 2.1390，相比当前极显著缩减；2035 年西藏文教消费城乡比将为 0.2329，相比当前继续极显著缩减。

2. 城乡文教消费人均值地区差

19 年来西藏城乡人均文教消费地区差变动态势见图 5。

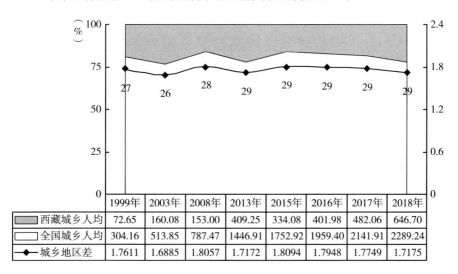

	1999年	2003年	2008年	2013年	2015年	2016年	2017年	2018年
西藏城乡人均	72.65	160.08	153.00	409.25	334.08	401.98	482.06	646.70
全国城乡人均	304.16	513.85	787.47	1446.91	1752.92	1959.40	2141.91	2289.24
城乡地区差	1.7611	1.6885	1.8057	1.7172	1.8094	1.7948	1.7749	1.7175

图 5　西藏城乡人均文教消费地区差变动态势

左轴面积：当地、全国人均文教消费（元转换为%），二者数值历年升降呈直观比例关系。右轴曲线：文教消费地区差（无差距 = 1），标注地区差省域位次。

1999～2018 年，西藏城乡人均文教消费与全国城乡地区差由 1.7611 缩减至 1.7175，由于其他省域城乡文教消费与全国地区差缩小更为显著，西藏城乡地区差在省域间排序从第 27 位下降到第 29 位。最小地区差为 2004 年的 1.6873，最大地区差为 2012 年的 1.8766。

其间，地区差在 2000～2001 年、2003～2004 年、2007 年、2013 年、2015～2018 年 10 个年度出现缩减，其余年度则为扩增。前后对比，西藏城乡文教消费地区差缩小 2.48%，地区差扩减变化状况处于省域间第 23 位。这意味着，西藏属于城乡文教消费地区差扩减变化态势良好的省域之一。

分期考察西藏城乡文教消费地区差距变化动态，第一个五年较明显减小，缩减 4.12%；第二个五年明显加大，扩增 6.94%；第三个五年较明显减小，缩减 4.90%；第四个五年略有加大，扩增 0.02%。

据既往 20 年动态推演测算，2020 年西藏文教消费地区差将为 1.7103，相比当前略微缩减；2035 年西藏文教消费地区差将为 1.5471，相比当前继续明显缩减。

四 西藏城乡文教消费需求景气指数测评

综合以上分析：19 年以来西藏城乡文教消费总量年均增长明显高于全国增长，人均值年均增长也略微高于全国平均增长；文教消费占收入比、占总消费比、与非文消费剩余比呈提升态势，与产值比呈下降态势；城乡比显著缩小，与全国城乡地区差较明显缩小。这些都集中体现在西藏城乡文教消费需求景气指数的测评演算中。19 年来西藏城乡文教消费需求景气指数变动态势见图 6。

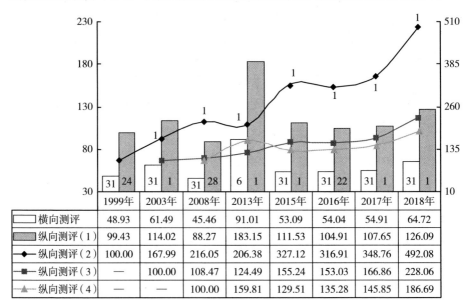

	1999年	2003年	2008年	2013年	2015年	2016年	2017年	2018年
横向测评	48.93	61.49	45.46	91.01	53.09	54.04	54.91	64.72
纵向测评（1）	99.43	114.02	88.27	183.15	111.53	104.91	107.65	126.09
纵向测评（2）	100.00	167.99	216.05	206.38	327.12	316.91	348.76	492.08
纵向测评（3）	—	100.00	108.47	124.49	155.24	153.03	166.86	228.06
纵向测评（4）	—	—	100.00	159.81	129.51	135.28	145.85	186.69

图 6 西藏城乡文教消费需求景气指数变动态势

左轴柱形：左横向测评（无差距理想值 = 100）；右纵向测评（1），上年 = 100。右轴曲线：纵向测评（起点年基数值 = 100），（2）以 1999 年为起点，（3）以 2003 年为起点，（4）以 2008 年为起点。标注横向测评、纵向测评（1）（2）省域排行，纵向测评（2）起点年不计。

1. 各年度无差距理想值横向测评

以全国城乡文教消费总量份额值、人均绝对值、相对比值为基准,并以相关增率比达到平衡,城乡、地区之间实现无差距状态为"理想值"100来衡量,2018 年西藏城乡此项景气指数为 64.72,低于理想值 35.28%,但高于上一年 9.81 个点。西藏在省域间排行,1999 年为第 31 位,2003 年与之持平,2008 年与之持平,2013 年为第 6 位,2018 年与上一年持平,皆为第 31 位。

2. 1999年以来19年基数值纵向测评

以 1999 年为起点基数值 100,2018 年西藏城乡此项景气指数为 492.08,高于 1999 年起点基数 392.08%,也高于上一年 143.32 个点。西藏在省域间排行,起点 1999 年不计,2003 年为第 1 位,2008 年与之持平,2013 年与之持平,2018 年与上一年持平,皆为第 1 位。

3. 2003年以来15年基数值纵向测评

以 2003 年为起点基数值 100,2018 年西藏城乡此项景气指数为 228.06,高于 2003 年起点基数 128.06%,也高于上一年 61.20 个点。西藏在省域间排行,起点 2003 年不计,2008 年为第 4 位,2013 年为第 5 位,2018 年从上一年第 6 位上升为第 1 位。

4. 2008年以来10年基数值纵向测评

以 2008 年为起点基数值 100,2018 年西藏城乡此项景气指数为 186.69,高于 2008 年起点基数 86.69%,也高于上一年 40.84 个点。西藏在省域间排行,起点 2008 年不计,2013 年为第 1 位,2018 年从上一年第 15 位上升为第 3 位。

5. 逐年度上年基数值纵向测评

以 2017 年为起点基数值 100,2018 年西藏城乡此项景气指数为 126.09,高于 2017 年起点基数 26.09%。西藏在省域间排行,1999 年为第 24 位,2003 年为第 1 位,2008 年为第 28 位,2013 年为第 1 位,2018 年与上一年持平,皆为第 1 位。

囿于制图空间,2013 年以来 5 年基数值纵向测评省略,可见本书 B.3 城乡排行报告表 9 及相应文字简述。

B.8
贵州：2008～2018年城乡
景气指数提升度第1位

刘　婷[*]

摘　要： 2018年，贵州城乡文教消费总量增长处于第31位，人均值
　　　　 增长处于第31位。贵州城乡文教消费需求景气评价排行结
　　　　 果：在省域横向测评中，2018年景气指数排名第26位；在
　　　　 自身纵向测评中，1998～2018年景气指数提升度第2位，
　　　　 2003～2018年景气指数提升度第4位，2008～2018年景气指
　　　　 数提升度第1位，2013～2018年景气指数提升度第7位，
　　　　 2017～2018年景气指数提升度第31位。

关键词： 贵州　城乡　文教消费　景气评价

一　贵州城乡文教消费需求增长状况

1. 文教消费总量份额值变化

20年来贵州城乡文教消费总量增长、份额变化态势见图1。

1998～2018年，贵州城乡文教消费总量由48.48亿元增至627.17亿元，
增加578.69亿元，20年间总增长1193.67%，年均增长13.66%，增长幅度
处于省域间第3位。其中，第一个五年年均增长17.07%；第二个五年年均

---

* 刘婷，云南省社会科学院科研处处长、研究员，主要研究方向为文化人类学。

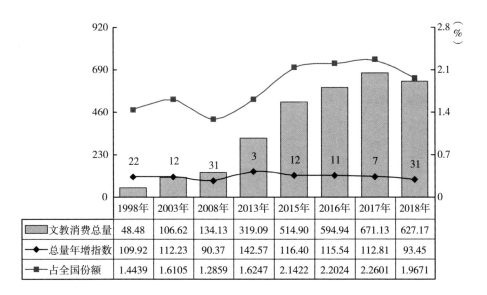

	1998年	2003年	2008年	2013年	2015年	2016年	2017年	2018年
文教消费总量	48.48	106.62	134.13	319.09	514.90	594.94	671.13	627.17
总量年增指数	109.92	112.23	90.37	142.57	116.40	115.54	112.81	93.45
占全国份额	1.4439	1.6105	1.2859	1.6247	2.1422	2.2024	2.2601	1.9671

图1 贵州城乡文教消费总量增长、份额变化态势

左轴柱形：文教消费总量（亿元）。左轴曲线：年度增长指数（上年＝100，小于100为负增长），标注历年增长省域位次。右轴曲线：占全国份额（％）。

增长4.70％；第三个五年年均增长18.93％；第四个五年年均增长14.47％。总量最高增长年度为2013年，增长42.57％；最低增长年度为2008年，下降9.63％。

同期，全国城乡文教消费总量年均增长11.91％，较明显低于贵州1.75个百分点。贵州城乡文教消费总量占全国份额由1.44％升高为1.97％，增长幅度和份额升降变化排序处于省域间第3位。

其中，第一个五年，全国城乡文教消费总量年均增长14.54％，明显低于贵州2.53个百分点，贵州总量占全国份额上升11.54％；第二个五年，全国城乡文教消费总量年均增长9.52％，显著高于贵州4.82个百分点，贵州总量占全国份额下降20.16％；第三个五年，全国城乡文教消费总量年均增长13.49％，显著低于贵州5.44个百分点，贵州总量占全国份额上升26.35％；第四个五年，全国城乡文教消费总量年均增长10.17％，显著低于贵州4.30个百分点，贵州总量占全国份额上升

21.07%。

2. 文教消费人均绝对值增长

20年来贵州城乡人均文教消费增长、增幅变化态势见图2。

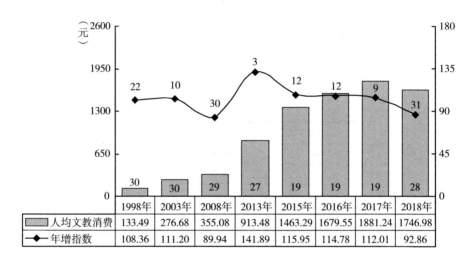

图2 贵州城乡人均文教消费增长、增幅变化态势

左轴柱形：人均文教消费（元）。右轴曲线：年度增长指数（上年=100，小于100为负增长），标注历年增长、人均值省域位次。

1998～2018年，贵州城乡人均文教消费由133.49元增至1746.98元，增加1613.49元，总增长1208.70%，20年间年均增长13.72%，增长幅度处于省域间第1位。其中，第一个五年人均值总增长107.27%，年均增长15.69%；第二个五年人均值总增长28.34%，年均增长5.12%；第三个五年人均值总增长157.26%，年均增长20.80%；第四个五年人均值总增长91.24%，年均增长13.85%。人均值最高增长年度为2013年，增长41.89%；最低增长年度为2008年，下降10.06%。

同期，全国城乡人均文教消费年均增长11.27%，明显低于贵州2.45个百分点（对照图5）。贵州城乡人均文教消费从全国城乡人均值的49.37%提高至76.31%，人均绝对值在省域间排序由第30位提高为第28位。

其中，第一个五年全国城乡人均文教消费年均增长13.70%，较明显低于贵州，2003年贵州城乡人均值提高至全国人均值的53.85%，处于省域间第30位。第二个五年全国城乡人均文教消费年均增长8.91%，明显高于贵州，2008年贵州城乡人均值降低至全国人均值的45.09%，处于省域间第29位。第三个五年全国城乡人均文教消费年均增长12.94%，极显著低于贵州，2013年贵州城乡人均值提高至全国人均值的63.13%，处于省域间第27位。第四个五年全国城乡人均文教消费年均增长9.61%，贵州年均增长13.85%，显著高于全国。

二 贵州城乡文教消费相关背景情况

20年来贵州城乡文教消费相关比值变动态势见图3。

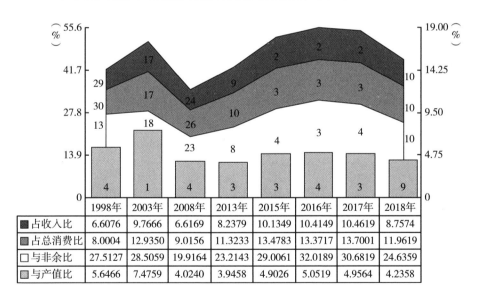

图3 贵州城乡文教消费相关比值变动态势

左轴面积：人均文教消费占收入比、占总消费比、与非余消费剩余（简称"非余"）比（%），各项比值历年升降呈直观比例。右轴柱形：人均文教消费与产值比（%）。保留4位小数以便精确演算各项比值变化，标注各项比值省域位次。

1. 文教消费与产值比关系

1998～2018 年，贵州城乡文教消费与产值比由 5.65% 降低至 4.24%，在省域间排序从第 4 位下降到第 9 位。其间，此项比值在 1998～2002 年、2009 年、2013～2016 年 10 个年度出现增高，其余年度则为降低；前后对比下降 24.98%，升降变化程度处于省域间第 20 位。最高比值为 2002 年的 7.64%，最低比值为 2012 年的 3.27%。

2. 文教消费占收入比关系

1998～2018 年，贵州城乡文教消费占收入比由 6.61% 提高至 8.76%，在省域间排序从第 29 位上升到第 10 位。其间，此项比值在 1998～2003 年、2009～2010 年、2013～2017 年 13 个年度出现增高，其余年度则为降低；前后对比上升 32.54%，升降变化程度处于省域间第 3 位。最高比值为 2017 年的 10.46%，最低比值为 1998 年的 6.61%。

3. 文教消费占总消费比关系

1998～2018 年，贵州城乡文教消费占总消费比由 8.00% 提高至 11.96%，在省域间排序从第 30 位上升到第 10 位。其间，此项比值在 1998～2004 年、2009 年、2013～2015 年、2017 年 12 个年度出现增高，其余年度则为降低；前后对比上升 49.52%，升降变化程度处于省域间第 1 位。最高比值为 2017 年的 13.70%，最低比值为 1998 年的 8.00%。

4. 文教消费与非文消费剩余比关系

1998～2018 年，贵州城乡文教消费与非文消费剩余比由 27.51% 降低至 24.64%，由于其他省域此项比值降低更加明显，贵州从第 13 位上升到第 10 位。其间，此项比值在 1998 年、2000 年、2002 年、2005～2006 年、2008 年、2011 年、2018 年 8 个年度出现增高，其余年度则为降低；前后对比下降 10.46%，升降变化程度处于省域间第 13 位。最高比值为 2016 年的 32.02%，最低比值为 2012 年的 19.08%。

贵州城乡文教消费相关各项比值的具体分析表明，在文教消费需求增长与当地经济发展、城乡民生进步的协调性关系中，20 年以来文教消费占收入比、占总消费比呈提升态势，与产值比、与非文消费剩余比呈下降态势。

三　贵州文教消费城乡、区域协调状况

1. 文教消费人均值城乡比

20年来贵州人均文教消费城乡比变动态势见图4。

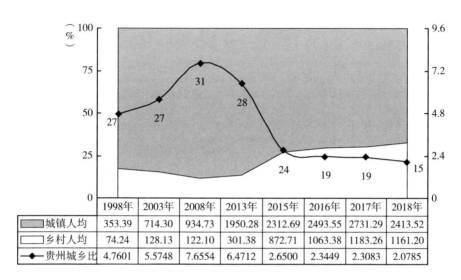

	1998年	2003年	2008年	2013年	2015年	2016年	2017年	2018年
城镇人均	353.39	714.30	934.73	1950.28	2312.69	2493.55	2731.29	2413.52
乡村人均	74.24	128.13	122.10	301.38	872.71	1063.38	1183.26	1161.20
贵州城乡比	4.7601	5.5748	7.6554	6.4712	2.6500	2.3449	2.3083	2.0785

图4　贵州人均文教消费城乡比变动态势

左轴面积：城镇、乡村人均文教消费（元转换为%），城乡间历年升降呈直观比例关系。右轴曲线：文教消费城乡比（乡村＝1），标注城乡比省域位次。

1998～2018年，贵州人均文教消费城乡比由4.7601缩减至2.0785，在省域间排序从第27位上升到第15位。最小城乡比为2018年的2.0785，最大城乡比为2008年的7.6554。

其间，城乡比在1998年、2000年、2003年、2005年、2009～2010年、2012年、2014～2018年12个年度出现缩减，其余年度则为扩增。前后对比，贵州文教消费城乡比缩小56.33%，城乡比扩减变化状况处于省域间第5位。这意味着，贵州属于文教消费城乡比扩减变化态势良好的省域之一。

分期考察贵州城乡文教消费城乡差距变化动态，第一个五年较明显加

大，扩增 17.12%；第二个五年明显加大，扩增 37.32%；第三个五年较明显减小，缩减 15.47%；第四个五年继续极显著减小，缩减 67.88%。

据既往 20 年动态推演测算，2020 年贵州文教消费城乡比将为 1.9132，相比当前明显缩减；2035 年贵州文教消费城乡比将为 1.0277，相比当前继续极显著缩减。

2. 城乡文教消费人均值地区差

20 年来贵州城乡人均文教消费地区差变动态势见图 5。

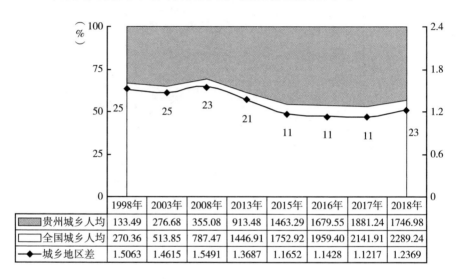

	1998年	2003年	2008年	2013年	2015年	2016年	2017年	2018年
贵州城乡人均	133.49	276.68	355.08	913.48	1463.29	1679.55	1881.24	1746.98
全国城乡人均	270.36	513.85	787.47	1446.91	1752.92	1959.40	2141.91	2289.24
城乡地区差	1.5063	1.4615	1.5491	1.3687	1.1652	1.1428	1.1217	1.2369

图 5　贵州城乡人均文教消费地区差变动态势

左轴面积：当地、全国人均文教消费（元转换为%），二者数值历年升降呈直观比例关系。右轴曲线：文教消费地区差（无差距＝1），标注地区差省域位次。

1998～2018 年，贵州城乡人均文教消费与全国城乡地区差由 1.5063 缩减至 1.2369，在省域间排序从第 25 位上升到第 23 位。最小地区差为 2017 年的 1.1217，最大地区差为 2008 年的 1.5491。

其间，地区差在 1999 年、2001 年、2003～2004 年、2007 年、2009～2010 年、2012～2017 年 13 个年度出现缩减，其余年度则为扩增。前后对比，贵州城乡文教消费地区差缩小 17.88%，地区差扩减变化状况处于省域间第 7 位。这意味着贵州属于城乡文教消费地区差扩减变化态势良好的省域之一。

分期考察贵州城乡文教消费地区差距变化动态，第一个五年较明显减小，缩减 2.97%；第二个五年明显加大，扩增 5.99%；第三个五年显著减小，缩减 11.65%；第四个五年继续明显减小，缩减 9.63%。

据既往 20 年动态推演测算，2020 年贵州文教消费地区差将为 1.2295，相比当前略微缩减；2035 年贵州文教消费地区差将为 1.1230，相比当前继续较明显缩减。

四 贵州城乡文教消费需求景气指数测评

综合以上分析：20 年以来贵州城乡文教消费总量年均增长较明显高于全国增长，人均值年均增长也明显高于全国平均增长；文教消费占收入比、占总消费比呈提升态势，与产值比、与非文消费剩余比呈下降态势；城乡比明显缩小，与全国城乡地区差极显著缩小。这些都集中体现在贵州城乡文教消费需求景气指数的测评演算中。20 年来贵州城乡文教消费需求景气指数变动态势见图 6。

1. 各年度无差距理想值横向测评

以全国城乡文教消费总量份额值、人均绝对值、相对比值为基准，并以相关增率比达到平衡，城乡、地区之间实现无差距状态为"理想值"100 来衡量，2018 年贵州城乡此项景气指数为 84.44，低于理想值 15.56%，也低于上一年 11.34 个点。贵州在省域间排行，1998 年为第 26 位，2003 年为第 21 位，2008 年为第 29 位，2013 年为第 11 位，2018 年从上一年第 2 位下降为第 26 位。

2. 1998年以来20年基数值纵向测评

以 1998 年为起点基数值 100，2018 年贵州城乡此项景气指数为 270.26，高于 1998 年起点基数 170.26%，但低于上一年 19.67 个点。贵州在省域间排行，起点 1998 年不计，2003 年为第 8 位，2008 年为第 23 位，2013 年为第 4 位，2018 年与上一年持平，皆为第 2 位。

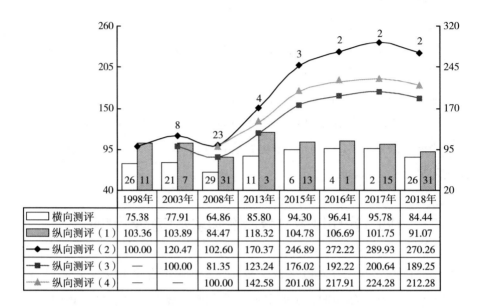

	1998年	2003年	2008年	2013年	2015年	2016年	2017年	2018年
□ 横向测评	75.38	77.91	64.86	85.80	94.30	96.41	95.78	84.44
▨ 纵向测评（1）	103.36	103.89	84.47	118.32	104.78	106.69	101.75	91.07
◆ 纵向测评（2）	100.00	120.47	102.60	170.37	246.89	272.22	289.93	270.26
■ 纵向测评（3）	—	100.00	81.35	123.24	176.02	192.22	200.64	189.25
▲ 纵向测评（4）	—	—	100.00	142.58	201.08	217.91	224.28	212.28

图6 贵州城乡文教消费需求景气指数变动态势

左轴柱形：左横向测评（无差距理想值＝100）；右纵向测评（1），上年＝100。右轴曲线：纵向测评（起点年基数值＝100），（2）以1998年为起点，（3）以2003年为起点，（4）以2008年为起点。标注横向测评、纵向测评（1）（2）省域排行，纵向测评（2）起点年不计。

3. 2003年以来15年基数值纵向测评

以2003年为起点基数值100，2018年贵州城乡此项景气指数为189.25，高于2003年起点基数89.25%，但低于上一年11.39个点。贵州在省域间排行，起点2003年不计，2008年为第29位，2013年为第7位，2018年从上一年第1位下降为第4位。

4. 2008年以来10年基数值纵向测评

以2008年为起点基数值100，2018年贵州城乡此项景气指数为212.28，高于2008年起点基数112.28%，但低于上一年12.00个点。贵州在省域间排行，起点2008年不计，2013年为第2位，2018年与上一年持平，皆为第1位。

5. 逐年度上年基数值纵向测评

以2017年为起点基数值100，2018年贵州城乡此项景气指数为91.07，低于 2017 年起点基数 8.93%。贵州在省域间排行，1998 年为第 11 位，2003 年为第 7 位，2008 年为第 31 位，2013 年为第 3 位，2018 年从上一年第 15 位下降为第 31 位。

囿于制图空间，2013 年以来 5 年基数值纵向测评省略，可见本书 B.3 城乡排行报告表 9 及相应文字简述。

B.9
海南：2018年城乡景气指数排名第2位

肖云鑫*

摘　要： 2018 年，海南城乡文教消费总量增长处于第 2 位，人均值增长处于第 2 位。海南城乡文教消费需求景气评价排行结果：在省域横向测评中，2018 年景气指数排名第 2 位；在自身纵向测评中，1998～2018 年景气指数提升度第 13 位，2003～2018 年景气指数提升度第 3 位，2008～2018 年景气指数提升度第 14 位，2013～2018 年景气指数提升度第 6 位，2017～2018 年景气指数提升度第 2 位。

关键词： 海南　城乡　文教消费　景气评价

一　海南城乡文教消费需求增长状况

1. 文教消费总量份额值变化

20 年来海南城乡文教消费总量增长、份额变化态势见图 1。

1998～2018 年，海南城乡文教消费总量由 17.77 亿元增至 208.57 亿元，增加 190.80 亿元，20 年间总增长 1073.72%，年均增长 13.10%，增长幅度处于省域间第 9 位。其中，第一个五年年均增长 10.30%；第二个五年年均增长 11.72%；第三个五年年均增长 15.66%；第四个五年年均增长 14.82%。总量最高增长年度为 2013 年，增长 48.50%；最低增长年度为

---

* 肖云鑫，云南省社会科学院民族学研究所副所长、副研究员，主要从事民族文化旅游研究。

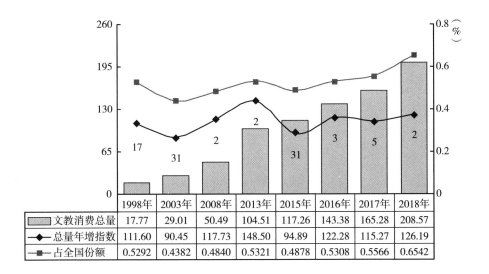

图1 海南城乡文教消费总量增长、份额变化态势

左轴柱形：文教消费总量（亿元）。左轴曲线：年度增长指数（上年＝100，小于100为负增长），标注历年增长省域位次。右轴曲线：占全国份额（％）。

2003年，下降9.55%。

同期，全国城乡文教消费总量年均增长11.91%，较明显低于海南1.19个百分点。海南城乡文教消费总量占全国份额由0.53%升高为0.65%，增长幅度和份额升降变化排序处于省域间第9位。

其中，第一个五年，全国城乡文教消费总量年均增长14.54%，显著高于海南4.24个百分点，海南总量占全国份额下降17.20%；第二个五年，全国城乡文教消费总量年均增长9.52%，明显低于海南2.20个百分点，海南总量占全国份额上升10.45%；第三个五年，全国城乡文教消费总量年均增长13.49%，明显低于海南2.17个百分点，海南总量占全国份额上升9.94%；第四个五年，全国城乡文教消费总量年均增长10.17%，显著低于海南4.65个百分点，海南总量占全国份额上升22.95%。

2. 文教消费人均绝对值增长

20年来海南城乡人均文教消费增长、增幅变化态势见图2。

1998～2018年，海南城乡人均文教消费由237.55元增至2242.73元，

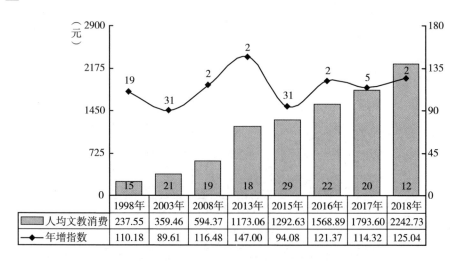

图2　海南城乡人均文教消费增长、增幅变化态势

左轴柱形：人均文教消费（元）。右轴曲线：年度增长指数（上年＝100，小于100为负增长），标注历年增长、人均值省域位次。

增加 2005.18 元，总增长 844.11%，20 年间年均增长 11.88%，增长幅度处于省域间第 11 位。其中，第一个五年人均值总增长 51.32%，年均增长 8.64%；第二个五年人均值总增长 65.35%，年均增长 10.58%；第三个五年人均值总增长 97.36%，年均增长 14.57%；第四个五年人均值总增长 91.19%，年均增长 13.84%。人均值最高增长年度为 2013 年，增长 47.00%；最低增长年度为 2003 年，下降 10.39%。

同期，全国城乡人均文教消费年均增长 11.27%，略微低于海南 0.61 个百分点（对照图5）。海南城乡人均文教消费从全国城乡人均值的 87.87% 提高至 97.97%，人均绝对值在省域间排序由第 15 位提高为第 12 位。

其中，第一个五年全国城乡人均文教消费年均增长 13.70%，显著高于海南，2003 年海南城乡人均值降低至全国人均值的 69.95%，处于省域间第 21 位。第二个五年全国城乡人均文教消费年均增长 8.91%，较明显低于海南，2008 年海南城乡人均值提高至全国人均值的 75.48%，处于省域间第 19 位。第三个五年全国城乡人均文教消费年均增长 12.94%，较明显低于海南，2013年海南城乡人均值提高至全国人均值的81.07%，处于省域间第18位。第四个五年全国城乡人均文教消费年均增长9.61%，海南年均增长13.84%，显著高于全国。

二 海南城乡文教消费相关背景情况

20年来海南城乡文教消费相关比值变动态势见图3。

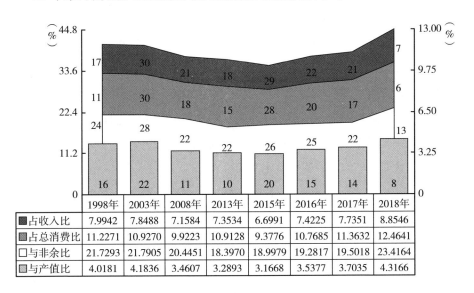

	1998年	2003年	2008年	2013年	2015年	2016年	2017年	2018年
■占收入比	7.9942	7.8488	7.1584	7.3534	6.6991	7.4225	7.7351	8.8546
■占总消费比	11.2271	10.9270	9.9223	10.9128	9.3776	10.7685	11.3632	12.4641
□与非余比	21.7293	21.7905	20.4451	18.3970	18.9979	19.2817	19.5018	23.4164
▨与产值比	4.0181	4.1836	3.4607	3.2893	3.1668	3.5377	3.7035	4.3166

图3 海南城乡文教消费相关比值变动态势

左轴面积：人均文教消费占收入比、占总消费比、与非文消费剩余（简称"非余"）比（%），各项比值历年升降呈直观比例。右轴柱形：人均文教消费与产值比（%）。保留4位小数以便精确演算各项比值变化，标注各项比值省域位次。

1. 文教消费与产值比关系

1998~2018年，海南城乡文教消费与产值比由4.02%提高至4.32%，在省域间排序从第16位上升到第8位。其间，此项比值在1998~2002年、2006年、2012~2014年、2016~2018年12个年度出现增高，其余年度则为降低；前后对比上升7.43%，升降变化程度处于省域间第9位。最高比值为2002年的5.16%，最低比值为2011年的2.37%。

2. 文教消费占收入比关系

1998～2018 年，海南城乡文教消费占收入比由 7.99% 提高至 8.85%，在省域间排序从第 17 位上升到第 7 位。其间，此项比值在 1998 年、2000 年、2002 年、2004 年、2006 年、2008 年、2012～2014 年、2016～2018 年 12 个年度出现增高，其余年度则为降低；前后对比上升 10.76%，升降变化程度处于省域间第 11 位。最高比值为 2002 年的 9.43%，最低比值为 2011 年的 5.51%。

3. 文教消费占总消费比关系

1998～2018 年，海南城乡文教消费占总消费比由 11.23% 提高至 12.46%，在省域间排序从第 11 位上升到第 6 位。其间，此项比值在 1998～2002 年、2004 年、2006 年、2008 年、2012～2013 年、2016～2018 年 13 个年度出现增高，其余年度则为降低；前后对比上升 11.02%，升降变化程度处于省域间第 13 位。最高比值为 2002 年的 12.50%，最低比值为 2011 年的 8.14%。

4. 文教消费与非文消费剩余比关系

1998～2018 年，海南城乡文教消费与非文消费剩余比由 21.73% 提高至 23.42%，在省域间排序从第 24 位上升到第 13 位。其间，此项比值在 1998～1999 年、2001 年、2003～2005 年、2007 年、2009～2011 年、2015 年 11 个年度出现增高，其余年度则为降低；前后对比上升 7.76%，升降变化程度处于省域间第 6 位。最高比值为 2002 年的 27.72%，最低比值为 2011 年的 14.60%。

海南城乡文教消费相关各项比值的具体分析表明，在文教消费需求增长与当地经济发展、城乡民生进步的协调性关系中，20 年以来相关比值全面呈现轻微提升态势。

三 海南文教消费城乡、区域协调状况

1. 文教消费人均值城乡比

20 年来海南人均文教消费城乡比变动态势见图 4。

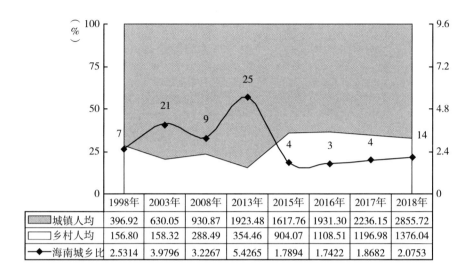

图4 海南人均文教消费城乡比变动态势

左轴面积：城镇、乡村人均文教消费（元转换为%），城乡间历年升降呈直观比例关系。右轴曲线：文教消费城乡比（乡村=1），标注城乡比省域位次。

1998～2018年，海南人均文教消费城乡比由2.5314缩减至2.0753，由于其他省域文教消费城乡比缩小更为显著，海南城乡比在省域间排序从第7位下降到第14位。最小城乡比为2016年的1.7422，最大城乡比为2013年的5.4265。

其间，城乡比在1998年、2000年、2003年、2005年、2008年、2010年、2014～2016年9个年度出现缩减，其余年度则为扩增。前后对比，海南文教消费城乡比缩小18.02%，城乡比扩减变化状况处于省域间第22位。这意味着，海南属于文教消费城乡比扩减变化态势良好的省域之一。

分期考察海南城乡文教消费城乡差距变化动态，第一个五年显著加大，扩增57.21%；第二个五年较明显减小，缩减18.92%；第三个五年极显著加大，扩增68.17%；第四个五年极显著减小，缩减61.76%。

据既往20年动态推演测算，2020年海南文教消费城乡比将为2.0345，相比当前略微缩减；2035年海南文教消费城乡比将为1.7529，相比当前继续显著缩减。

2. 城乡文教消费人均值地区差

20年来海南城乡人均文教消费地区差变动态势见图5。

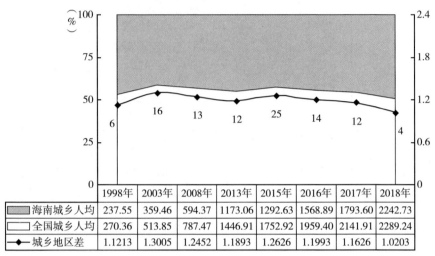

	1998年	2003年	2008年	2013年	2015年	2016年	2017年	2018年
海南城乡人均	237.55	359.46	594.37	1173.06	1292.63	1568.89	1793.60	2242.73
全国城乡人均	270.36	513.85	787.47	1446.91	1752.92	1959.40	2141.91	2289.24
城乡地区差	1.1213	1.3005	1.2452	1.1893	1.2626	1.1993	1.1626	1.0203

图5　海南城乡人均文教消费地区差变动态势

左轴面积：当地、全国人均文教消费（元转换为%），二者数值历年升降呈直观比例关系。右轴曲线：文教消费地区差（无差距=1），标注地区差省域位次。

1998~2018年，海南城乡人均文教消费与全国城乡地区差由1.1213缩减至1.0203，在省域间排序从第6位上升到第4位。最小地区差为2018年的1.0203，最大地区差为2011年的1.3946。

其间，地区差在2000年、2002年、2006年、2008年、2012~2014年、2016~2018年10个年度出现缩减，其余年度则为扩增。前后对比，海南城乡文教消费地区差缩小9.01%，地区差扩减变化状况处于省域间第18位。这意味着，海南属于城乡文教消费地区差扩减变化态势良好的省域之一。

分期考察海南城乡文教消费地区差距变化动态，第一个五年极显著加大，扩增15.98%；第二个五年较明显减小，缩减4.25%；第三个五年继续较明显减小，缩减4.49%；第四个五年继续显著减小，缩减14.21%。

据既往20年动态推演测算，2020年海南文教消费地区差将为1.0153，相比当前略微缩减；2035年海南文教消费地区差将为1.1371，相比当前较明显扩增。

四 海南城乡文教消费需求景气指数测评

综合以上分析：20年以来海南城乡文教消费总量年均增长较明显高于全国增长，人均值年均增长也略微高于全国平均增长；相关比值全面呈现轻微提升态势；城乡比略有缩小，与全国城乡地区差明显缩小。这些都集中体现在海南城乡文教消费需求景气指数的测评演算中。20年来海南城乡文教消费需求景气指数变动态势见图6。

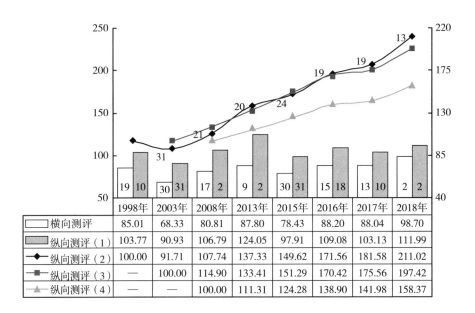

	1998年	2003年	2008年	2013年	2015年	2016年	2017年	2018年
横向测评	85.01	68.33	80.81	87.80	78.43	88.20	88.04	98.70
纵向测评（1）	103.77	90.93	106.79	124.05	97.91	109.08	103.13	111.99
纵向测评（2）	100.00	91.71	107.74	137.33	149.62	171.56	181.58	211.02
纵向测评（3）	—	100.00	114.90	133.41	151.29	170.42	175.56	197.42
纵向测评（4）	—	—	100.00	111.31	124.28	138.90	141.98	158.37

图6 海南城乡文教消费需求景气指数变动态势

左轴柱形：左横向测评（无差距理想值=100）；右纵向测评（1），上年=100。右轴曲线：纵向测评（起点年基数值=100），（2）以1998年为起点，（3）以2003年为起点，（4）以2008年为起点。标注横向测评、纵向测评（1）（2）省域排行，纵向测评（2）起点年不计。

1. 各年度无差距理想值横向测评

以全国城乡文教消费总量份额值、人均绝对值、相对比值为基准，并以相关增率比达到平衡，城乡、地区之间实现无差距状态为"理想值"100来衡量，2018 年海南城乡此项景气指数为 98.70，低于理想值 1.30%，但高于上一年 10.66 个点。海南在省域间排行，1998 年为第 19 位，2003 年为第 30 位，2008 年为第 17 位，2013 年为第 9 位，2018 年从上一年第 13 位上升为第 2 位。

2. 1998年以来20年基数值纵向测评

以 1998 年为起点基数值 100，2018 年海南城乡此项景气指数为 211.02，高于 1998 年起点基数 111.02%，也高于上一年 29.44 个点。海南在省域间排行，起点 1998 年不计，2003 年为第 31 位，2008 年为第 21 位，2013 年为第 20 位，2018 年从上一年第 19 位上升为第 13 位。

3. 2003年以来15年基数值纵向测评

以 2003 年为起点基数值 100，2018 年海南城乡此项景气指数为 197.42，高于 2003 年起点基数 97.42%，也高于上一年 21.86 个点。海南在省域间排行，起点 2003 年不计，2008 年为第 2 位，2013 年为第 1 位，2018 年与上一年持平，皆为第 3 位。

4. 2008年以来10年基数值纵向测评

以 2008 年为起点基数值 100，2018 年海南城乡此项景气指数为 158.37，高于 2008 年起点基数 58.37%，也高于上一年 16.39 个点。海南在省域间排行，起点 2008 年不计，2013 年为第 21 位，2018 年从上一年第 18 位上升为第 14 位。

5. 逐年度上年基数值纵向测评

以 2017 年为起点基数值 100，2018 年海南城乡此项景气指数为 111.99，高于 2017 年起点基数 11.99%。海南在省域间排行，1998 年为第 10 位，2003 年为第 31 位，2008 年为第 2 位，2013 年与之持平，2018 年从上一年第 10 位上升为第 2 位。

囿于制图空间，2013 年以来 5 年基数值纵向测评省略，可见本书 B.3 城乡排行报告表 9 及相应文字简述。

B.10
吉林：2018年城乡景气指数排名第3位

赵　娟*

摘　要： 2018年，吉林城乡文教消费总量增长处于第9位，人均值增长处于第4位。吉林城乡文教消费需求景气评价排行结果：在省域横向测评中，2018年景气指数排名第3位；在自身纵向测评中，1998～2018年景气指数提升度第10位，2003～2018年景气指数提升度第20位，2008～2018年景气指数提升度第18位，2013～2018年景气指数提升度第22位，2017～2018年景气指数提升度第6位。

关键词： 吉林　城乡　文教消费　景气评价

一　吉林城乡文教消费需求增长状况

1. 文教消费总量份额值变化

20年来吉林城乡文教消费总量增长、份额变化态势见图1。

1998～2018年，吉林城乡文教消费总量由60.02亿元增至602.18亿元，增加542.16亿元，20年间总增长903.30%，年均增长12.22%，增长幅度处于省域间第17位。其中，第一个五年年均增长17.03%；第二个五年年均增长8.65%；第三个五年年均增长13.45%；第四个五年年均增长

---

* 赵娟，云南省社会科学院民族文学研究所副研究员，主要研究方向为古典文学、民族文化和文化产业。

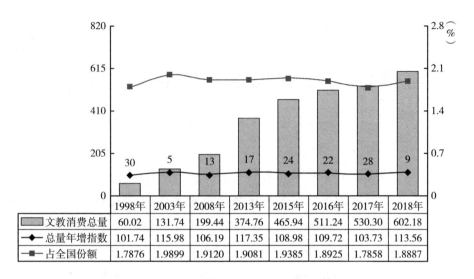

图1 吉林城乡文教消费总量增长、份额变化态势

左轴柱形：文教消费总量（亿元）。左轴曲线：年度增长指数（上年＝100，小于100为负增长），标注历年增长省域位次。右轴曲线：占全国份额（％）。

9.95%。总量最高增长年度为 1999 年，增长 29.30%；最低增长年度为 2009 年，下降 0.68%。

同期，全国城乡文教消费总量年均增长 11.91%，略微低于吉林 0.31 个百分点。吉林城乡文教消费总量占全国份额由 1.79% 升高为 1.89%，增长幅度和份额升降变化排序处于省域间第 17 位。

其中，第一个五年，全国城乡文教消费总量年均增长 14.54%，明显低于吉林 2.49 个百分点，吉林总量占全国份额上升 11.32%；第二个五年，全国城乡文教消费总量年均增长 9.52%，略微高于吉林 0.87 个百分点，吉林总量占全国份额下降 3.91%；第三个五年，全国城乡文教消费总量年均增长 13.49%，略微高于吉林 0.04 个百分点，吉林总量占全国份额下降 0.20%；第四个五年，全国城乡文教消费总量年均增长 10.17%，略微高于吉林 0.22 个百分点，吉林总量占全国份额下降 1.02%。

2. 文教消费人均绝对值增长

20 年来吉林城乡人均文教消费增长、增幅变化态势见图2。

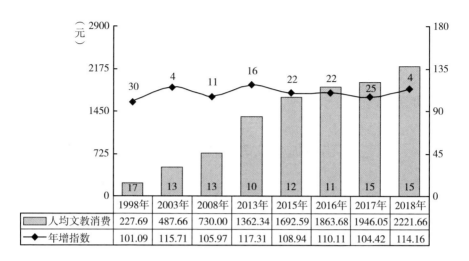

	1998年	2003年	2008年	2013年	2015年	2016年	2017年	2018年
人均文教消费	227.69	487.66	730.00	1362.34	1692.59	1863.68	1946.05	2221.66
年增指数	101.09	115.71	105.97	117.31	108.94	110.11	104.42	114.16

图2　吉林城乡人均文教消费增长、增幅变化态势

左轴柱形：人均文教消费（元）。右轴曲线：年度增长指数（上年 = 100，小于 100 为负增长），标注历年增长、人均值省域位次。

1998～2018 年，吉林城乡人均文教消费由 227.69 元增至 2221.66 元，增加 1993.97 元，总增长 875.74%，20 年间年均增长 12.06%，增长幅度处于省域间第 7 位。其中，第一个五年人均值总增长 114.18%，年均增长 16.45%；第二个五年人均值总增长 49.69%，年均增长 8.40%；第三个五年人均值总增长 86.62%，年均增长 13.29%；第四个五年人均值总增长 63.08%，年均增长 10.28%。人均值最高增长年度为 1999 年，增长 28.57%；最低增长年度为 2009 年，下降 0.86%。

同期，全国城乡人均文教消费年均增长 11.27%，略微低于吉林 0.79 个百分点（对照图 5）。吉林城乡人均文教消费从全国城乡人均值的 84.22% 提高至 97.05%，人均绝对值在省域间排序由第 17 位提高为第 15 位。

其中，第一个五年全国城乡人均文教消费年均增长 13.70%，明显低于吉林，2003 年吉林城乡人均值提高至全国人均值的 94.90%，处于省域间第 13 位。第二个五年全国城乡人均文教消费年均增长 8.91%，略微高于吉林，2008 年吉林城乡人均值降低至全国人均值的 92.70%，处于省域间第 13 位。

第三个五年全国城乡人均文教消费年均增长 12.94%，略微低于吉林，2013
年吉林城乡人均值提高至全国人均值的 94.15%，处于省域间第 10 位。第
四个五年全国城乡人均文教消费年均增长 9.61%，吉林年均增长 10.28%，
略微高于全国。

二 吉林城乡文教消费相关背景情况

20 年来吉林城乡文教消费相关比值变动态势见图 3。

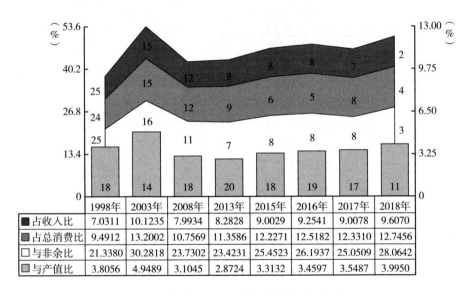

	1998年	2003年	2008年	2013年	2015年	2016年	2017年	2018年
■占收入比	7.0311	10.1235	7.9934	8.2828	9.0029	9.2541	9.0078	9.6070
■占总消费比	9.4912	13.2002	10.7569	11.3586	12.2271	12.5182	12.3310	12.7456
□与非余比	21.3380	30.2818	23.7302	23.4231	25.4523	26.1937	25.0509	28.0642
▨与产值比	3.8056	4.9489	3.1045	2.8724	3.3132	3.4597	3.5487	3.9950

图 3　吉林城乡文教消费相关比值变动态势

左轴面积：人均文教消费占收入比、占总消费比、与非文消费剩余（简称"非余"）比
（%），各项比值历年升降呈直观比例。右轴柱形：人均文教消费与产值比（%）。保留 4 位小
数以便精确演算各项比值变化，标注各项比值省域位次。

1. 文教消费与产值比关系

1998～2018 年，吉林城乡文教消费与产值比由 3.81% 提高至 4.00%，
在省域间排序从第 18 位上升到第 11 位。其间，此项比值在 1999 年、
2001～2003 年、2010 年、2012～2018 年 12 个年度出现增高，其余年度则为
降低；前后对比上升 4.98%，升降变化程度处于省域间第 12 位。最高比值

为 2003 年的 4. 95%，最低比值为 2011 年的 2. 59%。

2. 文教消费占收入比关系

1998～2018 年，吉林城乡文教消费占收入比由 7. 03% 提高至 9. 61%，在省域间排序从第 25 位上升到第 2 位。其间，此项比值在 1999～2003 年、2006 年、2010 年、2012～2016 年、2018 年 13 个年度出现增高，其余年度则为降低；前后对比上升 36. 64%，升降变化程度处于省域间第 2 位。最高比值为 2003 年的 10. 12%，最低比值为 1998 年的 7. 03%。

3. 文教消费占总消费比关系

1998～2018 年，吉林城乡文教消费占总消费比由 9. 49% 提高至 12. 75%，在省域间排序从第 24 位上升到第 4 位。其间，此项比值在 1998～1999 年、2001～2003 年、2006 年、2010 年、2012～2016 年、2018 年 13 个年度出现增高，其余年度则为降低；前后对比上升 34. 29%，升降变化程度处于省域间第 3 位。最高比值为 2003 年的 13. 20%，最低比值为 2009 年的 9. 48%。

4. 文教消费与非文消费剩余比关系

1998～2018 年，吉林城乡文教消费与非文消费剩余比由 21. 34% 提高至 28. 06%，在省域间排序从第 25 位上升到第 3 位。其间，此项比值在 1998 年、2000 年、2002 年、2004～2005 年、2007 年、2009 年、2011 年、2015～2017 年 11 个年度出现增高，其余年度则为降低；前后对比上升 31. 52%，升降变化程度处于省域间第 4 位。最高比值为 2000 年的 33. 31%，最低比值为 1998 年的 21. 34%。

吉林城乡文教消费相关各项比值的具体分析表明，在文教消费需求增长与当地经济发展、城乡民生进步的协调性关系中，20 年以来相关比值全面呈现较明显提升态势。

三　吉林文教消费城乡、区域协调状况

1. 文教消费人均值城乡比

20 年来吉林人均文教消费城乡比变动态势见图 4。

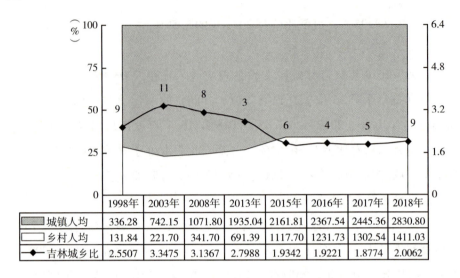

	1998年	2003年	2008年	2013年	2015年	2016年	2017年	2018年
城镇人均	336.28	742.15	1071.80	1935.04	2161.81	2367.54	2445.36	2830.80
乡村人均	131.84	221.70	341.70	691.39	1117.70	1231.73	1302.54	1411.03
吉林城乡比	2.5507	3.3475	3.1367	2.7988	1.9342	1.9221	1.8774	2.0062

图4 吉林人均文教消费城乡比变动态势

左轴面积：城镇、乡村人均文教消费（元转换为%），城乡间历年升降呈直观比例关系。右轴曲线：文教消费城乡比（乡村=1），标注城乡比省域位次。

1998～2018年，吉林人均文教消费城乡比由2.5507缩减至2.0062，在省域间排序保持在第9位。最小城乡比为2017年的1.8774，最大城乡比为2002年的3.6017。

其间，城乡比在2000年、2003年、2005～2006年、2009年、2012年、2014年、2016～2017年9个年度出现缩减，其余年度则为扩增。前后对比，吉林文教消费城乡比缩小21.35%，城乡比扩减变化状况处于省域间第21位。这意味着，吉林属于文教消费城乡比扩减变化态势良好的省域之一。

分期考察吉林城乡文教消费城乡差距变化动态，第一个五年明显加大，扩增31.24%；第二个五年略有减小，缩减6.30%；第三个五年继续较明显减小，缩减10.77%；第四个五年继续明显减小，缩减28.32%。

据既往20年动态推演测算，2020年吉林文教消费城乡比将为1.9586，相比当前略微缩减；2035年吉林文教消费城乡比将为1.6358，相比当前继续极显著缩减。

2.城乡文教消费人均值地区差

20年来吉林城乡人均文教消费地区差变动态势见图5。

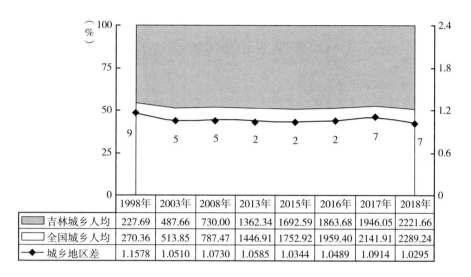

图5 吉林城乡人均文教消费地区差变动态势

左轴面积：当地、全国人均文教消费（元转换为%），二者数值历年升降呈直观比例关系。右轴曲线：文教消费地区差（无差距=1），标注地区差省域位次。

1998～2018年，吉林城乡人均文教消费与全国城乡地区差由1.1578缩减至1.0295，在省域间排序从第9位上升到第7位。最小地区差为2014年的1.0011，最大地区差为2009年的1.1613。

其间，地区差在1999年、2001年、2003年、2006年、2008年、2010年、2012～2014年、2018年10个年度出现缩减，其余年度则为扩增。前后对比，吉林城乡文教消费地区差缩小11.08%，地区差扩减变化状况处于省域间第13位。这意味着吉林属于城乡文教消费地区差扩减变化态势良好的省域之一。

分期考察吉林城乡文教消费地区差距变化动态，第一个五年明显减小，缩减9.22%；第二个五年较明显加大，扩增2.09%；第三个五年较明显减小，缩减1.35%；第四个五年继续较明显减小，缩减2.74%。

据既往20年动态推演测算，2020年吉林文教消费地区差将为1.0148，相比当前略微缩减；2035年吉林文教消费地区差将为1.2410，相比当前明显扩增。

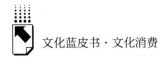

四 吉林城乡文教消费需求景气指数测评

综合以上分析：20 年以来吉林城乡文教消费总量年均增长略微高于全国增长，人均值年均增长也略微高于全国平均增长；相关比值全面呈现较明显提升态势；城乡比较明显缩小，与全国城乡地区差显著缩小。这些都集中体现在吉林城乡文教消费需求景气指数的测评演算中。20 年来吉林城乡文教消费需求景气指数变动态势见图 6。

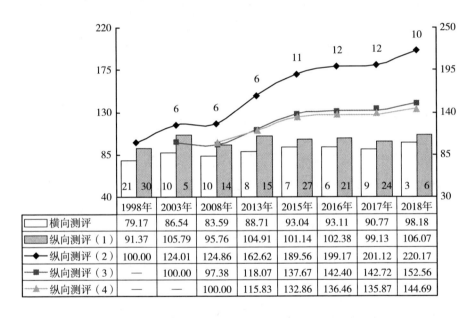

	1998年	2003年	2008年	2013年	2015年	2016年	2017年	2018年
横向测评	79.17	86.54	83.59	88.71	93.04	93.11	90.77	98.18
纵向测评（1）	91.37	105.79	95.76	104.91	101.14	102.38	99.13	106.07
纵向测评（2）	100.00	124.01	124.86	162.62	189.56	199.17	201.12	220.17
纵向测评（3）	—	100.00	97.38	118.07	137.67	142.40	142.72	152.56
纵向测评（4）	—	—	100.00	115.83	132.86	136.46	135.87	144.69

图 6 吉林城乡文教消费需求景气指数变动态势

左轴柱形：左横向测评（无差距理想值＝100）；右纵向测评（1），上年＝100。右轴曲线：纵向测评（起点年基数值＝100），（2）以 1998 年为起点，（3）以 2003 年为起点，（4）以2008年为起点。标注横向测评、纵向测评（1）（2）省域排行，纵向测评（2）起点年不计。

1.各年度无差距理想值横向测评

以全国城乡文教消费总量份额值、人均绝对值、相对比值为基准，并以相关增率比达到平衡，城乡、地区之间实现无差距状态为"理想值"100 来

184

衡量，2018 年吉林城乡此项景气指数为 98.18，低于理想值 1.82%，但高于上一年 7.41 个点。吉林在省域间排行，1998 年为第 21 位，2003 年为第 10 位，2008 年与之持平，2013 年为第 8 位，2018 年从上一年第 9 位上升为第 3 位。

2. 1998年以来20年基数值纵向测评

以 1998 年为起点基数值 100，2018 年吉林城乡此项景气指数为 220.17，高于 1998 年起点基数 120.17%，也高于上一年 19.05 个点。吉林在省域间排行，起点 1998 年不计，2003 年为第 6 位，2008 年与之持平，2013 年与之持平，2018 年从上一年第 12 位上升为第 10 位。

3. 2003年以来15年基数值纵向测评

以 2003 年为起点基数值 100，2018 年吉林城乡此项景气指数为 152.56，高于 2003 年起点基数 52.56%，也高于上一年 9.84 个点。吉林在省域间排行，起点 2003 年不计，2008 年为第 15 位，2013 年为第 12 位，2018 年从上一年第 21 位上升为第 20 位。

4. 2008年以来10年基数值纵向测评

以 2008 年为起点基数值 100，2018 年吉林城乡此项景气指数为 144.69，高于 2008 年起点基数 44.69%，也高于上一年 8.82 个点。吉林在省域间排行，起点 2008 年不计，2013 年为第 13 位，2018 年从上一年第 21 位上升为第 18 位。

5. 逐年度上年基数值纵向测评

以 2017 年为起点基数值 100，2018 年吉林城乡此项景气指数为 106.07，高于 2017 年起点基数 6.07%。吉林在省域间排行，1998 年为第 30 位，2003 年为第 5 位，2008 年为第 14 位，2013 年为第 15 位，2018 年从上一年第 24 位上升为第 6 位。

囿于制图空间，2013 年以来 5 年基数值纵向测评省略，可见本书 B.3 城乡排行报告表 9 及相应文字简述。

B.11
上海：2018年城乡景气指数排名第10位

马建宇[*]

摘　要：　2018年，上海城乡文教消费总量增长处于第19位，人均值增长处于第18位。上海城乡文教消费需求景气评价排行结果：在省域横向测评中，2018年景气指数排名第10位；在自身纵向测评中，1998~2018年景气指数提升度第29位，2003~2018年景气指数提升度第30位，2008~2018年景气指数提升度第31位，2013~2018年景气指数提升度第30位，2017~2018年景气指数提升度第25位。

关键词：　上海　城乡　文教消费　景气评价

一　上海城乡文教消费需求增长状况

1. 文教消费总量份额值变化

20年来上海城乡文教消费总量增长、份额变化态势见图1。

1998~2018年，上海城乡文教消费总量由115.24亿元增至1202.97亿元，增加1087.73亿元，20年间总增长943.88%，年均增长12.44%，增长幅度处于省域间第11位。其中，第一个五年年均增长19.77%；第二个五年年均增长11.77%；第三个五年年均增长12.89%；第四个五年年均增长5.78%。总量最高增长年度为2000年，增长26.47%；最低增长年度为

* 马建宇，云南省社会科学院经济研究所副研究员，主要从事应用经济研究。

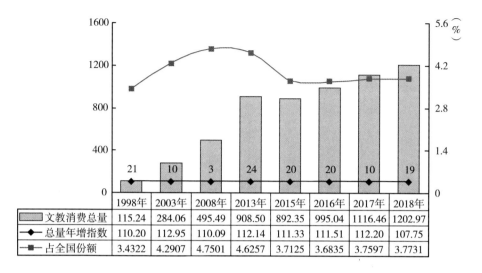

图1 上海城乡文教消费总量增长、份额变化态势

左轴柱形：文教消费总量（亿元）。左轴曲线：年度增长指数（上年＝100，小于100为负增长），标注历年增长省域位次。右轴曲线：占全国份额（％）。

2014年，下降11.78％。

同期，全国城乡文教消费总量年均增长11.91％，略微低于上海0.53个百分点。上海城乡文教消费总量占全国份额由3.43％升高为3.77％，增长幅度和份额升降变化排序处于省域间第11位。

其中，第一个五年，全国城乡文教消费总量年均增长14.54％，显著低于上海5.23个百分点，上海总量占全国份额上升25.01％；第二个五年，全国城乡文教消费总量年均增长9.52％，明显低于上海2.25个百分点，上海总量占全国份额上升10.71％；第三个五年，全国城乡文教消费总量年均增长13.49％，略微高于上海0.60个百分点，上海总量占全国份额下降2.62％；第四个五年，全国城乡文教消费总量年均增长10.17％，显著高于上海4.39个百分点，上海总量占全国份额下降18.43％。

2.文教消费人均绝对值增长

20年来上海城乡人均文教消费增长、增幅变化态势见图2。

1998~2018年，上海城乡人均文教消费由789.07元增至4968.91元，

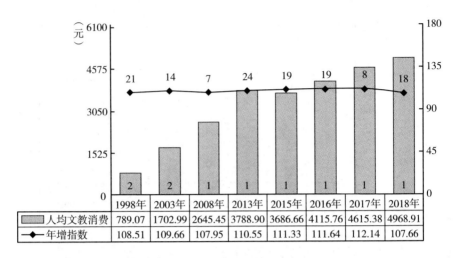

图2 上海城乡人均文教消费增长、增幅变化态势

左轴柱形：人均文教消费（元）。右轴曲线：年度增长指数（上年＝100，小于100为负增长），标注历年增长、人均值省域位次。

增加4179.84元，总增长529.72%，20年间年均增长9.64%，增长幅度处于省域间第28位。其中，第一个五年人均值总增长115.82%，年均增长16.63%；第二个五年人均值总增长55.34%，年均增长9.21%；第三个五年人均值总增长43.22%，年均增长7.45%；第四个五年人均值总增长31.14%，年均增长5.57%。人均值最高增长年度为1999年，增长21.81%；最低增长年度为2014年，下降12.60%。

同期，全国城乡人均文教消费年均增长11.27%，较明显高于上海1.63个百分点（对照图5）。上海城乡人均文教消费从全国城乡人均值的291.86%降低至217.05%，人均绝对值在省域间排序由第2位提高为第1位。

其中，第一个五年全国城乡人均文教消费年均增长13.70%，明显低于上海，2003年上海城乡人均值提高至全国人均值的331.42%，处于省域间第2位。第二个五年全国城乡人均文教消费年均增长8.91%，略微低于上海，2008年上海城乡人均值提高至全国人均值的335.94%，处于省域间第1位。第三个五年全国城乡人均文教消费年均增长12.94%，显著高于上海，

2013 年上海城乡人均值降低至全国人均值的 261.86%，处于省域间第 1 位。第四个五年全国城乡人均文教消费年均增长 9.61%，上海年均增长 5.57%，显著低于全国。

二　上海城乡文教消费相关背景情况

20 年来上海城乡文教消费相关比值变动态势见图 3。

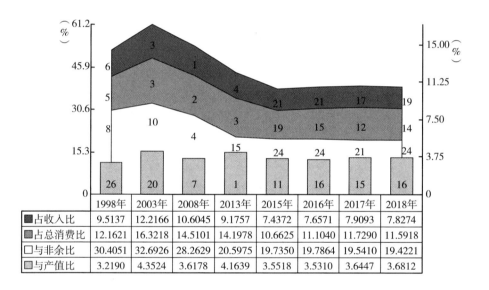

	1998年	2003年	2008年	2013年	2015年	2016年	2017年	2018年
■占收入比	9.5137	12.2166	10.6045	9.1757	7.4372	7.6571	7.9093	7.8274
■占总消费比	12.1621	16.3218	14.5101	14.1978	10.6625	11.1040	11.7290	11.5918
□与非余比	30.4051	32.6926	28.2629	20.5975	19.7350	19.7864	19.5410	19.4221
▨与产值比	3.2190	4.3524	3.6178	4.1639	3.5518	3.5310	3.6447	3.6812

图 3　上海城乡文教消费相关比值变动态势

左轴面积：人均文教消费占收入比、占总消费比、与非文消费剩余（简称"非余"）比（%），各项比值历年升降呈直观比例。右轴柱形：人均文教消费与产值比（%）。保留 4 位小数以便精确演算各项比值变化，标注各项比值省域位次。

1. 文教消费与产值比关系

1998 ~ 2018 年，上海城乡文教消费与产值比由 3.22% 提高至 3.68%，在省域间排序从第 26 位上升到第 16 位。其间，此项比值在 1999 ~ 2002 年、2004 年、2009 ~ 2011 年、2013 年、2015 年、2017 ~ 2018 年 12 个年度出现增高，其余年度则为降低；前后对比上升 14.36%，升降变化程度处于省域间第 6 位。最高比值为 2004 年的 4.40%，最低比值为 1998 年的 3.22%。

2. 文教消费占收入比关系

1998～2018 年，上海城乡文教消费占收入比由 9.51% 降低至 7.83%，在省域间排序从第 6 位下降到第 19 位。其间，此项比值在 1998 年、2000～2002 年、2004 年、2009 年、2013 年、2015～2017 年 10 个年度出现增高，其余年度则为降低；前后对比下降17.72%，升降变化程度处于省域间第 27 位。最高比值为 2004 年的 13.07%，最低比值为 2014 年的 7.20%。

3. 文教消费占总消费比关系

1998～2018 年，上海城乡文教消费占总消费比由 12.16% 降低至 11.59%，在省域间排序从第 5 位下降到第 14 位。其间，此项比值在 1998～2004 年、2009 年、2011 年、2013 年、2015～2017 年 13 个年度出现增高，其余年度则为降低；前后对比下降 4.69%，升降变化程度处于省域间第 24 位。最高比值为 2004 年的 17.10%，最低比值为 2014 年的 10.02%。

4. 文教消费与非文消费剩余比关系

1998～2018 年，上海城乡文教消费与非文消费剩余比由 30.41% 降低至 19.42%，在省域间排序从第 8 位下降到第 24 位。其间，此项比值在 1999～2001 年、2003～2004 年、2008 年、2017～2018 年 8 个年度出现增高，其余年度则为降低；前后对比下降 36.12%，升降变化程度处于省域间第 26 位。最高比值为 2002 年的 37.64%，最低比值为 2018 年的 19.42%。

上海城乡文教消费相关各项比值的具体分析表明，在文教消费需求增长与当地经济发展、城乡民生进步的协调性关系中，20 年以来文教消费与产值比呈提升态势，占收入比、占总消费比、与非文消费剩余比呈下降态势。

三 上海文教消费城乡、区域协调状况

1. 文教消费人均值城乡比

20 年来上海人均文教消费城乡比变动态势见图 4。

1998～2018 年，上海人均文教消费城乡比由 1.8229 扩增至 4.6797，在

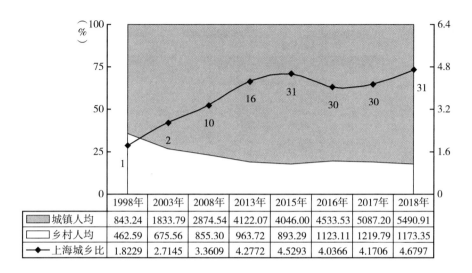

	1998年	2003年	2008年	2013年	2015年	2016年	2017年	2018年
城镇人均	843.24	1833.79	2874.54	4122.07	4046.00	4533.53	5087.20	5490.91
乡村人均	462.59	675.56	855.30	963.72	893.29	1123.11	1219.79	1173.35
上海城乡比	1.8229	2.7145	3.3609	4.2772	4.5293	4.0366	4.1706	4.6797

图4　上海人均文教消费城乡比变动态势

左轴面积：城镇、乡村人均文教消费（元转换为%），城乡间历年升降呈直观比例关系。右轴曲线：文教消费城乡比（乡村=1），标注城乡比省域位次。

省域间排序从第1位下降到第31位。最小城乡比为1998年的1.8229，最大城乡比为2018年的4.6797。

其间，城乡比在1998年、2001年、2005年、2009年、2012年、2015～2016年7个年度出现缩减，其余年度则为扩增。前后对比，上海文教消费城乡比扩大156.72%，城乡比扩减变化状况处于省域间第31位。这意味着，上海属于文教消费城乡比扩减变化态势极严重的省域之一。

分期考察上海城乡文教消费城乡差距变化动态，第一个五年显著加大，扩增48.91%；第二个五年明显加大，扩增23.81%；第三个五年继续明显加大，扩增27.26%；第四个五年继续略有加大，扩增9.41%。

据既往20年动态推演测算，2020年上海文教消费城乡比将为5.1424，相比当前极显著扩增；2035年上海文教消费城乡比将为10.4294，相比当前继续极显著扩增。

2.城乡文教消费人均值地区差

20年来上海城乡人均文教消费地区差变动态势见图5。

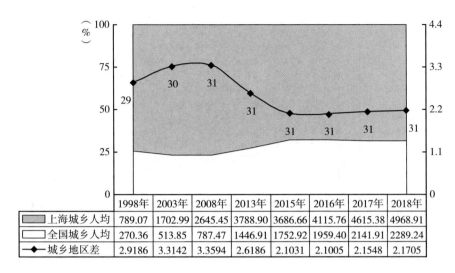

图5　上海城乡人均文教消费地区差变动态势

左轴面积：当地、全国人均文教消费（元转换为%），二者数值历年升降呈直观比例关系。右轴曲线：文教消费地区差（无差距＝1），标注地区差省域位次。

1998～2018年，上海城乡人均文教消费与全国城乡地区差由2.9186缩减至2.1705，由于其他省域城乡文教消费与全国地区差缩小更为显著，上海城乡地区差在省域间排序从第29位下降到第31位。最小地区差为2016年的2.1005，最大地区差为2004年的3.5752。

其间，地区差在1998年、2002年、2005～2007年、2009～2016年13个年度出现缩减，其余年度则为扩增。前后对比，上海城乡文教消费地区差缩小25.63%，地区差扩减变化状况处于省域间第4位。这意味着上海属于城乡文教消费地区差扩减变化态势良好的省域之一。

分期考察上海城乡文教消费地区差距变化动态，第一个五年显著加大，扩增13.55%；第二个五年较明显加大，扩增1.36%；第三个五年极显著减小，缩减22.05%；第四个五年继续极显著减小，缩减17.11%。

据既往20年动态推演测算，2020年上海文教消费地区差将为2.0273，相比当前较明显缩减；2035年上海文教消费地区差将为1.1981，相比当前继续极显著缩减。

四 上海城乡文教消费需求景气指数测评

综合以上分析：20 年以来上海城乡文教消费总量年均增长略微高于全国增长，人均值年均增长较明显低于全国平均增长；文教消费与产值比呈提升态势，占收入比、占总消费比、与非文消费剩余比呈下降态势；城乡比极显著扩大，与全国城乡地区差极显著缩小。这些都集中体现在上海城乡文教消费需求景气指数的测评演算中。20 年来上海城乡文教消费需求景气指数变动态势见图6。

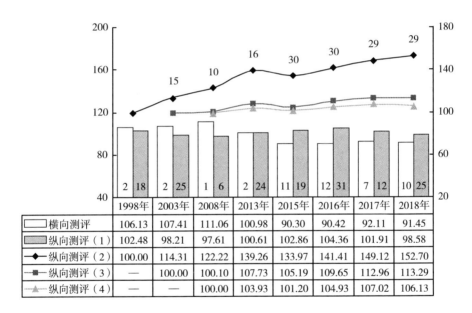

	1998年	2003年	2008年	2013年	2015年	2016年	2017年	2018年
横向测评	106.13	107.41	111.06	100.98	90.30	90.42	92.11	91.45
纵向测评（1）	102.48	98.21	97.61	100.61	102.86	104.36	101.91	98.58
纵向测评（2）	100.00	114.31	122.22	139.26	133.97	141.41	149.12	152.70
纵向测评（3）	—	100.00	100.10	107.73	105.19	109.65	112.96	113.29
纵向测评（4）	—	—	100.00	103.93	101.20	104.93	107.02	106.13

图6 上海城乡文教消费需求景气指数变动态势

左轴柱形：左横向测评（无差距理想值 = 100）；右纵向测评（1），上年 = 100。右轴曲线：纵向测评（起点年基数值 = 100），（2）以 1998 年为起点，（3）以 2003 年为起点，（4）以 2008 年为起点。标注横向测评、纵向测评（1）（2）省域排行，纵向测评（2）起点年不计。

1. 各年度无差距理想值横向测评

以全国城乡文教消费总量份额值、人均绝对值、相对比值为基准，并以相关增率比达到平衡，城乡、地区之间实现无差距状态为"理想值"100 来衡量，2018 年上海城乡此项景气指数为 91.45，低于理想值 8.55%，也低于上一年 0.66 个点。上海在省域间排行，1998 年为第 2 位，2003 年与之持平，2008 年为第 1 位，2013 年为第 2 位，2018 年从上一年第 7 位下降为第 10 位。

2. 1998年以来20年基数值纵向测评

以 1998 年为起点基数值 100，2018 年上海城乡此项景气指数为 152.70，高于 1998 年起点基数 52.70%，也高于上一年 3.58 个点。上海在省域间排行，起点 1998 年不计，2003 年为第 15 位，2008 年为第 10 位，2013 年为第 16 位，2018 年与上一年持平，皆为第 29 位。

3. 2003年以来15年基数值纵向测评

以 2003 年为起点基数值 100，2018 年上海城乡此项景气指数为 113.29，高于 2003 年起点基数 13.29%，也高于上一年 0.33 个点。上海在省域间排行，起点 2003 年不计，2008 年为第 9 位，2013 年为第 22 位，2018 年与上一年持平，皆为第 30 位。

4. 2008年以来10年基数值纵向测评

以 2008 年为起点基数值 100，2018 年上海城乡此项景气指数为 106.13，高于 2008 年起点基数 6.13%，但低于上一年 0.89 个点。上海在省域间排行，起点 2008 年不计，2013 年为第 25 位，2018 年从上一年第 30 位下降为第 31 位。

5. 逐年度上年基数值纵向测评

以 2017 年为起点基数值 100，2018 年上海城乡此项景气指数为 98.58，低于 2017 年起点基数 1.42%。上海在省域间排行，1998 年为第 18 位，2003 年为第 25 位，2008 年为第 6 位，2013 年为第 24 位，2018 年从上一年第 12 位下降为第 25 位。

囿于制图空间，2013 年以来 5 年基数值纵向测评省略，可见本书 B.3 城乡排行报告表 9 及相应文字简述。

省域城镇报告[*]

Reports on City-Towns among Provinces

B.12

云南：2008～2018年城镇
景气指数提升度第1位

汪 洋^{**}

摘　要：　2018年，云南城镇文教消费总量增长处于第5位，人均值增
　　　　　长处于第5位。云南城镇文教消费需求景气评价排行结果：
　　　　　在省域横向测评中，2018年景气指数排名第7位；在自身纵
　　　　　向测评中，1998～2018年景气指数提升度第16位，2003～
　　　　　2018年景气指数提升度第4位，2008～2018年景气指数提升
　　　　　度第1位，2013～2018年景气指数提升度第2位，2017～

---

* 省域城镇子报告选取依据B.4城镇排行报告表8(城镇单行测评排行汇总表)。若各类首位省域
与城乡子报告地名重叠，则顺推选取后续位次，亦按各地最高位次拟题排文，相同位次以先横向
后较长时段纵向测评为序。至此选取8省2自治区2直辖市不重复，未有独立子报告的省域见该报
告各地对比及排行。

** 汪洋，云南省社会科学院图书馆副馆长、副研究员，主要从事民族生态文化研究。

2018 年景气指数提升度第 6 位。

关键词： 云南　城镇　文教消费　景气评价

一　云南城镇文教消费需求增长状况

1. 文教消费总量份额值变化

20 年来云南城镇文教消费总量增长、份额变化态势见图 1。

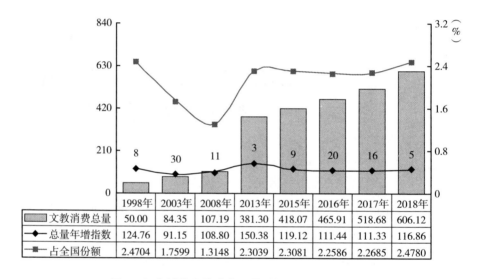

	1998年	2003年	2008年	2013年	2015年	2016年	2017年	2018年
文教消费总量	50.00	84.35	107.19	381.30	418.07	465.91	518.68	606.12
总量年增指数	124.76	91.15	108.80	150.38	119.12	111.44	111.33	116.86
占全国份额	2.4704	1.7599	1.3148	2.3039	2.3081	2.2586	2.2685	2.4780

图 1　云南城镇文教消费总量增长、份额变化态势

左轴柱形：文教消费总量（亿元）。左轴曲线：年度增长指数（上年 = 100，小于 100 为负增长），标注历年增长省域位次。右轴曲线：占全国份额（%）。

1998 ~ 2018 年，云南城镇文教消费总量由 50.00 亿元增至 606.12 亿元，增加 556.12 亿元，20 年间总增长 1112.24%，年均增长 13.29%，增长幅度处于省域间第 15 位。其中，第一个五年年均增长 11.03%；第二个五年年均增长 4.91%；第三个五年年均增长 28.89%；第四个五年年均增长 9.71%。总量最高增长年度为 2002 年，增长 52.12%；最低增长年度为

2003 年，下降 8.85%。

同期，全国城镇文教消费总量年均增长 13.27%，略微低于云南 0.02 个百分点。云南城镇文教消费总量占全国份额由 2.47% 升高为 2.48%，增长幅度和份额升降变化排序处于省域间第 15 位。

其中，第一个五年，全国城镇文教消费总量年均增长 18.82%，极显著高于云南 7.79 个百分点，云南总量占全国份额下降 28.76%；第二个五年，全国城镇文教消费总量年均增长 11.21%，极显著高于云南 6.30 个百分点，云南总量占全国份额下降 25.29%；第三个五年，全国城镇文教消费总量年均增长 15.21%，极显著低于云南 13.68 个百分点，云南总量占全国份额上升 75.23%；第四个五年，全国城镇文教消费总量年均增长 8.13%，较明显低于云南 1.58 个百分点，云南总量占全国份额上升 7.56%。

2. 文教消费人均绝对值增长

20 年来云南城镇人均文教消费增长、增幅变化态势见图 2。

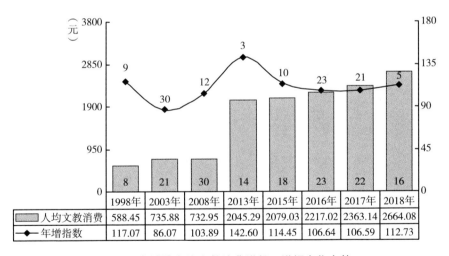

	1998年	2003年	2008年	2013年	2015年	2016年	2017年	2018年
人均文教消费	588.45	735.88	732.95	2045.29	2079.03	2217.02	2363.14	2664.08
年增指数	117.07	86.07	103.89	142.60	114.45	106.64	106.59	112.73

图 2　云南城镇人均文教消费增长、增幅变化态势

左轴柱形：人均文教消费（元）。右轴曲线：年度增长指数（上年 = 100，小于 100 为负增长），标注历年增长、人均值省域位次。

1998～2018 年，云南城镇人均文教消费由 588.45 元增至 2664.08 元，增加 2075.63 元，总增长 352.73%，20 年间年均增长 7.84%，增长幅度处于省域间第 26 位。其中，第一个五年人均值总增长 25.05%，年均增长 4.57%；第二个五年人均值总下降 0.40%，年均下降 0.08%；第三个五年人均值总增长 179.05%，年均增长 22.78%；第四个五年人均值总增长 30.25%，年均增长 5.43%。人均值最高增长年度为 2002 年，增长 43.48%；最低增长年度为 2003 年，下降 13.93%。

同期，全国城镇人均文教消费年均增长 9.33%，较明显高于云南 1.49 个百分点（对照图5）。云南城镇人均文教消费从全国城镇人均值的 117.83% 降低至 89.57%，人均绝对值在省域间排序由第 8 位降低为第 16 位。

其中，第一个五年全国城镇人均文教消费年均增长 13.35%，极显著高于云南，2003 年云南城镇人均值降低至全国人均值的 78.76%，处于省域间第 21 位。第二个五年全国城镇人均文教消费年均增长 7.77%，极显著高于云南，2008 年云南城镇人均值降低至全国人均值的 53.96%，处于省域间第 30 位。第三个五年全国城镇人均文教消费年均增长 11.05%，极显著低于云南，2013 年云南城镇人均值提高至全国人均值的 89.16%，处于省域间第 14 位。第四个五年全国城镇人均文教消费年均增长 5.33%，云南年均增长 5.43%，略微高于全国。

二 云南城镇文教消费相关背景情况

20 年来云南城镇文教消费相关比值变动态势见图3。

1. 文教消费与产值比关系

1998~2018 年，云南城镇文教消费与产值比由 13.24% 降低至 7.17%，在省域间排序保持在第 3 位。其间，此项比值在 1998 年、2000 年、2002 年、2009~2011 年、2013 年、2015 年、2018 年 9 个年度出现增高，其余年度则为降低；前后对比下降 45.80%，升降变化程度处于省域间第 20 位。最高比值为 2002 年的 15.93%，最低比值为 2008 年的 5.82%。

2. 文教消费占收入比关系

1998~2018 年，云南城镇文教消费占收入比由 9.74% 降低至 7.96%，

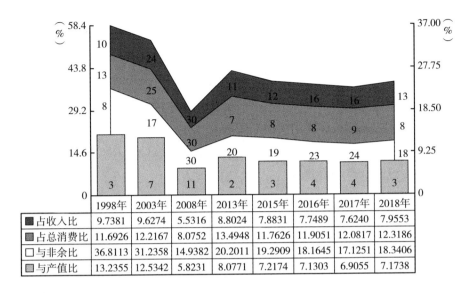

图3 云南城镇文教消费相关比值变动态势

左轴面积：人均文教消费占收入比、占总消费比、与非文消费剩余（简称"非余"）比（%），各项比值历年升降呈直观比例。右轴柱形：人均文教消费与产值比（%）。保留4位小数以便精确演算各项比值变化，标注各项比值省域位次。

在省域间排序从第10位下降到第13位。其间，此项比值在1998年、2000年、2002年、2005年、2009～2011年、2013年、2015年、2018年10个年度出现增高，其余年度则为降低；前后对比下降18.31%，升降变化程度处于省域间第19位。最高比值为2002年的11.81%，最低比值为2008年的5.53%。

3. 文教消费占总消费比关系

1998～2018年，云南城镇文教消费占总消费比由11.69%提高至12.32%，在省域间排序从第13位上升到第8位。其间，此项比值在1998年、2000年、2002年、2005年、2010～2011年、2013年、2015～2018年11个年度出现增高，其余年度则为降低；前后对比上升5.35%，升降变化程度处于省域间第13位。最高比值为2002年的14.67%，最低比值为2009年的7.83%。

4. 文教消费与非文消费剩余比关系

1998～2018年，云南城镇文教消费与非文消费剩余比由36.81%降低至

18.34%，在省域间排序从第 8 位下降到第 18 位。其间，此项比值在 1998
年、2000～2001 年、2003～2004 年、2006～2007 年、2012 年、2014 年、
2016～2017 年 11 个年度出现增高，其余年度则为降低；前后对比下降
50.18%，升降变化程度处于省域间第 24 位。最高比值为 2002 年的
37.70%，最低比值为 2008 年的 14.94%。

云南城镇文教消费相关各项比值的具体分析表明，在文教消费需求增
长与当地经济发展、城镇民生进步的协调性关系中，20 年以来文教消费占
总消费比呈提升态势，与产值比、占收入比、与非文消费剩余比呈下降
态势。

三 云南文教消费城乡、区域协调状况

1. 文教消费人均值城乡比

20 年来云南人均文教消费城乡比变动态势见图 4。

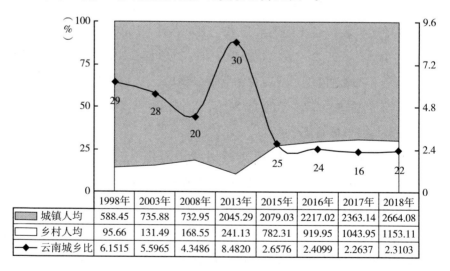

	1998年	2003年	2008年	2013年	2015年	2016年	2017年	2018年
城镇人均	588.45	735.88	732.95	2045.29	2079.03	2217.02	2363.14	2664.08
乡村人均	95.66	131.49	168.55	241.13	782.31	919.95	1043.95	1153.11
云南城乡比	6.1515	5.5965	4.3486	8.4820	2.6576	2.4099	2.2637	2.3103

图 4　云南人均文教消费城乡比变动态势

左轴面积：城镇、乡村人均文教消费（元转换为%），城乡间历年升降呈直观比例关
系。右轴曲线：人均文教消费城乡比（乡村 =1），标注城乡比省域位次。

1998～2018 年，云南人均文教消费城乡比由 6.1515 缩减至 2.3103，在省域间排序从第 29 位上升到第 22 位。最小城乡比为 2017 年的 2.2637，最大城乡比为 2013 年的 8.4820。

其间，城乡比在 1998～1999 年、2001 年、2003～2007 年、2012 年、2014～2017 年 13 个年度出现缩减，其余年度则为扩增。前后对比，云南文教消费城乡比缩小 62.44%，城乡比扩减变化状况处于省域间第 4 位。这意味着，云南属于文教消费城乡比扩减变化态势良好的省域之一。

分期考察云南城镇文教消费城乡差距变化动态，第一个五年略有减小，缩减 9.02%；第二个五年明显减小，缩减 22.30%；第三个五年极显著加大，扩增 95.05%；第四个五年极显著减小，缩减 72.76%。

据既往 20 年动态推演测算，2020 年云南文教消费城乡比将为 2.0948，相比当前明显缩减；2035 年云南文教消费城乡比将为 1.0050，相比当前继续极显著缩减。

2. 城镇文教消费人均值地区差

20 年来云南城镇人均文教消费地区差变动态势见图 5。

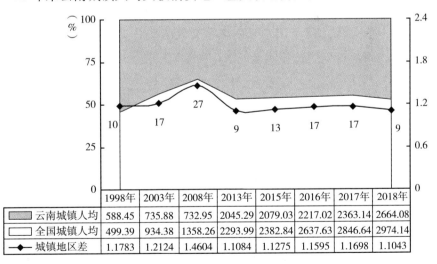

图 5　云南城镇人均文教消费地区差变动态势

左轴面积：当地、全国人均文教消费（元转换为%），二者数值历年升降呈直观比例关系。右轴曲线：文教消费地区差（无差距=1），标注地区差省域位次。

1998~2018年，云南城镇人均文教消费与全国城镇地区差由1.1783缩减至1.1043，在省域间排序从第10位上升到第9位。最小地区差为1999年的1.0091，最大地区差为2007年的1.4692。

其间，地区差在1999年、2002年、2005年、2008~2011年、2013年、2015年、2018年10个年度出现缩减，其余年度则为扩增。前后对比，云南城镇文教消费地区差缩小6.28%，地区差扩减变化状况处于省域间第17位。这意味着云南属于城镇文教消费地区差扩减变化态势良好的省域之一。

分期考察云南城镇文教消费地区差距变化动态，第一个五年较明显加大，扩增2.89%；第二个五年极显著加大，扩增20.46%；第三个五年极显著减小，缩减24.10%；第四个五年继续略有减小，缩减0.37%。

据既往20年动态推演测算，2020年云南文教消费地区差将为1.1285，相比当前略微扩增；2035年云南文教消费地区差将为1.3245，相比当前继续明显扩增。

四 云南城镇文教消费需求景气指数测评

综合以上分析：20年以来云南城镇文教消费总量年均增长略微高于全国增长，人均值年均增长较明显低于全国平均增长；文教消费占总消费比呈提升态势，与产值比、占收入比、与非文消费剩余比呈下降态势；城乡比显著缩小，与全国城镇地区差明显缩小。这些都集中体现在云南城镇文教消费需求景气指数的测评演算中。20年来云南城镇文教消费需求景气指数变动态势见图6。

1. 各年度无差距理想值横向测评

以全国城镇文教消费总量份额值、人均绝对值、相对比值为基准，并以相关增率比达到平衡，城乡、地区之间实现无差距状态为“理想值”100来衡量，2018年云南城镇此项景气指数为93.25，低于理想值6.75%，但高于上一年5.94个点。云南在省域间排行，1998年为第5位，2003年为第27位，2008年为第30位，2013年为第3位，2018年从上一年第15位上升为

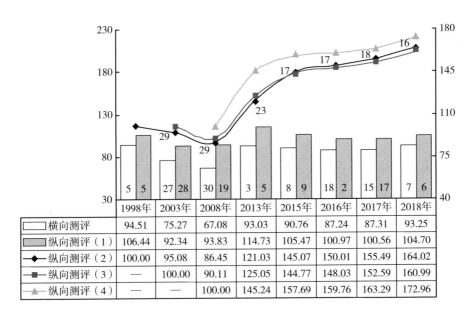

	1998年	2003年	2008年	2013年	2015年	2016年	2017年	2018年
横向测评	94.51	75.27	67.08	93.03	90.76	87.24	87.31	93.25
纵向测评（1）	106.44	92.34	93.83	114.73	105.47	100.97	100.56	104.70
纵向测评（2）	100.00	95.08	86.45	121.03	145.07	150.01	155.49	164.02
纵向测评（3）	—	100.00	90.11	125.05	144.77	148.03	152.59	160.99
纵向测评（4）	—	—	100.00	145.24	157.69	159.76	163.29	172.96

图6　云南城镇文教消费需求景气指数变动态势

　　左轴柱形：左横向测评（无差距理想值＝100）；右纵向测评（1），上年＝100。右轴曲线：纵向测评（起点年基数值＝100），（2）以1998年为起点，（3）以2003年为起点，（4）以2008年为起点。标注横向测评、纵向测评（1）（2）省域排行，纵向测评（2）起点年不计。

第7位。

　　2. 1998年以来20年基数值纵向测评

　　以1998年为起点基数值100，2018年云南城镇此项景气指数为164.02，高于1998年起点基数64.02%，也高于上一年8.53个点。云南在省域间排行，起点1998年不计，2003年为第29位，2008年与之持平，2013年为第23位，2018年从上一年第18位上升为第16位。

　　3. 2003年以来15年基数值纵向测评

　　以2003年为起点基数值100，2018年云南城镇此项景气指数为160.99，高于2003年起点基数60.99%，也高于上一年8.40个点。云南在省域间排行，起点2003年不计，2008年为第25位，2013年为第5位，2018年与上一年持平，皆为第4位。

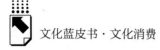

4. 2008年以来10年基数值纵向测评

以 2008 年为起点基数值 100，2018 年云南城镇此项景气指数为 172.96，高于 2008 年起点基数 72.96%，也高于上一年 9.67 个点。云南在省域间排行，起点 2008 年不计，2013 年为第 2 位，2018 年从上一年第 3 位上升为第 1 位。

5. 逐年度上年基数值纵向测评

以 2017 年为起点基数值 100，2018 年云南城镇此项景气指数为 104.70，高于 2017 年起点基数 4.70%。云南在省域间排行，1998 年为第 5 位，2003 年为第 28 位，2008 年为第 19 位，2013 年为第 5 位，2018 年从上一年第 17 位上升为第 6 位。

囿于制图空间，2013 年以来 5 年基数值纵向测评省略，可见本书 B.4 城镇排行报告表 8 及相应文字简述。

B.13
宁夏：1998~2018年城镇
景气指数提升度第2位

郭　娜*

摘　要：　2018年，宁夏城镇文教消费总量增长处于第9位，人均值增长处于第10位。宁夏城镇文教消费需求景气评价排行结果：在省域横向测评中，2018年景气指数排名第4位；在自身纵向测评中，1998~2018年景气指数提升度第2位，2003~2018年景气指数提升度第3位，2008~2018年景气指数提升度第6位，2013~2018年景气指数提升度第13位，2017~2018年景气指数提升度第13位。

关键词：　宁夏　城镇　文教消费　景气评价

一　宁夏城镇文教消费需求增长状况

1. 文教消费总量份额值变化

20年来宁夏城镇文教消费总量增长、份额变化态势见图1。

1998~2018年，宁夏城镇文教消费总量由5.91亿元增至115.61亿元，增加109.70亿元，20年间总增长1856.18%，年均增长16.03%，增长幅度处于省域间第1位。其中，第一个五年年均增长18.55%；第二个五年年均

---

* 郭娜，云南省社会科学院民族学研究所副研究员，主要从事可持续发展、民族生态学研究。

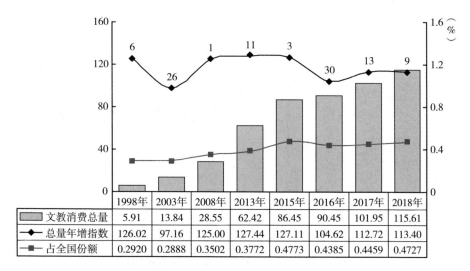

	1998年	2003年	2008年	2013年	2015年	2016年	2017年	2018年
文教消费总量	5.91	13.84	28.55	62.42	86.45	90.45	101.95	115.61
总量年增指数	126.02	97.16	125.00	127.44	127.11	104.62	112.72	113.40
占全国份额	0.2920	0.2888	0.3502	0.3772	0.4773	0.4385	0.4459	0.4727

图1 宁夏城镇文教消费总量增长、份额变化态势

左轴柱形：文教消费总量（亿元）。左轴曲线：年度增长指数（上年＝100，小于100为负增长），标注历年增长省域位次。右轴曲线：占全国份额（％）。

增长 15.58％；第三个五年年均增长 16.93％；第四个五年年均增长 13.12％。总量最高增长年度为 2002 年，增长 40.86％；最低增长年度为 2003 年，下降 2.84％。

同期，全国城镇文教消费总量年均增长 13.27％，明显低于宁夏 2.76 个百分点。宁夏城镇文教消费总量占全国份额由 0.29％升高为 0.47％，增长幅度和份额升降变化排序处于省域间第 1 位。

其中，第一个五年，全国城镇文教消费总量年均增长 18.82％，略微高于宁夏 0.27 个百分点，宁夏总量占全国份额下降 1.10％；第二个五年，全国城镇文教消费总量年均增长 11.21％，显著低于宁夏 4.37 个百分点，宁夏总量占全国份额上升 21.26％；第三个五年，全国城镇文教消费总量年均增长 15.21％，较明显低于宁夏 1.72 个百分点，宁夏总量占全国份额上升 7.71％；第四个五年，全国城镇文教消费总量年均增长 8.13％，显著低于宁夏 4.99 个百分点，宁夏总量占全国份额上升 25.32％。

2. 文教消费人均绝对值增长

20 年来宁夏城镇人均文教消费增长、增幅变化态势见图 2。

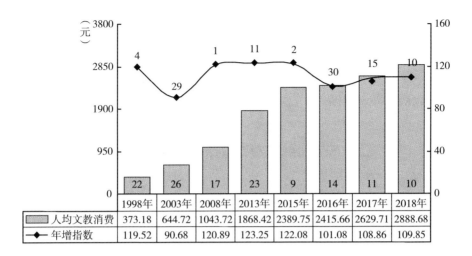

图2 宁夏城镇人均文教消费增长、增幅变化态势

左轴柱形: 人均文教消费 (元)。右轴曲线: 年度增长指数 (上年=100, 小于100 为负增长), 标注历年增长、人均值省域位次。

1998～2018 年, 宁夏城镇人均文教消费由 373.18 元增至 2888.68 元, 增加 2515.50 元, 总增长 674.07%, 20 年间年均增长 10.77%, 增长幅度处于省域间第 4 位。其中, 第一个五年人均值总增长 72.76%, 年均增长 11.56%; 第二个五年人均值总增长 61.89%, 年均增长 10.11%; 第三个五年人均值总增长 79.02%, 年均增长 12.35%; 第四个五年人均值总增长 54.61%, 年均增长 9.11%。人均值最高增长年度为 2002 年, 增长 31.09%; 最低增长年度为2003 年, 下降9.32%。

同期, 全国城镇人均文教消费年均增长 9.33%, 较明显低于宁夏1.44 个百分点 (对照图 5)。宁夏城镇人均文教消费从全国城镇人均值的 74.73% 提高至 97.13%, 人均绝对值在省域间排序由第 22 位提高为第 10 位。

其中, 第一个五年全国城镇人均文教消费年均增长 13.35%, 较明显高于宁夏, 2003 年宁夏城镇人均值降低至全国人均值的 69.00%, 处于省域间第 26 位。第二个五年全国城镇人均文教消费年均增长 7.77%, 明显低于宁夏, 2008 年宁夏城镇人均值提高至全国人均值的 76.84%, 处于省域间第

17 位。第三个五年全国城镇人均文教消费年均增长 11.05%，较明显低于宁夏，2013 年宁夏城镇人均值提高至全国人均值的 81.45%，处于省域间第23 位。第四个五年全国城镇人均文教消费年均增长 5.33%，宁夏年均增长9.11%，明显高于全国。

二 宁夏城镇文教消费相关背景情况

20 年来宁夏城镇文教消费相关比值变动态势见图 3。

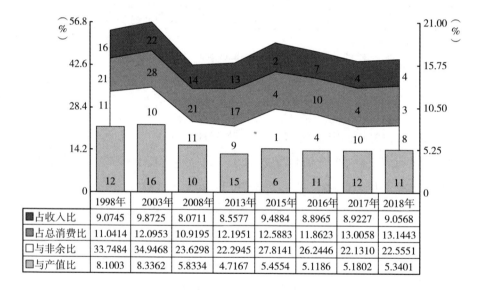

	1998年	2003年	2008年	2013年	2015年	2016年	2017年	2018年
■占收入比	9.0745	9.8725	8.0711	8.5577	9.4884	8.8965	8.9227	9.0568
■占总消费比	11.0414	12.0953	10.9195	12.1951	12.5883	11.8623	13.0058	13.1443
□与非余比	33.7484	34.9468	23.6298	22.2945	27.8141	26.2446	22.1310	22.5551
▨与产值比	8.1003	8.3362	5.8334	4.7167	5.4554	5.1186	5.1802	5.3401

图 3 宁夏城镇文教消费相关比值变动态势

左轴面积：人均文教消费占收入比、占总消费比、与非文消费剩余（简称"非余"）比（%），各项比值历年升降呈直观比例。右轴柱形：人均文教消费与产值比（%）。保留 4 位小数以便精确演算各项比值变化，标注各项比值省域位次。

1. 文教消费与产值比关系

1998~2018 年，宁夏城镇文教消费与产值比由 8.10% 降低至 5.34%，由于其他省域此项比值降低更加明显，宁夏从第 12 位上升到第 11 位。其间，此项比值在 1998~2000 年、2002 年、2005 年、2013 年、2015 年、2017~2018 年 9 个年度出现增高，其余年度则为降低；前后对比下降

34.08%，升降变化程度处于省域间第 12 位。最高比值为 2002 年的 10.70%，最低比值为 2012 年的 4.17%。

2. 文教消费占收入比关系

1998～2018 年，宁夏城镇文教消费占收入比由 9.07% 降低至 9.06%，由于其他省域此项比值降低更加明显，宁夏从第 16 位上升到第 4 位。其间，此项比值在 1998～2000 年、2002 年、2005 年、2008 年、2010 年、2013 年、2015 年、2017～2018 年 11 个年度出现增高，其余年度则为降低；前后对比下降 0.20%，升降变化程度处于省域间第 6 位。最高比值为 2002 年的 11.72%，最低比值为 2012 年的 7.64%。

3. 文教消费占总消费比关系

1998～2018 年，宁夏城镇文教消费占总消费比由 11.04% 提高至 13.14%，在省域间排序从第 21 位上升到第 3 位。其间，此项比值在 1998～2000 年、2002 年、2005 年、2010 年、2013 年、2015 年、2017～2018 年 10 个年度出现增高，其余年度则为降低；前后对比上升 19.05%，升降变化程度处于省域间第 8 位。最高比值为 2002 年的 13.93%，最低比值为 2009 年的 10.47%。

4. 文教消费与非文消费剩余比关系

1998～2018 年，宁夏城镇文教消费与非文消费剩余比由 33.75% 降低至 22.56%，由于其他省域此项比值降低更加明显，宁夏从第 11 位上升到第 8 位。其间，此项比值在 2001 年、2003～2004 年、2007 年、2009 年、2011～2012 年、2016 年 8 个年度出现增高，其余年度则为降低；前后对比下降 33.17%，升降变化程度处于省域间第 10 位。最高比值为 2000 年的 42.97%，最低比值为 2012 年的 20.82%。

宁夏城镇文教消费相关各项比值的具体分析表明，在文教消费需求增长与当地经济发展、城镇民生进步的协调性关系中，20 年以来文教消费占总消费比呈提升态势，与产值比、占收入比、与非文消费剩余比呈下降态势。

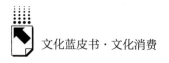
三 宁夏文教消费城乡、区域协调状况

1. 文教消费人均值城乡比

20 年来宁夏人均文教消费城乡比变动态势见图 4。

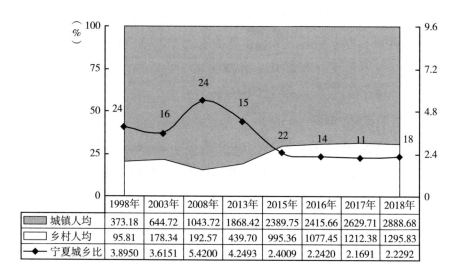

图 4　宁夏人均文教消费城乡比变动态势

左轴面积：城镇、乡村人均文教消费（元转换为%），城乡间历年升降呈直观比例关系。右轴曲线：人均文教消费城乡比（乡村 =1），标注城乡比省域位次。

1998～2018 年，宁夏人均文教消费城乡比由 3.8950 缩减至 2.2292，在省域间排序从第 24 位上升到第 18 位。最小城乡比为 2017 年的 2.1691，最大城乡比为 2008 年的 5.4200。

其间，城乡比在 1999 年、2003～2004 年、2007 年、2009 年、2011～2012 年、2014 年、2016～2017 年 10 个年度出现缩减，其余年度则为扩增。前后对比，宁夏文教消费城乡比缩小 42.77%，城乡比扩减变化状况处于省域间第 8 位。这意味着，宁夏属于文教消费城乡比扩减变化态势良好的省域之一。

分期考察宁夏城镇文教消费城乡差距变化动态，第一个五年略有减小，缩减 7.19%；第二个五年显著加大，扩增 49.93%；第三个五年明显减小，缩减 21.60%；第四个五年继续显著减小，缩减 47.54%。

据既往 20 年动态推演测算，2020 年宁夏文教消费城乡比将为 2.1082，相比当前较明显缩减；2035 年宁夏文教消费城乡比将为 1.3872，相比当前继续极显著缩减。

2. 城镇文教消费人均值地区差

20 年来宁夏城镇人均文教消费地区差变动态势见图5。

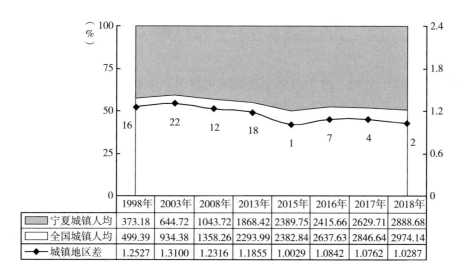

图5 宁夏城镇人均文教消费地区差变动态势

左轴面积：当地、全国人均文教消费（元转换为%），二者数值历年升降呈直观比例关系。右轴曲线：文教消费地区差（无差距=1），标注地区差省域位次。

1998～2018 年，宁夏城镇人均文教消费与全国城镇地区差由 1.2527 缩减至 1.0287，在省域间排序从第 16 位上升到第 2 位。最小地区差为 2015 年的 1.0029，最大地区差为 2004 年的 1.3695。

其间，地区差在 1998～2000 年、2002 年、2005～2006 年、2008 年、2010 年、2013～2015 年、2017～2018 年 13 个年度出现缩减，其余年度则为扩增。前后对比，宁夏城镇文教消费地区差缩小 17.88%，地区差扩减变化状况处于省域间第 5 位。这意味着宁夏属于城镇文教消费地区差扩减变化态

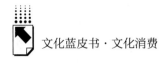

势良好的省域之一。

分期考察宁夏城镇文教消费地区差距变化动态，第一个五年较明显加大，扩增4.57%；第二个五年明显减小，缩减5.98%；第三个五年继续较明显减小，缩减3.74%；第四个五年继续显著减小，缩减13.23%。

据既往20年动态推演测算，2020年宁夏文教消费地区差将为1.0029，相比当前略微缩减；2035年宁夏文教消费地区差将为1.1639，相比当前较明显扩增。

四 宁夏城镇文教消费需求景气指数测评

综合以上分析：20年以来宁夏城镇文教消费总量年均增长明显高于全国增长，人均值年均增长也较明显高于全国平均增长；文教消费占总消费比呈提升态势，与产值比、占收入比、与非文消费剩余比呈下降态势；城乡比明显缩小，与全国城镇地区差极显著缩小。这些都集中体现在宁夏城镇文教消费需求景气指数的测评演算中。20年来宁夏城镇文教消费需求景气指数变动态势见图6。

1. 各年度无差距理想值横向测评

以全国城镇文教消费总量份额值、人均绝对值、相对比值为基准，并以相关增率比达到平衡，城乡、地区之间实现无差距状态为"理想值"100来衡量，2018年宁夏城镇此项景气指数为94.97，低于理想值5.03%，但高于上一年3.98个点。宁夏在省域间排行，1998年为第18位，2003年为第30位，2008年为第11位，2013年为第17位，2018年从上一年第5位上升为第4位。

2. 1998年以来20年基数值纵向测评

以1998年为起点基数值100，2018年宁夏城镇此项景气指数为197.08，高于1998年起点基数97.08%，也高于上一年10.23个点。宁夏在省域间排行，起点1998年不计，2003年为第21位，2008年为第12位，2013年为第9位，2018年从上一年第5位上升为第2位。

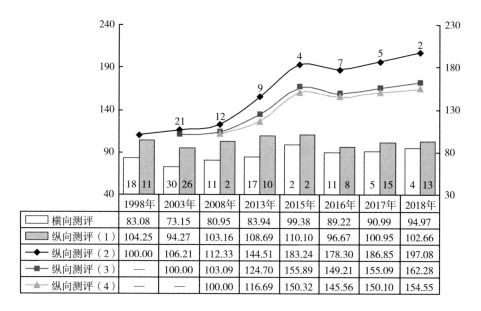

	1998年	2003年	2008年	2013年	2015年	2016年	2017年	2018年
横向测评	83.08	73.15	80.95	83.94	99.38	89.22	90.99	94.97
纵向测评（1）	104.25	94.27	103.16	108.69	110.10	96.67	100.95	102.66
纵向测评（2）	100.00	106.21	112.33	144.51	183.24	178.30	186.85	197.08
纵向测评（3）	—	100.00	103.09	124.70	155.89	149.21	155.09	162.28
纵向测评（4）	—	—	100.00	116.69	150.32	145.56	150.10	154.55

图6　宁夏城镇文教消费需求景气指数变动态势

左轴柱形：左横向测评（无差距理想值＝100）；右纵向测评（1），上年＝100。右轴曲线：纵向测评（起点年基数值＝100），（2）以1998年为起点，（3）以2003年为起点，（4）以2008年为起点。标注横向测评、纵向测评（1）（2）省域排行，纵向测评（2）起点年不计。

3. 2003年以来15年基数值纵向测评

以2003年为起点基数值100，2018年宁夏城镇此项景气指数为162.28，高于2003年起点基数62.28%，也高于上一年7.19个点。宁夏在省域间排行，起点2003年不计，2008年为第6位，2013年与之持平，2018年从上一年第2位下降为第3位。

4. 2008年以来10年基数值纵向测评

以2008年为起点基数值100，2018年宁夏城镇此项景气指数为154.55，高于2008年起点基数54.55%，也高于上一年4.45个点。宁夏在省域间排行，起点2008年不计，2013年为第14位，2018年从上一年第7位上升为第6位。

5. 逐年度上年基数值纵向测评

以2017年为起点基数值100，2018年宁夏城镇此项景气指数为102.66，

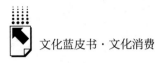

高于 2017 年起点基数 2.66%。宁夏在省域间排行，1998 年为第 11 位，2003 年为第 26 位，2008 年为第 2 位，2013 年为第 10 位，2018 年从上一年第 15 位上升为第 13 位。

囿于制图空间，2013 年以来 5 年基数值纵向测评省略，可见本书 B.4 城镇排行报告表 8 及相应文字简述。

B.14

黑龙江：1998~2018年城镇
景气指数提升度第4位

蒋坤洋*

摘　要： 2018年，黑龙江城镇文教消费总量增长处于第15位，人均值
增长处于第13位。黑龙江城镇文教消费需求景气评价排行结
果：在省域横向测评中，2018年景气指数排名第6位；在自身
纵向测评中，1998~2018年景气指数提升度第4位，2003~
2018年景气指数提升度第8位，2008~2018年景气指数提升
度第21位，2013~2018年景气指数提升度第15位，2017~
2018年景气指数提升度第14位。

关键词： 黑龙江　城镇　文教消费　景气评价

一　黑龙江城镇文教消费需求增长状况

1. 文教消费总量份额值变化

20年来黑龙江城镇文教消费总量增长、份额变化态势见图1。

1998~2018年，黑龙江城镇文教消费总量由58.04亿元增至558.69亿
元，增加500.65亿元，20年间总增长862.59%，年均增长11.99%，增长
幅度处于省域间第25位。其中，第一个五年年均增长17.25%；第二个五

---

* 蒋坤洋，云南省社会科学院培训部副研究员，主要从事民族法文化研究。

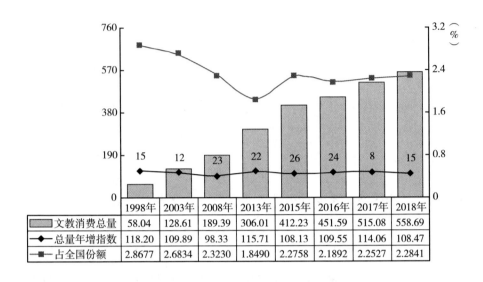

	1998年	2003年	2008年	2013年	2015年	2016年	2017年	2018年
文教消费总量	58.04	128.61	189.39	306.01	412.23	451.59	515.08	558.69
总量年增指数	118.20	109.89	98.33	115.71	108.13	109.55	114.06	108.47
占全国份额	2.8677	2.6834	2.3230	1.8490	2.2758	2.1892	2.2527	2.2841

图1　黑龙江城镇文教消费总量增长、份额变化态势

左轴柱形：文教消费总量（亿元）。左轴曲线：年度增长指数（上年＝100，小于100为负增长），标注历年增长省域位次。右轴曲线：占全国份额（％）。

年年均增长 8.05％；第三个五年年均增长 10.07％；第四个五年年均增长 12.79％。总量最高增长年度为 2000 年，增长 24.62％；最低增长年度为 2008 年，下降 1.67％。

同期，全国城镇文教消费总量年均增长 13.27％，较明显高于黑龙江 1.28 个百分点。黑龙江城镇文教消费总量占全国份额由 2.87％ 降低为 2.28％，增长幅度和份额升降变化排序处于省域间第 25 位。

其中，第一个五年，全国城镇文教消费总量年均增长 18.82％，较明显高于黑龙江 1.57 个百分点，黑龙江总量占全国份额下降 6.43％；第二个五年，全国城镇文教消费总量年均增长 11.21％，明显高于黑龙江 3.16 个百分点，黑龙江总量占全国份额下降 13.43％；第三个五年，全国城镇文教消费总量年均增长 15.21％，显著高于黑龙江 5.14 个百分点，黑龙江总量占全国份额下降 20.40％；第四个五年，全国城镇文教消费总量年均增长 8.13％，显著低于黑龙江 4.66 个百分点，黑龙江总量占全国份额上升

23.53%。

2. 文教消费人均绝对值增长

20年来黑龙江城镇人均文教消费增长、增幅变化态势见图2。

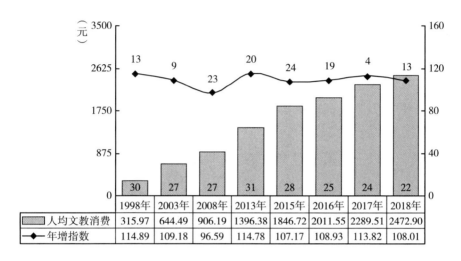

	1998年	2003年	2008年	2013年	2015年	2016年	2017年	2018年
人均文教消费	315.97	644.49	906.19	1396.38	1846.72	2011.55	2289.51	2472.90
年增指数	114.89	109.18	96.59	114.78	107.17	108.93	113.82	108.01

图2 黑龙江城镇人均文教消费增长、增幅变化态势

左轴柱形: 人均文教消费 (元)。右轴曲线: 年度增长指数 (上年 = 100, 小于100为负增长), 标注历年增长、人均值省域位次。

1998～2018年, 黑龙江城镇人均文教消费由315.97元增至2472.90元, 增加2156.93元, 总增长682.64%, 20年间年均增长10.84%, 增长幅度处于省域间第3位。其中, 第一个五年人均值总增长103.97%, 年均增长15.32%; 第二个五年人均值总增长40.61%, 年均增长7.05%; 第三个五年人均值总增长54.09%, 年均增长9.03%; 第四个五年人均值总增长77.09%, 年均增长12.11%。人均值最高增长年度为2014年, 增长23.40%; 最低增长年度为2008年, 下降3.41%。

同期, 全国城镇人均文教消费年均增长9.33%, 较明显低于黑龙江1.51个百分点 (对照图5)。黑龙江城镇人均文教消费从全国城镇人均值的63.27%提高至83.15%, 人均绝对值在省域间排序由第30位提高为第22位。

其中，第一个五年全国城镇人均文教消费年均增长13.35%，较明显低于黑龙江，2003年黑龙江城镇人均值提高至全国人均值的68.98%，处于省域间第27位。第二个五年全国城镇人均文教消费年均增长7.77%，略微高于黑龙江，2008年黑龙江城镇人均值降低至全国人均值的66.72%，处于省域间第27位。第三个五年全国城镇人均文教消费年均增长11.05%，明显高于黑龙江，2013年黑龙江城镇人均值降低至全国人均值的60.87%，处于省域间第31位。第四个五年全国城镇人均文教消费年均增长5.33%，黑龙江年均增长12.11%，极显著高于全国。

二 黑龙江城镇文教消费相关背景情况

20年来黑龙江城镇文教消费相关比值变动态势见图3。

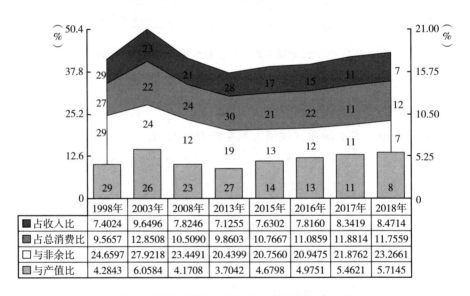

	1998年	2003年	2008年	2013年	2015年	2016年	2017年	2018年
■占收入比	7.4024	9.6496	7.8246	7.1255	7.6302	7.8160	8.3419	8.4714
■占总消费比	9.5657	12.8508	10.5090	9.8603	10.7667	11.0859	11.8814	11.7559
□与非余比	24.6597	27.9218	23.4491	20.4399	20.7560	20.9475	21.8762	23.2661
▨与产值比	4.2843	6.0584	4.1708	3.7042	4.6798	4.9751	5.4621	5.7145

图3 黑龙江城镇文教消费相关比值变动态势

左轴面积：人均文教消费占收入比、占总消费比、与非文消费剩余（简称"非余"）比（%），各项比值历年升降呈直观比例。右轴柱形：人均文教消费与产值比（%）。保留4位小数以便精确演算各项比值变化，标注各项比值省域位次。

1. 文教消费与产值比关系

1998～2018年，黑龙江城镇文教消费与产值比由4.28%提高至5.71%，在省域间排序从第29位上升到第8位。其间，此项比值在1998～2002年、2004年、2009年、2013～2018年13个年度出现增高，其余年度则为降低；前后对比上升33.38%，升降变化程度处于省域间第2位。最高比值为2002年的6.19%，最低比值为2012年的3.41%。

2. 文教消费占收入比关系

1998～2018年，黑龙江城镇文教消费占收入比由7.40%提高至8.47%，在省域间排序从第29位上升到第7位。其间，此项比值在1998～2001年、2004年、2011年、2013～2018年12个年度出现增高，其余年度则为降低；前后对比上升14.44%，升降变化程度处于省域间第2位。最高比值为2004年的10.21%，最低比值为2012年的6.85%。

3. 文教消费占总消费比关系

1998～2018年，黑龙江城镇文教消费占总消费比由9.57%提高至11.76%，在省域间排序从第27位上升到第12位。其间，此项比值在1998～2002年、2004年、2011年、2013～2017年12个年度出现增高，其余年度则为降低；前后对比上升22.90%，升降变化程度处于省域间第5位。最高比值为2004年的13.70%，最低比值为2012年的9.37%。

4. 文教消费与非文消费剩余比关系

1998～2018年，黑龙江城镇文教消费与非文消费剩余比由24.66%降低至23.27%，由于其他省域此项比值降低更加明显，黑龙江从第29位上升到第7位。其间，此项比值在2002年、2005～2006年、2008～2010年、2012年、2015～2016年9个年度出现增高，其余年度则为降低；前后对比下降5.65%，升降变化程度处于省域间第1位。最高比值为2001年的30.22%，最低比值为2012年的20.30%。

黑龙江城镇文教消费相关各项比值的具体分析表明，在文教消费需求增长与当地经济发展、城镇民生进步的协调性关系中，20年以来文教消费与产值比、占收入比、占总消费比呈提升态势，与非文消费剩余比呈下降态势。

三 黑龙江文教消费城乡、区域协调状况

1. 文教消费人均值城乡比

20年来黑龙江人均文教消费城乡比变动态势见图4。

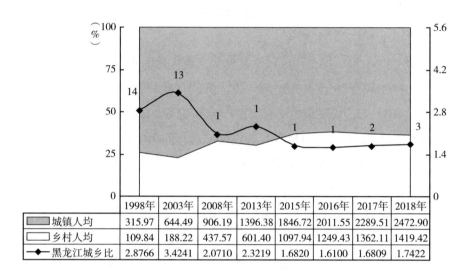

图4 黑龙江人均文教消费城乡比变动态势

左轴面积：城镇、乡村人均文教消费（元转换为%），城乡间历年升降呈直观比例关系。右轴曲线：人均文教消费城乡比（乡村＝1），标注城乡比省域位次。

1998～2018年，黑龙江人均文教消费城乡比由2.8766缩减至1.7422，在省域间排序从第14位上升到第3位。最小城乡比为2016年的1.6100，最大城乡比为2004年的4.0448。

其间，城乡比在2000年、2005年、2007～2010年、2012～2016年11个年度出现缩减，其余年度则为扩增。前后对比，黑龙江文教消费城乡比缩小39.44%，城乡比扩减变化状况处于省域间第11位。这意味着，黑龙江属于文教消费城乡比扩减变化态势良好的省域之一。

分期考察黑龙江城镇文教消费城乡差距变化动态，第一个五年较明显加大，扩增19.03%；第二个五年明显减小，缩减39.52%；第三个五年较明

显加大，扩增 12.11%；第四个五年明显减小，缩减 24.97%。

据既往 20 年动态推演测算，2020 年黑龙江文教消费城乡比将为 1.6570，相比当前较明显缩减；2035 年黑龙江文教消费城乡比将为 1.1376，相比当前继续极显著缩减。

2. 城镇文教消费人均值地区差

20 年来黑龙江城镇人均文教消费地区差变动态势见图 5。

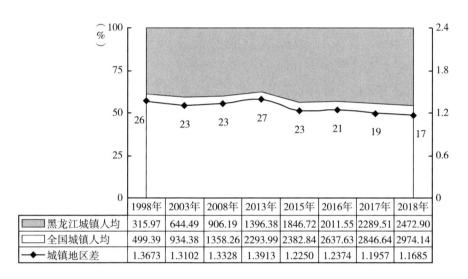

图 5　黑龙江城镇人均文教消费地区差变动态势

左轴面积：当地、全国人均文教消费（元转换为%），二者数值历年升降呈直观比例关系。右轴曲线：文教消费地区差（无差距=1），标注地区差省域位次。

1998～2018 年，黑龙江城镇人均文教消费与全国城镇地区差由 1.3673 缩减至 1.1685，在省域间排序从第 26 位上升到第 17 位。最小地区差为 2018 年的 1.1685，最大地区差为 2012 年的 1.4017。

其间，地区差在 1998～2001 年、2003～2004 年、2007 年、2011 年、2013～2014 年、2017～2018 年 12 个年度出现缩减，其余年度则为扩增。前后对比，黑龙江城镇文教消费地区差缩小 14.54%，地区差扩减变化状况处于省域间第 6 位。这意味着黑龙江属于城镇文教消费地区差扩减变化态势良好的省域之一。

分期考察黑龙江城镇文教消费地区差距变化动态，第一个五年较明显减小，缩减 4.18%；第二个五年较明显加大，扩增 1.72%；第三个五年继续较明显加大，扩增 4.39%；第四个五年极显著减小，缩减 16.01%。

据既往 20 年动态推演测算，2020 年黑龙江文教消费地区差将为1.1455，相比当前略微缩减；2035 年黑龙江文教消费地区差将为 1.1375，相比当前继续略微缩减。

四 黑龙江城镇文教消费需求景气指数测评

综合以上分析：20 年以来黑龙江城镇文教消费总量年均增长较明显低于全国增长，人均值年均增长较明显高于全国平均增长；文教消费与产值比、占收入比、占总消费比呈提升态势，与非文消费剩余比呈下降态势；城乡比较明显缩小，与全国城镇地区差显著缩小。这些都集中体现在黑龙江城镇文教消费需求景气指数的测评演算中。20 年来黑龙江城镇文教消费需求景气指数变动态势见图 6。

1. 各年度无差距理想值横向测评

以全国城镇文教消费总量份额值、人均绝对值、相对比值为基准，并以相关增率比达到平衡，城乡、地区之间实现无差距状态为"理想值"100 来衡量，2018 年黑龙江城镇此项景气指数为 93.36，低于理想值 6.64%，但高于上一年 1.40 个点。黑龙江在省域间排行，1998 年为第 30 位，2003 年为第 25 位，2008 年为第 19 位，2013 年为第 30 位，2018 年从上一年第 4 位下降为第 6 位。

2. 1998年以来20年基数值纵向测评

以 1998 年为起点基数值 100，2018 年黑龙江城镇此项景气指数为195.32，高于 1998 年起点基数 95.32%，也高于上一年 6.32 个点。黑龙江在省域间排行，起点 1998 年不计，2003 年为第 9 位，2008 年为第 3 位，2013 年为第 14 位，2018 年与上一年持平，皆为第 4 位。

3. 2003年以来15年基数值纵向测评

以 2003 年为起点基数值 100，2018 年黑龙江城镇此项景气指数为

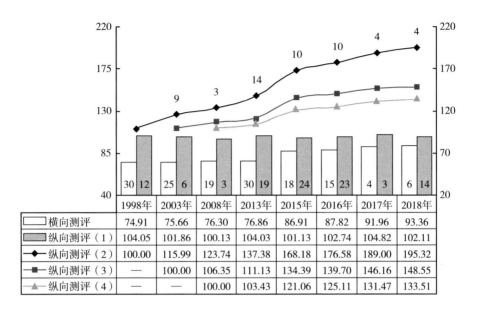

	1998年	2003年	2008年	2013年	2015年	2016年	2017年	2018年
☐ 横向测评	74.91	75.66	76.30	76.86	86.91	87.82	91.96	93.36
▨ 纵向测评（1）	104.05	101.86	100.13	104.03	101.13	102.74	104.82	102.11
◆ 纵向测评（2）	100.00	115.99	123.74	137.38	168.18	176.58	189.00	195.32
■ 纵向测评（3）	—	100.00	106.35	111.13	134.39	139.70	146.16	148.55
▲ 纵向测评（4）	—	—	100.00	103.43	121.06	125.11	131.47	133.51

图6　黑龙江城镇文教消费需求景气指数变动态势

左轴柱形：左横向测评（无差距理想值＝100）；右纵向测评（1），上年＝100。右轴曲线：纵向测评（起点年基数值＝100），（2）以1998年为起点，（3）以2003年为起点，（4）以2008年为起点。标注横向测评、纵向测评（1）（2）省域排行，纵向测评（2）起点年不计。

148.55，高于2003年起点基数48.55%，也高于上一年2.39个点。黑龙江在省域间排行，起点2003年不计，2008年为第3位，2013年为第16位，2018年从上一年第6位下降为第8位。

4. 2008年以来10年基数值纵向测评

以2008年为起点基数值100，2018年黑龙江城镇此项景气指数为133.51，高于2008年起点基数33.51%，也高于上一年2.04个点。黑龙江在省域间排行，起点2008年不计，2013年为第26位，2018年从上一年第20位下降为第21位。

5. 逐年度上年基数值纵向测评

以2017年为起点基数值100，2018年黑龙江城镇此项景气指数为102.11，高于2017年起点基数2.11%。黑龙江在省域间排行，1998年为第

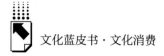

12 位，2003 年为第 6 位，2008 年为第 3 位，2013 年为第 19 位，2018 年从上一年第 3 位下降为第 14 位。

囿于制图空间，2013 年以来 5 年基数值纵向测评省略，可见本书 B.4 城镇排行报告表 8 及相应文字简述。

湖北：2017~2018年城镇
景气指数提升度第5位

杨媛媛*

摘　要： 2018年，湖北城镇文教消费总量增长处于第8位，人均值增长处于第8位。湖北城镇文教消费需求景气评价排行结果：在省域横向测评中，2018年景气指数排名第10位；在自身纵向测评中，1998~2018年景气指数提升度第28位，2003~2018年景气指数提升度第16位，2008~2018年景气指数提升度第9位，2013~2018年景气指数提升度第6位，2017~2018年景气指数提升度第5位。

关键词： 湖北　城镇　文教消费　景气评价

一　湖北城镇文教消费需求增长状况

1. 文教消费总量份额值变化

20年来湖北城镇文教消费总量增长、份额变化态势见图1。

1998~2018年，湖北城镇文教消费总量由109.57亿元增至952.25亿元，增加842.68亿元，20年间总长769.08%，年均增长11.42%，增长幅度处于省域间第30位。其中，第一个五年年均增长13.99%；第二个五

---

* 杨媛媛，云南省社会科学院财务部副主任、副研究员，主要从事会计、财务相关研究。

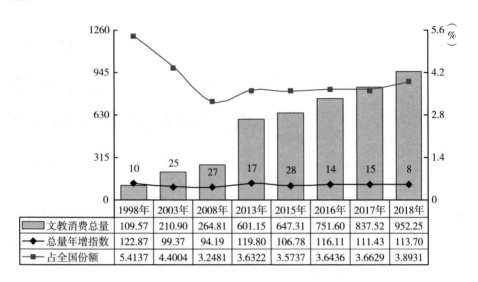

图1　湖北城镇文教消费总量增长、份额变化态势

左轴柱形：文教消费总量（亿元）。左轴曲线：年度增长指数（上年＝100，小于100为负增长），标注历年增长省域位次。右轴曲线：占全国份额（%）。

年年均增长4.66%；第三个五年年均增长17.82%；第四个五年年均增长9.64%。总量最高增长年度为2011年，增长25.77%；最低增长年度为2008年，下降5.81%。

同期，全国城镇文教消费总量年均增长13.27%，较明显高于湖北1.85个百分点。湖北城镇文教消费总量占全国份额由5.41%降低为3.89%，增长幅度和份额升降变化排序处于省域间第30位。

其中，第一个五年，全国城镇文教消费总量年均增长18.82%，显著高于湖北4.83个百分点，湖北总量占全国份额下降18.72%；第二个五年，全国城镇文教消费总量年均增长11.21%，极显著高于湖北6.55个百分点，湖北总量占全国份额下降26.19%；第三个五年，全国城镇文教消费总量年均增长15.21%，明显低于湖北2.61个百分点，湖北总量占全国份额上升11.83%；第四个五年，全国城镇文教消费总量年均增长8.13%，较明显低于湖北1.51个百分点，湖北总量占全国份额上升7.18%。

2. 文教消费人均绝对值增长

20 年来湖北城镇人均文教消费增长、增幅变化态势见图 2。

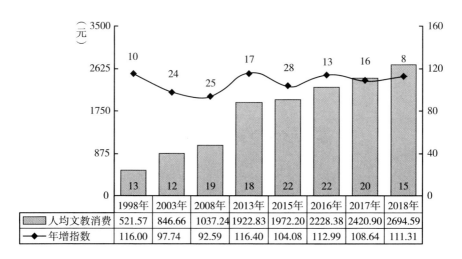

	1998年	2003年	2008年	2013年	2015年	2016年	2017年	2018年
人均文教消费	521.57	846.66	1037.24	1922.83	1972.20	2228.38	2420.90	2694.59
年增指数	116.00	97.74	92.59	116.40	104.08	112.99	108.64	111.31

图 2　湖北城镇人均文教消费增长、增幅变化态势

左轴柱形：人均文教消费（元）。右轴曲线：年度增长指数（上年 = 100，小于 100 为负增长），标注历年增长、人均值省域位次。

1998～2018 年，湖北城镇人均文教消费由 521.57 元增至 2694.59 元，增加 2173.02 元，总增长 416.63%，20 年间年均增长 8.56%，增长幅度处于省域间第 22 位。其中，第一个五年人均值总增长 61.75%，年均增长 10.10%；第二个五年人均值总增长 22.95%，年均增长 4.22%；第三个五年人均值总增长 85.38%，年均增长 13.14%；第四个五年人均值总增长 40.14%，年均增长 6.98%。人均值最高增长年度为 2002 年，增长 23.50%；最低增长年度为 2008 年，下降 7.41%。

同期，全国城镇人均文教消费年均增长 9.33%，略微高于湖北 0.77 个百分点（对照图 5）。湖北城镇人均文教消费从全国城镇人均值的 104.44% 降低至 90.60%，人均绝对值在省域间排序由第 13 位降低为第 15 位。

其中，第一个五年全国城镇人均文教消费年均增长 13.35%，明显高于湖北，2003 年湖北城镇人均值降低至全国人均值的 90.29%，处于省域间第

12 位。第二个五年全国城镇人均文教消费年均增长 7.77%，明显高于湖北，2008 年湖北城镇人均值降低至全国人均值的 76.37%，处于省域间第 19 位。第三个五年全国城镇人均文教消费年均增长 11.05%，明显低于湖北，2013 年湖北城镇人均值提高至全国人均值的 83.82%，处于省域间第 18 位。第四个五年全国城镇人均文教消费年均增长 5.33%，湖北年均增长 6.98%，较明显高于全国。

二 湖北城镇文教消费相关背景情况

20 年来湖北城镇文教消费相关比值变动态势见图 3。

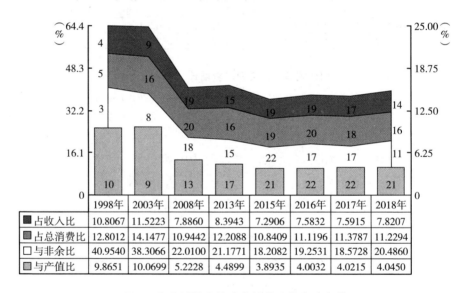

	1998年	2003年	2008年	2013年	2015年	2016年	2017年	2018年
■占收入比	10.8067	11.5223	7.8860	8.3943	7.2906	7.5832	7.5915	7.8207
■占总消费比	12.8012	14.1477	10.9442	12.2088	10.8409	11.1196	11.3787	11.2294
□与非余比	40.9540	38.3066	22.0100	21.1771	18.2082	19.2531	18.5728	20.4860
▨与产值比	9.8651	10.0699	5.2228	4.4899	3.8935	4.0032	4.0215	4.0450

图 3　湖北城镇文教消费相关比值变动态势

左轴面积：人均文教消费占收入比、占总消费比、与非文消费剩余（简称"非余"）比（%），各项比值历年升降呈直观比例。右轴柱形：人均文教消费与产值比（%）。保留 4 位小数以便精确演算各项比值变化，标注各项比值省域位次。

1. 文教消费与产值比关系

1998～2018 年，湖北城镇文教消费与产值比由 9.87% 降低至 4.04%，在省域间排序从第 10 位下降到第 21 位。其间，此项比值在 1998～1999 年、

2001～2002 年、2009 年、2013 年、2016～2018 年 9 个年度出现增高，其余年度则为降低；前后对比下降 59.00%，升降变化程度处于省域间第 27 位。最高比值为 2002 年的 11.61%，最低比值为 2015 年的 3.89%。

2. 文教消费占收入比关系

1998～2018 年，湖北城镇文教消费占收入比由 10.81% 降低至 7.82%，在省域间排序从第 4 位下降到第 14 位。其间，此项比值在 1998～1999 年、2001～2002 年、2004 年、2009 年、2011 年、2013 年、2016～2018 年 11 个年度出现增高，其余年度则为降低；前后对比下降 27.63%，升降变化程度处于省域间第 25 位。最高比值为 2002 年的 12.71%，最低比值为 2015 年的 7.29%。

3. 文教消费占总消费比关系

1998～2018 年，湖北城镇文教消费占总消费比由 12.80% 降低至 11.23%，在省域间排序从第 5 位下降到第 16 位。其间，此项比值在 1998～1999 年、2001～2002 年、2004 年、2006 年、2009 年、2011～2013 年、2016～2017 年 12 个年度出现增高，其余年度则为降低；前后对比下降 12.28%，升降变化程度处于省域间第 26 位。最高比值为 2002 年的 15.39%，最低比值为 2015 年的 10.84%。

4. 文教消费与非文消费剩余比关系

1998～2018 年，湖北城镇文教消费与非文消费剩余比由 40.95% 降低至 20.49%，在省域间排序从第 3 位下降到第 11 位。其间，此项比值在 1998～1999 年、2002～2003 年、2005 年、2008 年、2010 年、2015 年 8 个年度出现增高，其余年度则为降低；前后对比下降 49.98%，升降变化程度处于省域间第 23 位。最高比值为 2002 年的 42.25%，最低比值为 2015 年的 18.21%。

湖北城镇文教消费相关各项比值的具体分析表明，在文教消费需求增长与当地经济发展、城镇民生进步的协调性关系中，20 年以来相关比值全面呈现明显下降态势。

三 湖北文教消费城乡、区域协调状况

1. 文教消费人均值城乡比

20 年来湖北人均文教消费城乡比变动态势见图 4。

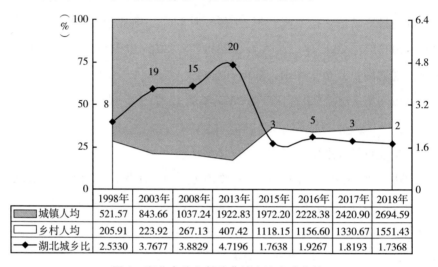

	1998年	2003年	2008年	2013年	2015年	2016年	2017年	2018年
城镇人均	521.57	843.66	1037.24	1922.83	1972.20	2228.38	2420.90	2694.59
乡村人均	205.91	223.92	267.13	407.42	1118.15	1156.60	1330.67	1551.43
湖北城乡比	2.5330	3.7677	3.8829	4.7196	1.7638	1.9267	1.8193	1.7368

图 4 湖北人均文教消费城乡比变动态势

左轴面积：城镇、乡村人均文教消费（元转换为%），城乡间历年升降呈直观比例关系。右轴曲线：人均文教消费城乡比（乡村 = 1），标注城乡比省域位次。

1998～2018 年，湖北人均文教消费城乡比由 2.5330 缩减至 1.7368，在省域间排序从第 8 位上升到第 2 位。最小城乡比为 2018 年的 1.7368，最大城乡比为 2013 年的 4.7196。

其间，城乡比在 2000 年、2005 年、2008 年、2011～2012 年、2014～2015 年、2017～2018 年 9 个年度出现缩减，其余年度则为扩增。前后对比，湖北文教消费城乡比缩小 31.43%，城乡比扩减变化状况处于省域间第 17 位。这意味着，湖北属于文教消费城乡比扩减变化态势良好的省域之一。

分期考察湖北城镇文教消费城乡差距变化动态，第一个五年显著加大，扩增 48.74%；第二个五年略有加大，扩增 3.06%；第三个五年继续明显加大，扩增 21.55%；第四个五年极显著减小，缩减 63.20%。

据既往20年动态推演测算，2020年湖北文教消费城乡比将为1.6725，相比当前较明显缩减；2035年湖北文教消费城乡比将为1.2603，相比当前继续极显著缩减。

2. 城镇文教消费人均值地区差

20年来湖北城镇人均文教消费地区差变动态势见图5。

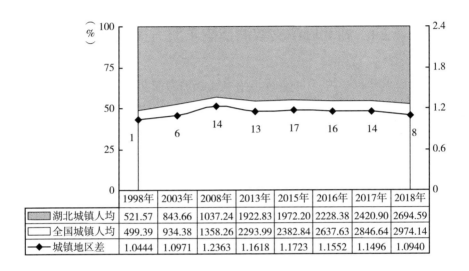

图5 湖北城镇人均文教消费地区差变动态势

左轴面积：当地、全国人均文教消费（元转换为%），二者数值历年升降呈直观比例
关系。右轴曲线：文教消费地区差（无差距＝1），标注地区差省域位次。

1998～2018年，湖北城镇人均文教消费与全国城镇地区差由1.0444扩增至1.0940，在省域间排序从第1位下降到第8位。最小地区差为2001年的1.0129，最大地区差为2008年的1.2363。

其间，地区差在2000～2001年、2004年、2006～2007年、2009年、2011～2014年、2016～2018年13个年度出现缩减，其余年度则为扩增。前后对比，湖北城镇文教消费地区差扩大4.75%，地区差扩减变化状况处于省域间第26位。这意味着湖北属于城镇文教消费地区差扩减变化态势不甚严重的省域之一。

分期考察湖北城镇文教消费地区差距变化动态，第一个五年明显加大，扩增5.05%；第二个五年显著加大，扩增12.69%；第三个五年明显减小，缩减6.03%；第四个五年继续明显减小，缩减5.84%。

据既往20年动态推演测算，2020年湖北文教消费地区差将为1.1068，相比当前略微扩增；2035年湖北文教消费地区差将为1.1407，相比当前继续略微扩增。

四 湖北城镇文教消费需求景气指数测评

综合以上分析：20年以来湖北城镇文教消费总量年均增长较明显低于全国增长，人均值年均增长也略微低于全国平均增长；相关比值全面呈现明显下降态势；城乡比较明显缩小，与全国城镇地区差较明显扩大。这些都集中体现在湖北城镇文教消费需求景气指数的测评演算中。20年来湖北城镇文教消费需求景气指数变动态势见图6。

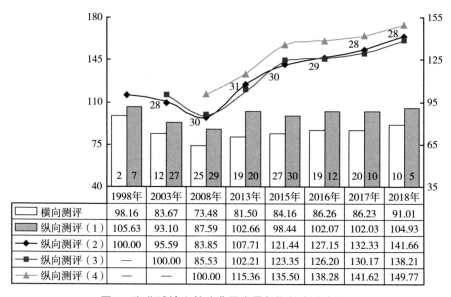

	1998年	2003年	2008年	2013年	2015年	2016年	2017年	2018年
横向测评	98.16	83.67	73.48	81.50	84.16	86.26	86.23	91.01
纵向测评（1）	105.63	93.10	87.59	102.66	98.44	102.07	102.03	104.93
纵向测评（2）	100.00	95.59	83.85	107.71	121.44	127.15	132.33	141.66
纵向测评（3）	—	100.00	85.53	102.21	123.35	126.20	130.17	138.21
纵向测评（4）	—	—	100.00	115.36	135.50	138.28	141.62	149.77

图6 湖北城镇文教消费需求景气指数变动态势

左轴柱形：左横向测评（无差距理想值=100）；右纵向测评（1），上年=100。右轴曲线：纵向测评（起点年基数值=100），（2）以1998年为起点，（3）以2003年为起点，（4）以2008年为起点。标注横向测评、纵向测评（1）（2）省域排行，纵向测评（2）起点年不计。

1. 各年度无差距理想值横向测评

以全国城镇文教消费总量份额值、人均绝对值、相对比值为基准，并以相关增率比达到平衡，城乡、地区之间实现无差距状态为"理想值"100来衡量，2018年湖北城镇此项景气指数为91.01，低于理想值8.99%，但高于上一年4.78个点。湖北在省域间排行，1998年为第2位，2003年为第12位，2008年为第25位，2013年为第19位，2018年从上一年第20位上升为第10位。

2. 1998年以来20年基数值纵向测评

以1998年为起点基数值100，2018年湖北城镇此项景气指数为141.66，高于1998年起点基数41.66%，也高于上一年9.33个点。湖北在省域间排行，起点1998年不计，2003年为第28位，2008年为第30位，2013年为第31位，2018年与上一年持平，皆为第28位。

3. 2003年以来15年基数值纵向测评

以2003年为起点基数值100，2018年湖北城镇此项景气指数为138.21，高于2003年起点基数38.21%，也高于上一年8.04个点。湖北在省域间排行，起点2003年不计，2008年为第28位，2013年为第26位，2018年从上一年第20位上升为第16位。

4. 2008年以来10年基数值纵向测评

以2008年为起点基数值100，2018年湖北城镇此项景气指数为149.77，高于2008年起点基数49.77%，也高于上一年8.15个点。湖北在省域间排行，起点2008年不计，2013年为第16位，2018年与上一年持平，皆为第9位。

5. 逐年度上年基数值纵向测评

以2017年为起点基数值100，2018年湖北城镇此项景气指数为104.93，高于2017年起点基数4.93%。湖北在省域间排行，1998年为第7位，2003年为第27位，2008年为第29位，2013年为第20位，2018年从上一年第10位上升为第5位。

囿于制图空间，2013年以来5年基数值纵向测评省略，可见本书B.4城镇排行报告表8及相应文字简述。

B.16
天津：2017～2018年城镇
景气指数提升度第7位

官 珏[*]

摘 要： 2018年，天津城镇文教消费总量增长处于第2位，人均值增长处于第2位。天津城镇文教消费需求景气评价排行结果：在省域横向测评中，2018年景气指数排名第9位；在自身纵向测评中，1998～2018年景气指数提升度第22位，2003～2018年景气指数提升度第22位，2008～2018年景气指数提升度第19位，2013～2018年景气指数提升度第22位，2017～2018年景气指数提升度第7位。

关键词： 天津 城镇 文教消费 景气评价

一 天津城镇文教消费需求增长状况

1. 文教消费总量份额值变化

20年来天津城镇文教消费总量增长、份额变化态势见图1。

1998～2018年，天津城镇文教消费总量由43.72亿元增至465.64亿元，增加421.92亿元，20年间总增长965.05%，年均增长12.56%，增长幅度处于省域间第21位。其中，第一个五年年均增长12.98%；第二个五年年

---

* 官珏，云南省社会科学院东南亚研究所副研究员，主要从事民族文化、东南亚研究。

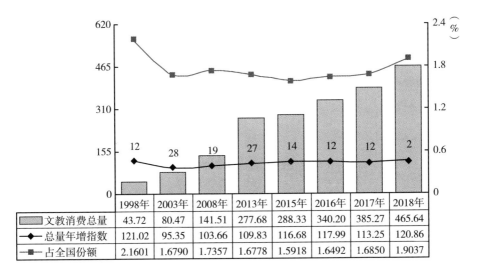

	1998年	2003年	2008年	2013年	2015年	2016年	2017年	2018年
文教消费总量	43.72	80.47	141.51	277.68	288.33	340.20	385.27	465.64
总量年增指数	121.02	95.35	103.66	109.83	116.68	117.99	113.25	120.86
占全国份额	2.1601	1.6790	1.7357	1.6778	1.5918	1.6492	1.6850	1.9037

图1　天津城镇文教消费总量增长、份额变化态势

左轴柱形：文教消费总量（亿元）。左轴曲线：年度增长指数（上年＝100，小于100为负增长），标注历年增长省域位次。右轴曲线：占全国份额（％）。

均增长 11.95%；第三个五年年均增长 14.43%；第四个五年年均增长 10.89%。总量最高增长年度为 2002 年，增长 29.79%；最低增长年度为 2014 年，下降 11.00%。

同期，全国城镇文教消费总量年均增长 13.27%，略微高于天津 0.71 个百分点。天津城镇文教消费总量占全国份额由 2.16% 降低为 1.90%，增长幅度和份额升降变化排序处于省域间第 21 位。

其中，第一个五年，全国城镇文教消费总量年均增长 18.82%，显著高于天津 5.84 个百分点，天津总量占全国份额下降 22.27%；第二个五年，全国城镇文教消费总量年均增长 11.21%，略微低于天津 0.74 个百分点，天津总量占全国份额上升 3.38%；第三个五年，全国城镇文教消费总量年均增长 15.21%，略微高于天津 0.78 个百分点，天津总量占全国份额下降 3.34%；第四个五年，全国城镇文教消费总量年均增长 8.13%，明显低于天津 2.76 个百分点，天津总量占全国份额上升 13.46%。

2. 文教消费人均绝对值增长

20 年来天津城镇人均文教消费增长、增幅变化态势见图 2。

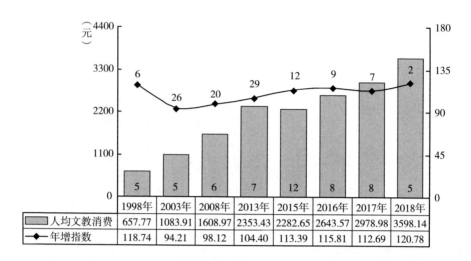

图2　天津城镇人均文教消费增长、增幅变化态势

左轴柱形：人均文教消费（元）。右轴曲线：年度增长指数（上年＝100，小于100为负增长），标注历年增长、人均值省域位次。

1998～2018年，天津城镇人均文教消费由657.77元增至3598.14元，增加2940.37元，总增长447.02%，20年间年均增长8.87%，增长幅度处于省域间第19位。其中，第一个五年人均值总增长64.79%，年均增长10.51%；第二个五年人均值总增长48.44%，年均增长8.22%；第三个五年人均值总增长46.27%，年均增长7.90%；第四个五年人均值总增长52.89%，年均增长8.86%。人均值最高增长年度为2002年，增长28.26%；最低增长年度为2014年，下降14.46%。

同期，全国城镇人均文教消费年均增长9.33%，略微高于天津0.46个百分点（对照图5）。天津城镇人均文教消费从全国城镇人均值的131.71%降低至120.98%，人均绝对值在省域间排序保持在第5位。

其中，第一个五年全国城镇人均文教消费年均增长13.35%，明显高于天津，2003年天津城镇人均值降低至全国人均值的116.00%，处于省域间第5位。第二个五年全国城镇人均文教消费年均增长7.77%，略微低于天津，2008年天津城镇人均值提高至全国人均值的118.46%，处于省域间第6位。第三个五年全国城镇人均文教消费年均增长11.05%，明显高于天津，

2013 年天津城镇人均值降低至全国人均值的 102.59%，处于省域间第 7 位。第四个五年全国城镇人均文教消费年均增长 5.33%，天津年均增长 8.86%，明显高于全国。

二　天津城镇文教消费相关背景情况

20 年来天津城镇文教消费相关比值变动态势见图 3。

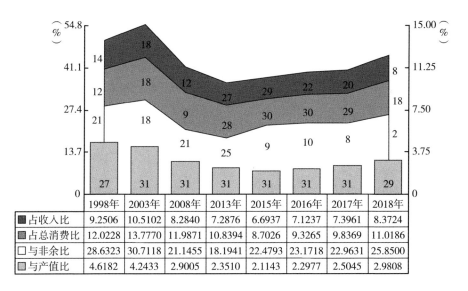

	1998年	2003年	2008年	2013年	2015年	2016年	2017年	2018年
■占收入比	9.2506	10.5102	8.2840	7.2876	6.6937	7.1237	7.3961	8.3724
▨占总消费比	12.0228	13.7770	11.9871	10.8394	8.7026	9.3265	9.8369	11.0186
□与非余比	28.6323	30.7118	21.1455	18.1941	22.4793	23.1718	22.9631	25.8500
▨与产值比	4.6182	4.2433	2.9005	2.3510	2.1143	2.2977	2.5045	2.9808

图 3　天津城镇文教消费相关比值变动态势

左轴面积：人均文教消费占收入比、占总消费比、与非文消费剩余（简称"非余"）比（%），各项比值历年升降呈直观比例。右轴柱形：人均文教消费与产值比（%）。保留 4 位小数以便精确演算各项比值变化，标注各项比值省域位次。

1. 文教消费与产值比关系

1998～2018 年，天津城镇文教消费与产值比由 4.62% 降低至 2.98%，在省域间排序从第 27 位下降到第 29 位。其间，此项比值在 1998～1999 年、2001～2002 年、2007 年、2015～2018 年 9 个年度出现增高，其余年度则为降低；前后对比下降 35.46%，升降变化程度处于省域间第 13 位。最高比值为 2002 年的 5.38%，最低比值为 2014 年的 1.91%。

2. 文教消费占收入比关系

1998～2018年，天津城镇文教消费占收入比由9.25%降低至8.37%，由于其他省域此项比值降低更加明显，天津从第14位上升到第8位。其间，此项比值在1998～2002年、2004年、2006年、2011年、2015～2018年12个年度出现增高，其余年度则为降低；前后对比下降9.49%，升降变化程度处于省域间第11位。最高比值为2002年的12.32%，最低比值为2014年的6.39%。

3. 文教消费占总消费比关系

1998～2018年，天津城镇文教消费占总消费比由12.02%降低至11.02%，在省域间排序从第12位下降到第18位。其间，此项比值在1998～2000年、2002年、2004年、2006年、2011年、2015～2018年11个年度出现增高，其余年度则为降低；前后对比下降8.35%，升降变化程度处于省域间第21位。最高比值为2002年的16.00%，最低比值为2014年的8.29%。

4. 文教消费与非文消费剩余比关系

1998～2018年，天津城镇文教消费与非文消费剩余比由28.63%降低至25.85%，由于其他省域此项比值降低更加明显，天津从第21位上升到第2位。其间，此项比值在1998年、2001年、2004年、2006～2007年、2014年、2017～2018年8个年度出现增高，其余年度则为降低；前后对比下降9.72%，升降变化程度处于省域间第3位。最高比值为2002年的34.91%，最低比值为2013年的18.19%。

天津城镇文教消费相关各项比值的具体分析表明，在文教消费需求增长与当地经济发展、城镇民生进步的协调性关系中，20年以来相关比值全面呈现轻微下降态势。

三 天津文教消费城乡、区域协调状况

1. 文教消费人均值城乡比

20年来天津人均文教消费城乡比变动态势见图4。

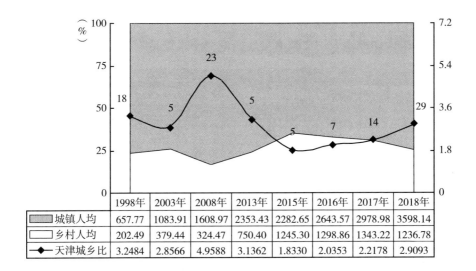

图 4　天津人均文教消费城乡比变动态势

左轴面积: 城镇、乡村人均文教消费 (元转换为%), 城乡间历年升降呈直观比例关系。右轴曲线: 人均文教消费城乡比 (乡村 =1), 标注城乡比省域位次。

1998~2018 年, 天津人均文教消费城乡比由 3.2484 缩减至 2.9093, 由于其他省域文教消费城乡比缩小更为显著, 天津城乡比在省域间排序从第 18 位下降到第 29 位。最小城乡比为 2015 年的 1.8330, 最大城乡比为 2007 年的 5.2547。

其间, 城乡比在 1998 年、2000 年、2003 年、2008~2012 年、2014~2015 年 10 个年度出现缩减, 其余年度则为扩增。前后对比, 天津文教消费城乡比缩小 10.44%, 城乡比扩减变化状况处于省域间第 24 位。这意味着, 天津属于文教消费城乡比扩减变化态势良好的省域之一。

分期考察天津城镇文教消费城乡差距变化动态, 第一个五年较明显减小, 缩减 12.06%; 第二个五年极显著加大, 扩增 73.59%; 第三个五年明显减小, 缩减 36.75%; 第四个五年继续略有减小, 缩减 7.23%。

据既往 20 年动态推演测算, 2020 年天津文教消费城乡比将为 2.8774, 相比当前略微缩减; 2035 年天津文教消费城乡比将为 2.6490, 相比当前继续显著缩减。

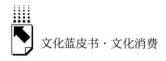

2. 城镇文教消费人均值地区差

20 年来天津城镇人均文教消费地区差变动态势见图 5。

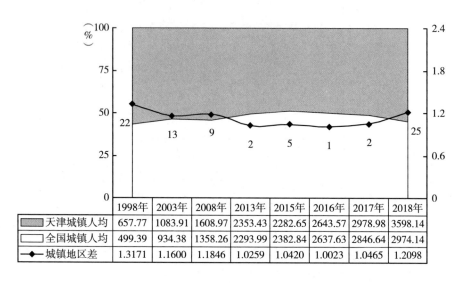

	1998年	2003年	2008年	2013年	2015年	2016年	2017年	2018年
天津城镇人均	657.77	1083.91	1608.97	2353.43	2282.65	2643.57	2978.98	3598.14
全国城镇人均	499.39	934.38	1358.26	2293.99	2382.84	2637.63	2846.64	2974.14
城镇地区差	1.3171	1.1600	1.1846	1.0259	1.0420	1.0023	1.0465	1.2098

图 5　天津城镇人均文教消费地区差变动态势

左轴面积：当地、全国人均文教消费（元转换为％），二者数值历年升降呈直观比例关系。右轴曲线：文教消费地区差（无差距＝1），标注地区差省域位次。

1998～2018 年，天津城镇人均文教消费与全国城镇地区差由 1.3171 缩减至 1.2098，由于其他省域城镇文教消费与全国地区差缩小更为显著，天津城镇地区差在省域间排序从第 22 位下降到第 25 位。最小地区差为 2016 年的 1.0023，最大地区差为 1998 年的 1.3171。

其间，地区差在 1999～2000 年、2002～2003 年、2005 年、2008～2013 年、2015～2016 年 13 个年度出现缩减，其余年度则为扩增。前后对比，天津城镇文教消费地区差缩小 8.15%，地区差扩减变化状况处于省域间第 14 位。这意味着天津属于城镇文教消费地区差扩减变化态势良好的省域之一。

分期考察天津城镇文教消费地区差距变化动态，第一个五年显著减小，缩减 11.93%；第二个五年较明显加大，扩增 2.12%；第三个五年显著减小，缩减 13.40%；第四个五年极显著加大，扩增 17.93%。

据既往 20 年动态推演测算，2020 年天津文教消费地区差将为 1.1996，相比当前略微缩减；2035年天津文教消费地区差将为1.1038，相比当前继续较明显缩减。

四 天津城镇文教消费需求景气指数测评

综合以上分析：20年以来天津城镇文教消费总量年均增长略微低于全国增长，人均值年均增长也略微低于全国平均增长；相关比值全面呈现轻微下降态势；城乡比略有缩小，与全国城镇地区差明显缩小。这些都集中体现在天津城镇文教消费需求景气指数的测评演算中。20年来天津城镇文教消费需求景气指数变动态势见图6。

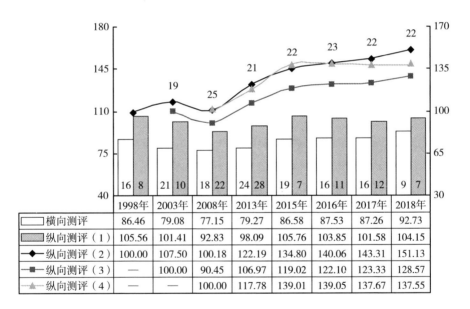

	1998年	2003年	2008年	2013年	2015年	2016年	2017年	2018年
□横向测评	86.46	79.08	77.15	79.27	86.58	87.53	87.26	92.73
▨纵向测评（1）	105.56	101.41	92.83	98.09	105.76	103.85	101.58	104.15
◆纵向测评（2）	100.00	107.50	100.18	122.19	134.80	140.06	143.31	151.13
■纵向测评（3）	—	100.00	90.45	106.97	119.02	122.10	123.33	128.57
▲纵向测评（4）	—	—	100.00	117.78	139.01	139.05	137.67	137.55

图6 天津城镇文教消费需求景气指数变动态势

左轴柱形：左横向测评（无差距理想值=100）；右纵向测评（1），上年=100。右轴曲线：纵向测评（起点年基数值=100），（2）以1998年为起点，（3）以2003年为起点，（4）以2008年为起点。标注横向测评、纵向测评（1）（2）省域排行，纵向测评（2）起点年不计。

1.各年度无差距理想值横向测评

以全国城镇文教消费总量份额值、人均绝对值、相对比值为基准，并以相关增率比达到平衡，城乡、地区之间实现无差距状态为"理想值"100来衡量，2018年天津城镇此项景气指数为92.73，低于理想值7.27%，但高于上一年5.47个点。天津在省域间排行，1998年为第16位，2003年为第21位，2008年为第18位，2013年为第24位，2018年从上一年第16位上升为第9位。

2. 1998年以来20年基数值纵向测评

以1998年为起点基数值100，2018年天津城镇此项景气指数为151.13，高于1998年起点基数51.13%，也高于上一年7.82个点。天津在省域间排行，起点1998年不计，2003年为第19位，2008年为第25位，2013年为第21位，2018年与上一年持平，皆为第22位。

3. 2003年以来15年基数值纵向测评

以2003年为起点基数值100，2018年天津城镇此项景气指数为128.57，高于2003年起点基数28.57%，也高于上一年5.24个点。天津在省域间排行，起点2003年不计，2008年为第23位，2013年为第19位，2018年与上一年持平，皆为第22位。

4. 2008年以来10年基数值纵向测评

以2008年为起点基数值100，2018年天津城镇此项景气指数为137.55，高于2008年起点基数37.55%，但低于上一年0.12个点。天津在省域间排行，起点2008年不计，2013年为第11位，2018年从上一年第13位下降为第19位。

5. 逐年度上年基数值纵向测评

以2017年为起点基数值100，2018年天津城镇此项景气指数为104.15，高于2017年起点基数4.15%。天津在省域间排行，1998年为第8位，2003年为第10位，2008年为第22位，2013年为第28位，2018年从上一年第12位上升为第7位。

囿于制图空间，2013年以来5年基数值纵向测评省略，可见本书B.4城镇排行报告表8及相应文字简述。

B.17
福建：2017～2018年城镇
景气指数提升度第11位

邓云斐*

摘　要： 　2018年，福建城镇文教消费总量增长处于第12位，人均值增长处于第11位。福建城镇文教消费需求景气评价排行结果：在省域横向测评中，2018年景气指数排名第24位；在自身纵向测评中，1998～2018年景气指数提升度第20位，2003～2018年景气指数提升度第25位，2008～2018年景气指数提升度第26位，2013～2018年景气指数提升度第26位，2017～2018年景气指数提升度第11位。

关键词： 　福建　城镇　文教消费　景气评价

一　福建城镇文教消费需求增长状况

1. 文教消费总量份额值变化

20年来福建城镇文教消费总量增长、份额变化态势见图1。

1998～2018年，福建城镇文教消费总量由56.65亿元增至699.41亿元，增加642.76亿元，20年间总增长1134.62%，年均增长13.39%，增长幅度处于省域间第13位。其中，第一个五年年均增长19.63%；第二个五年年

---

* 邓云斐，云南省社会科学院东南亚研究所副研究员，主要从事民族文化和社会问题研究。

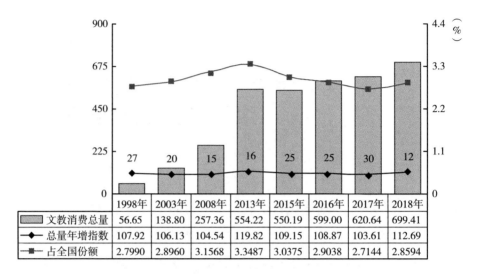

图1　福建城镇文教消费总量增长、份额变化态势

左轴柱形：文教消费总量（亿元）。左轴曲线：年度增长指数（上年＝100，小于100为负增长），标注历年增长省域位次。右轴曲线：占全国份额（%）。

均增长 13.14%；第三个五年年均增长 16.58%；第四个五年年均增长 4.76%。总量最高增长年度为 2002 年，增长 51.29%；最低增长年度为 2014 年，下降 9.05%。

同期，全国城镇文教消费总量年均增长 13.27%，略微低于福建 0.12 个百分点。福建城镇文教消费总量占全国份额由 2.80% 升高为 2.86%，增长幅度和份额升降变化排序处于省域间第 13 位。

其中，第一个五年，全国城镇文教消费总量年均增长 18.82%，略微低于福建 0.81 个百分点，福建总量占全国份额上升 3.47%；第二个五年，全国城镇文教消费总量年均增长 11.21%，较明显低于福建 1.93 个百分点，福建总量占全国份额上升 9.01%；第三个五年，全国城镇文教消费总量年均增长 15.21%，较明显低于福建 1.37 个百分点，福建总量占全国份额上升 6.08%；第四个五年，全国城镇文教消费总量年均增长 8.13%，明显高于福建 3.37 个百分点，福建总量占全国份额下降 14.61%。

2. 文教消费人均绝对值增长

20 年来福建城镇人均文教消费增长、增幅变化态势见图 2。

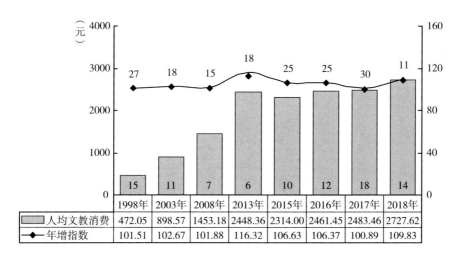

图2　福建城镇人均文教消费增长、增幅变化态势

左轴柱形：人均文教消费（元）。右轴曲线：年度增长指数（上年＝100，小于100为负增长），标注历年增长、人均值省域位次。

1998～2018年，福建城镇人均文教消费由472.05元增至2727.62元，增加2255.57元，总增长477.82%，20年间年均增长9.17%，增长幅度处于省域间第18位。其中，第一个五年人均值总增长90.35%，年均增长13.74%；第二个五年人均值总增长61.72%，年均增长10.09%；第三个五年人均值总增长68.48%，年均增长11.00%；第四个五年人均值总增长11.41%，年均增长2.18%。人均值最高增长年度为2002年，增长46.12%；最低增长年度为2014年，下降11.37%。

同期，全国城镇人均文教消费年均增长9.33%，略微高于福建0.16个百分点（对照图5）。福建城镇人均文教消费从全国城镇人均值的94.53%降低至91.71%，人均绝对值在省域间排序由第15位提高为第14位。

其中，第一个五年全国城镇人均文教消费年均增长13.35%，略微低于福建，2003年福建城镇人均值提高至全国人均值的96.17%，处于省域间第11位。第二个五年全国城镇人均文教消费年均增长7.77%，明显低于福建，2008年福建城镇人均值提高至全国人均值的106.99%，处于省域间第7位。第三个五年全国城镇人均文教消费年均增长11.05%，略微高于福建，2013

年福建城镇人均值降低至全国人均值的 106.73%，处于省域间第 6 位。第四个五年全国城镇人均文教消费年均增长 5.33%，福建年均增长 2.18%，明显低于全国。

二 福建城镇文教消费相关背景情况

20 年来福建城镇文教消费相关比值变动态势见图 3。

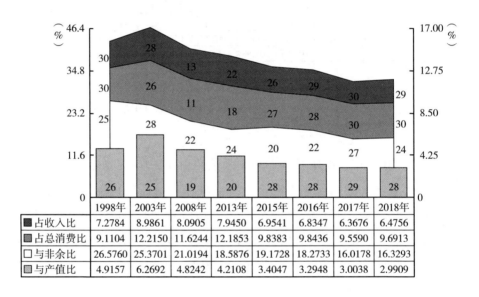

	1998年	2003年	2008年	2013年	2015年	2016年	2017年	2018年
■ 占收入比	7.2784	8.9861	8.0905	7.9450	6.9541	6.8347	6.3676	6.4756
■ 占总消费比	9.1104	12.2150	11.6244	12.1853	9.8383	9.8436	9.5590	9.6913
□ 与非余比	26.5760	25.3701	21.0194	18.5876	19.1728	18.2733	16.0178	16.3293
▨ 与产值比	4.9157	6.2692	4.8242	4.2108	3.4047	3.2948	3.0038	2.9909

图3 福建城镇文教消费相关比值变动态势

左轴面积：人均文教消费占收入比、占总消费比、与非文消费剩余（简称"非余"）比（%），各项比值历年升降呈直观比例。右轴柱形：人均文教消费与产值比（%）。保留 4 位小数以便精确演算各项比值变化，标注各项比值省域位次。

1. 文教消费与产值比关系

1998~2018 年，福建城镇文教消费与产值比由 4.92% 降低至 2.99%，在省域间排序从第 26 位下降到第 28 位。其间，此项比值在 2000 年、2002 年、2004 年、2006 年、2010 年、2012~2013 年 7 个年度出现增高，其余年度则为降低；前后对比下降 39.16%，升降变化程度处于省域间第 15 位。最高比值为 2002 年的 6.76%，最低比值为 2018 年的 2.99%。

2. 文教消费占收入比关系

1998～2018年，福建城镇文教消费占收入比由7.28%降低至6.48%，由于其他省域此项比值降低更加明显，福建从第30位上升到第29位。其间，此项比值在2000年、2002年、2004年、2006年、2010年、2013年、2018年7个年度出现增高，其余年度则为降低；前后对比下降11.03%，升降变化程度处于省域间第13位。最高比值为2006年的9.61%，最低比值为2017年的6.37%。

3. 文教消费占总消费比关系

1998～2018年，福建城镇文教消费占总消费比由9.11%提高至9.69%，在省域间排序保持在第30位。其间，此项比值在2000年、2002年、2004年、2006年、2010年、2012～2013年、2015～2016年、2018年10个年度出现增高，其余年度则为降低；前后对比上升6.38%，升降变化程度处于省域间第12位。最高比值为2006年的13.47%，最低比值为1999年的8.77%。

4. 文教消费与非文消费剩余比关系

1998～2018年，福建城镇文教消费与非文消费剩余比由26.58%降低至16.33%，由于其他省域此项比值降低更加明显，福建从第25位上升到第24位。其间，此项比值在1998～1999年、2001年、2003年、2006年、2010年、2012～2013年、2015～2017年11个年度出现增高，其余年度则为降低；前后对比下降38.56%，升降变化程度处于省域间第17位。最高比值为1998年的26.58%，最低比值为2017年的16.02%。

福建城镇文教消费相关各项比值的具体分析表明，在文教消费需求增长与当地经济发展、城镇民生进步的协调性关系中，20年以来文教消费占总消费比呈提升态势，与产值比、占收入比、与非文消费剩余比呈下降态势。

三 福建文教消费城乡、区域协调状况

1. 文教消费人均值城乡比

20年来福建人均文教消费城乡比变动态势见图4。

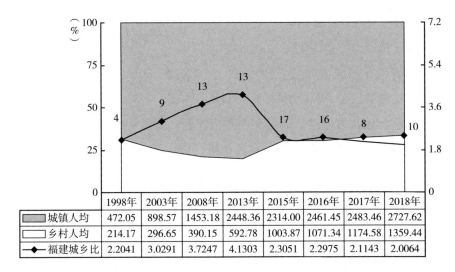

	1998年	2003年	2008年	2013年	2015年	2016年	2017年	2018年
城镇人均	472.05	898.57	1453.18	2448.36	2314.00	2461.45	2483.46	2727.62
乡村人均	214.17	296.65	390.15	592.78	1003.87	1071.34	1174.58	1359.44
福建城乡比	2.2041	3.0291	3.7247	4.1303	2.3051	2.2975	2.1143	2.0064

图4　福建人均文教消费城乡比变动态势

左轴面积：城镇、乡村人均文教消费（元转换为%），城乡间历年升降呈直观比例关系。右轴曲线：人均文教消费城乡比（乡村=1），标注城乡比省域位次。

1998~2018年，福建人均文教消费城乡比由2.2041缩减至2.0064，由于其他省域文教消费城乡比缩小更为显著，福建城乡比在省域间排序从第4位下降到第10位。最小城乡比为2018年的2.0064，最大城乡比为2013年的4.1303。

其间，城乡比在1998~1999年、2001年、2003年、2005年、2008~2009年、2011年、2014~2018年13个年度出现缩减，其余年度则为扩增。前后对比，福建文教消费城乡比缩小8.97%，城乡比扩减变化状况处于省域间第26位。这意味着，福建属于文教消费城乡比扩减变化态势良好的省域之一。

分期考察福建城镇文教消费乡差距变化动态，第一个五年明显加大，扩增37.43%；第二个五年明显加大，扩增22.96%；第三个五年继续较明显加大，扩增10.89%；第四个五年显著减小，缩减51.42%。

据既往20年动态推演测算，2020年福建文教消费城乡比将为1.9877，相比当前略微缩减；2035年福建文教消费城乡比将为1.8524，相比当前继续明显缩减。

2. 城镇文教消费人均值地区差

20年来福建城镇人均文教消费地区差变动态势见图5。

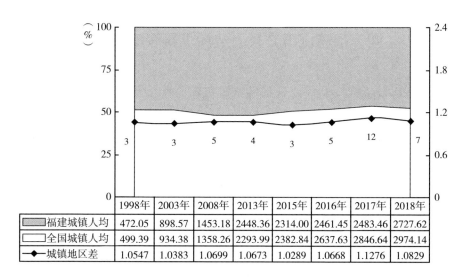

	1998年	2003年	2008年	2013年	2015年	2016年	2017年	2018年
福建城镇人均	472.05	898.57	1453.18	2448.36	2314.00	2461.45	2483.46	2727.62
全国城镇人均	499.39	934.38	1358.26	2293.99	2382.84	2637.63	2846.64	2974.14
城镇地区差	1.0547	1.0383	1.0699	1.0673	1.0289	1.0668	1.1276	1.0829

图5　福建城镇人均文教消费地区差变动态势

左轴面积：当地、全国人均文教消费（元转换为%），二者数值历年升降呈直观比例关系。右轴曲线：文教消费地区差（无差距＝1），标注地区差省域位次。

1998～2018年，福建城镇人均文教消费与全国城镇地区差由1.0547扩增至1.0829，在省域间排序从第3位下降到第7位。最小地区差为2005年的1.0086，最大地区差为1999年的1.1858。

其间，地区差在2000年、2002年、2004～2005年、2007～2009年、2011年、2014年、2018年10个年度出现缩减，其余年度则为扩增。前后对比，福建城镇文教消费地区差扩大2.67%，地区差扩减变化状况处于省域间第24位。这意味着福建属于城镇文教消费地区差扩减变化态势不甚严重的省域之一。

分期考察福建城镇文教消费地区差距变化动态，第一个五年较明显减小，缩减1.55%；第二个五年较明显加大，扩增3.04%；第三个五年略有减小，缩减0.24%；第四个五年较明显加大，扩增1.46%。

据既往 20 年动态推演测算，2020 年福建文教消费地区差将为 1.0857，相比当前略微扩增；2035 年福建文教消费地区差将为 1.1658，相比当前继续较明显扩增。

四 福建城镇文教消费需求景气指数测评

综合以上分析：20 年以来福建城镇文教消费总量年均增长略微高于全国增长，人均值年均增长略微低于全国平均增长；文教消费占总消费比呈提升态势，与产值比、占收入比、与非文消费剩余比呈下降态势；城乡比略有缩小，与全国城镇地区差较明显扩大。这些都集中体现在福建城镇文教消费需求景气指数的测评演算中。20 年来福建城镇文教消费需求景气指数变动态势见图 6。

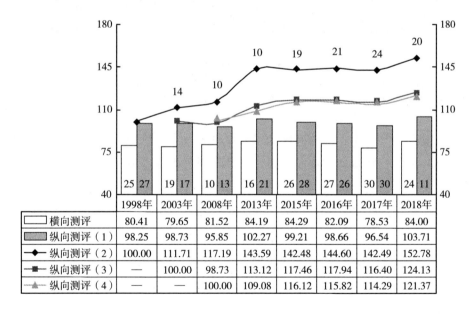

图 6 福建城镇文教消费需求景气指数变动态势

左轴柱形：左横向测评（无差距理想值 = 100）；右纵向测评（1），上年 = 100。右轴曲线：纵向测评（起点年基数值 = 100），（2）以 1998 年为起点，（3）以 2003 年为起点，（4）以 2008 年为起点。标注横向测评、纵向测评（1）（2）省域排行，纵向测评（2）起点年不计。

1. 各年度无差距理想值横向测评

以全国城镇文教消费总量份额值、人均绝对值、相对比值为基准，并以相关增率比达到平衡，城乡、地区之间实现无差距状态为"理想值"100来衡量，2018年福建城镇此项景气指数为84.00，低于理想值16.00%，但高于上一年5.47个点。福建在省域间排行，1998年为第25位，2003年为第19位，2008年为第10位，2013年为第16位，2018年从上一年第30位上升为第24位。

2. 1998年以来20年基数值纵向测评

以1998年为起点基数值100，2018年福建城镇此项景气指数为152.78，高于1998年起点基数52.78%，也高于上一年10.29个点。福建在省域间排行，起点1998年不计，2003年为第14位，2008年为第10位，2013年与之持平，2018年从上一年第24位上升为第20位。

3. 2003年以来15年基数值纵向测评

以2003年为起点基数值100，2018年福建城镇此项景气指数为124.13，高于2003年起点基数24.13%，也高于上一年7.73个点。福建在省域间排行，起点2003年不计，2008年为第11位，2013年为第12位，2018年从上一年第27位上升为第25位。

4. 2008年以来10年基数值纵向测评

以2008年为起点基数值100，2018年福建城镇此项景气指数为121.37，高于2008年起点基数21.37%，也高于上一年7.08个点。福建在省域间排行，起点2008年不计，2013年为第22位，2018年从上一年第27位上升为第26位。

5. 逐年度上年基数值纵向测评

以2017年为起点基数值100，2018年福建城镇此项景气指数为103.71，高于2017年起点基数3.71%。福建在省域间排行，1998年为第27位，2003年为第17位，2008年为第13位，2013年为第21位，2018年从上一年第30位上升为第11位。

囿于制图空间，2013年以来5年基数值纵向测评省略，可见本书B.4城镇排行报告表8及相应文字简述。

省域乡村报告*

Reports on Rural Areas among Provinces

B.18

甘肃：2018年乡村景气指数排名第1位

李 雪**

摘　要：　2018年，甘肃乡村文教消费总量增长处于第4位，人均值增
　　　　长处于第4位。甘肃乡村文教消费需求景气评价排行结果：
　　　　在省域横向测评中，2018年景气指数排名第1位；在自身纵
　　　　向测评中，1998~2018年景气指数提升度第3位，2003~2018
　　　　年景气指数提升度第12位，2008~2018年景气指数提升度第
　　　　13位，2013~2018年景气指数提升度第13位，2017~2018年
　　　　景气指数提升度第6位。

* 省域乡村子报告选取依据B.5乡村排行报告表8（乡村单行测评排行汇总表）。若各类前几位省
域与城乡、城镇子报告地名重叠，则顺推选取后续位次，同样按各地最高位次拟题排文，相同位
次以先横向后较长时段纵向测评为序。至此选取12省3自治区3直辖市不重复，未有独立子报告
的省域见该报告各地对比及排行。

** 李雪，云南省社会科学院哲学研究所助理研究员，主要从事文学、伦理学研究。

关键词： 甘肃 乡村 文教消费 景气评价

一 甘肃乡村文教消费需求增长状况

1.文教消费总量份额值变化

20年来甘肃乡村文教消费总量增长、份额变化态势见图1。

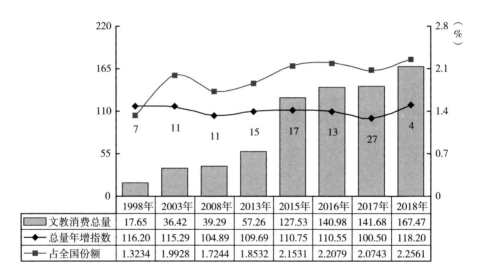

	1998年	2003年	2008年	2013年	2015年	2016年	2017年	2018年
文教消费总量	17.65	36.42	39.29	57.26	127.53	140.98	141.68	167.47
总量年增指数	116.20	115.29	104.89	109.69	110.75	110.55	100.50	118.20
占全国份额	1.3234	1.9928	1.7244	1.8532	2.1531	2.2079	2.0743	2.2561

图1 甘肃乡村文教消费总量增长、份额变化态势

左轴柱形：文教消费总量（亿元）。左轴曲线：年度增长指数（上年＝100，小于100为负增长），标注历年增长省域位次。右轴曲线：占全国份额（％）。

1998～2018年，甘肃乡村文教消费总量由17.65亿元增至167.47亿元，增加149.82亿元，20年间总增长848.84％，年均增长11.91％，增长幅度处于省域间第7位。其中，第一个五年年均增长15.59％；第二个五年年均增长1.53％；第三个五年年均增长7.82％；第四个五年年均增长23.94％。总量最高增长年度为2014年，增长101.09％；最低增长年度为2006年，下降13.11％。

同期，全国乡村文教消费总量年均增长8.96％，明显低于甘肃2.95个百分点。甘肃乡村文教消费总量占全国份额由 1.32% 升高为 2.26%，增长幅度和份额升降变化排序处于省域间第 7 位。

其中，第一个五年，全国乡村文教消费总量年均增长 6.50%，极显著低于甘肃 9.09 个百分点，甘肃总量占全国份额上升 50.58%；第二个五年，全国乡村文教消费总量年均增长 4.51%，明显高于甘肃 2.98 个百分点，甘肃总量占全国份额下降 13.47%；第三个五年，全国乡村文教消费总量年均增长 6.28%，较明显低于甘肃 1.54 个百分点，甘肃总量占全国份额上升 7.47%；第四个五年，全国乡村文教消费总量年均增长 19.16%，显著低于甘肃 4.78 个百分点，甘肃总量占全国份额上升 21.74%。

2. 文教消费人均绝对值增长

20 年来甘肃乡村人均文教消费增长、增幅变化态势见图 2。

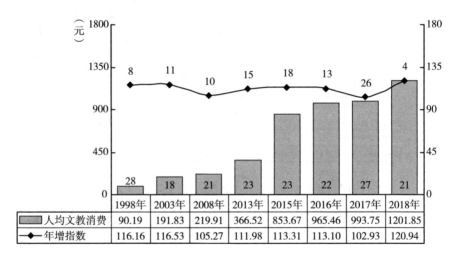

图 2　甘肃乡村人均文教消费增长、增幅变化态势

左轴柱形：人均文教消费（元）。右轴曲线：年度增长指数（上年 = 100，小于 100 为负增长），标注历年增长、人均值省域位次。

1998~2018 年，甘肃乡村人均文教消费由 90.19 元增至 1201.85 元，增加 1111.66 元，总增长 1232.58%，20 年间年均增长 13.82%，增长幅度处于省域间第 5 位。其中，第一个五年人均值总增长 112.70%，年均增长 16.29%；第二个五年人均值总增长 14.64%，年均增长 2.77%；第三个五年人均值总增长 66.67%，年均增长 10.76%；第四个五年人均值总增长 227.91%，年均增长 26.81%。人均值最高增长年度为 2014 年，增长 105.55%；最低增长年度为 2006 年，下降 11.42%。

同期，全国乡村人均文教消费年均增长 11.07%，明显低于甘肃 2.75 个百分点（对照图 5）。甘肃乡村人均文教消费从全国乡村人均值的 56.58% 提高至 92.34%，人均绝对值在省域间排序由第 28 位提高为第 21 位。

其中，第一个五年全国乡村人均文教消费年均增长 8.13%，极显著低于甘肃，2003 年甘肃乡村人均值提高至全国人均值的 81.39%，处于省域间第 18 位。第二个五年全国乡村人均文教消费年均增长 5.94%，明显高于甘肃，2008 年甘肃乡村人均值降低至全国人均值的 69.92%，处于省域间第 21 位。第三个五年全国乡村人均文教消费年均增长 9.09%，较明显低于甘肃，2013 年甘肃乡村人均值提高至全国人均值的 75.43%，处于省域间第 23 位。第四个五年全国乡村人均文教消费年均增长 21.78%，甘肃年均增长 26.81%，显著高于全国。

二 甘肃乡村文教消费相关背景情况

20 年来甘肃乡村文教消费相关比值变动态势见图 3。

1. 文教消费与产值比关系

1998～2018 年，甘肃乡村文教消费与产值比由 2.55% 提高至 3.84%，在省域间排序从第 12 位上升到第 1 位。其间，此项比值在 1998～2001 年、2003 年、2005 年、2011 年、2013～2016 年、2018 年 12 个年度出现增高，其余年度则为降低；前后对比上升 50.59%，升降变化程度处于省域间第 4 位。最高比值为 2018 年的 3.84%，最低比值为 2010 年的 1.48%。

2. 文教消费占收入比关系

1998～2018 年，甘肃乡村文教消费占收入比由 6.47% 提高至 13.65%，在省域间排序从第 17 位上升到第 1 位。其间，此项比值在 1999～2001 年、

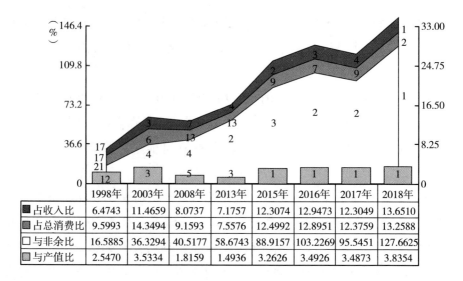

图3 甘肃乡村文教消费相关比值变动态势

左轴面积：人均文教消费占收入比、占总消费比、与非文消费剩余（简称"非余"）比（%），各项比值历年升降呈直观比例。右轴柱形：人均文教消费与产值比（%）。保留4位小数以便精确演算各项比值变化，标注各项比值省域位次。

2003年、2005年、2011年、2014~2016年、2018年10个年度出现增高，其余年度则为降低；前后对比上升110.85%，升降变化程度处于省域间第5位。最高比值为2018年的13.65%，最低比值为1998年的6.47%。

3. 文教消费占总消费比关系

1998~2018年，甘肃乡村文教消费占总消费比由9.60%提高至13.26%，在省域间排序从第17位上升到第2位。其间，此项比值在1998~2003年、2005年、2010年、2014~2016年、2018年12个年度出现增高，其余年度则为降低；前后对比上升38.12%，升降变化程度处于省域间第9位。最高比值为2003年的14.35%，最低比值为2013年的7.56%。

4. 文教消费与非文消费剩余比关系

1998~2018年，甘肃乡村文教消费与非文消费剩余比由16.59%提高至127.66%，在省域间排序从第21位上升到第1位。其间，此项比值在2002年、2006~2007年、2009年、2012年、2017年6个年度出现增高，其余年度则为降低；前后对比上升 669.58%，升降变化程度处于省域间第 2 位。最高比值为 2018 年的 127.66%，最低比值为 1998 年的 16.59%。

甘肃乡村文教消费相关各项比值的具体分析表明，在文教消费需求增长与当地经济发展、乡村民生进步的协调性关系中，20 年以来相关比值全面呈现极显著提升态势。

三 甘肃文教消费城乡、区域协调状况

1. 文教消费人均值城乡比

20 年来甘肃人均文教消费城乡比变动态势见图 4。

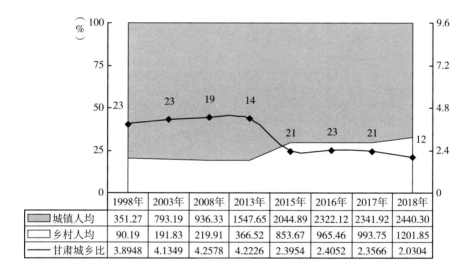

	1998年	2003年	2008年	2013年	2015年	2016年	2017年	2018年
▨ 城镇人均	351.27	793.19	936.33	1547.65	2044.89	2322.12	2341.92	2440.30
☐ 乡村人均	90.19	191.83	219.91	366.52	853.67	965.46	993.75	1201.85
━ 甘肃城乡比	3.8948	4.1349	4.2578	4.2226	2.3954	2.4052	2.3566	2.0304

图 4 甘肃人均文教消费城乡比变动态势

左轴面积：城镇、乡村人均文教消费（元转换为%），城乡间历年升降呈直观比例关系。右轴曲线：人均文教消费城乡比（乡村＝1），标注城乡比省域位次。

1998～2018 年，甘肃人均文教消费城乡比由 3.8948 缩减至 2.0304，在省域间排序从第 23 位上升到第 12 位。最小城乡比为 2018 年的 2.0304，最大城乡比为 2007 年的 5.0678。

其间，城乡比在 1998 年、2000～2001 年、2003 年、2005 年、2008 年、

2011 年、2013~2014 年、2017~2018 年 11 个年度出现缩减,其余年度则为扩增。前后对比,甘肃文教消费城乡比缩小 47.87%,城乡比扩减变化状况处于省域间第 6 位。这意味着,甘肃属于文教消费城乡比扩减变化态势良好的省域之一。

分期考察甘肃乡村文教消费城乡差距变化动态,第一个五年略有加大,扩增 6.16%;第二个五年略有加大,扩增 2.97%;第三个五年略有减小,缩减 0.83%;第四个五年继续显著减小,缩减 51.92%。

据既往 20 年动态推演测算,2020 年甘肃文教消费城乡比将为 1.9024,相比当前较明显缩减;2035 年甘肃文教消费城乡比将为 1.1672,相比当前继续极显著缩减。

2. 乡村文教消费人均值地区差

20 年来甘肃乡村人均文教消费地区差变动态势见图 5。

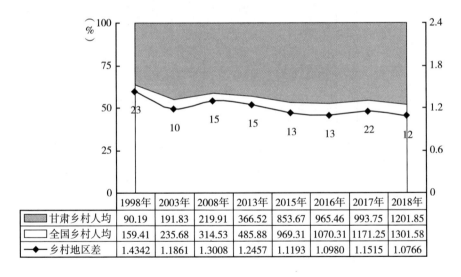

	1998年	2003年	2008年	2013年	2015年	2016年	2017年	2018年
甘肃乡村人均	90.19	191.83	219.91	366.52	853.67	965.46	993.75	1201.85
全国乡村人均	159.41	235.68	314.53	485.88	969.31	1070.31	1171.25	1301.58
乡村地区差	1.4342	1.1861	1.3008	1.2457	1.1193	1.0980	1.1515	1.0766

图 5 甘肃乡村人均文教消费地区差变动态势

左轴面积:当地、全国人均文教消费(元转换为%),二者数值历年升降呈直观比例关系。右轴曲线:文教消费地区差(无差距 =1),标注地区差省域位次。

1998~2018 年,甘肃乡村人均文教消费与全国乡村地区差由 1.4342 缩减至 1.0766,在省域间排序从第 23 位上升到第 12 位。最小地区差为 2018

年的 1.0766，最大地区差为 1998 年的 1.4342。

其间，地区差在 1998～2001 年、2003～2005 年、2008 年、2010～2011 年、2013～2016 年、2018 年 15 个年度出现缩减，其余年度则为扩增。前后对比，甘肃乡村文教消费地区差缩小 24.93%，地区差扩减变化状况处于省域间第 7 位。这意味着，甘肃属于乡村文教消费地区差扩减变化态势良好的省域之一。

分期考察甘肃乡村文教消费地区差距变化动态，第一个五年极显著减小，缩减 17.30%；第二个五年明显加大，扩增 9.67%；第三个五年较明显减小，缩减 4.24%；第四个五年继续显著减小，缩减 13.57%。

据既往 20 年动态推演测算，2020 年甘肃文教消费地区差将为 1.0303，相比当前略微缩减；2035 年甘肃文教消费地区差将为 1.0696，相比当前略微缩减。

四 甘肃乡村文教消费需求景气指数测评

综合以上分析：20 年以来甘肃乡村文教消费总量年均增长明显高于全国增长，人均值年均增长也明显高于全国平均增长；相关比值全面呈现极显著提升态势；城乡比明显缩小，与全国乡村地区差极显著缩小。这些都集中体现在甘肃乡村文教消费需求景气指数的测评演算中。20 年来甘肃乡村文教消费需求景气指数变动态势见图 6。

1. 各年度无差距理想值横向测评

以全国乡村文教消费总量份额值、人均绝对值、相对比值为基准，并以相关增率比达到平衡，城乡、地区之间实现无差距状态为"理想值" 100 来衡量，2018 年甘肃乡村此项景气指数为 119.61，高于理想值 19.61%，也高于上一年 14.18 个点。甘肃在省域间排行，1998 年为第 23 位，2003 年为第 6 位，2008 年为第 9 位，2013 年为第 3 位，2018 年从上一年第 5 位上升为第 1 位。

2. 1998 年以来 20 年基数值纵向测评

以 1998 年为起点基数值 100，2018 年甘肃乡村此项景气指数为 333.26，

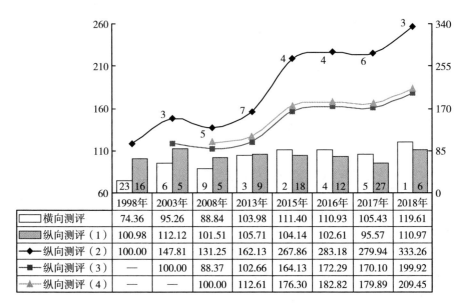

图 6　甘肃乡村文教消费需求景气指数变动态势

左轴柱形：左横向测评（无差距理想值＝100）；右纵向测评（1），上年＝100。右轴曲线：纵向测评（起点年基数值＝100），（2）以1998年为起点，（3）以2003年为起点，（4）以2008年为起点。标注横向测评、纵向测评（1）（2）省域排行，纵向测评（2）起点年不计。

高于1998年起点基数233.26%，也高于上一年53.32个点。甘肃在省域间排行，起点1998年不计，2003年为第3位，2008年为第5位，2013年为第7位，2018年从上一年第6位上升为第3位。

3. 2003年以来15年基数值纵向测评

以2003年为起点基数值100，2018年甘肃乡村此项景气指数为199.92，高于2003年起点基数99.92%，也高于上一年29.82个点。甘肃在省域间排行，起点2003年不计，2008年为第21位，2013年为第15位，2018年从上一年第18位上升为第12位。

4. 2008年以来10年基数值纵向测评

以2008年为起点基数值100，2018年甘肃乡村此项景气指数为209.45，高于2008年起点基数109.45%，也高于上一年29.56个点。甘肃在省域间排行，起点2008年不计，2013年为第9位，2018年从上一年第14位上升为第 13 位。

5. 逐年度上年基数值纵向测评

以 2017 年为起点基数值 100, 2018 年甘肃乡村此项景气指数为 110.97, 高于 2017 年起点基数 10.97%。甘肃在省域间排行, 1998 年为第 16 位, 2003 年为第 5 位, 2008 年与之持平, 2013 年为第 9 位, 2018 年从上一年第 27 位上升为第 6 位。

囿于制图空间, 2013 年以来 5 年基数值纵向测评省略, 可见本书 B.5 乡村排行报告表 8 及相应文字简述。

B.19

新疆：2003~2018年乡村
景气指数提升度第2位

沈宗涛*

摘　要： 2018年，新疆乡村文教消费总量增长处于第2位，人均值增
长处于第2位。新疆乡村文教消费需求景气评价排行结果：
在省域横向测评中，2018年景气指数排名第19位；在自身
纵向测评中，1998~2018年景气指数提升度第12位，2003~
2018年景气指数提升度第2位，2008~2018年景气指数提升
度第12位，2013~2018年景气指数提升度第10位，2017~
2018年景气指数提升度第2位。

关键词： 新疆　乡村　文教消费　景气评价

一　新疆乡村文教消费需求增长状况

1. 文教消费总量份额值变化

20年来新疆乡村文教消费总量增长、份额变化态势见图1。

1998~2018年，新疆乡村文教消费总量由12.01亿元增至124.25亿元，
增加112.24亿元，20年间总增长934.55%，年均增长12.39%，增长幅度
处于省域间第4位。其中，第一个五年年均增长3.10%；第二个五年年均

---

* 沈宗涛，云南省社会科学院信息中心主任、助理研究员，主要从事数据分析研究。

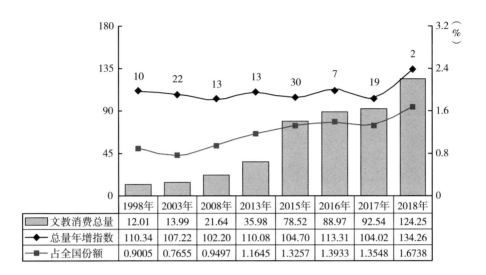

图1　新疆乡村文教消费总量增长、份额变化态势

左轴柱形：文教消费总量（亿元）。左轴曲线：年度增长指数（上年＝100，小于100为负增长），标注历年增长省域位次。右轴曲线：占全国份额（％）。

增长9.12%；第三个五年年均增长10.70%；第四个五年年均增长28.13%。总量最高增长年度为2014年，增长108.42%；最低增长年度为2009年，下降5.55%。

同期，全国乡村文教消费总量年均增长8.96%，明显低于新疆3.43个百分点。新疆乡村文教消费总量占全国份额由0.90%升高为1.67%，增长幅度和份额升降变化排序处于省域间第4位。

其中，第一个五年，全国乡村文教消费总量年均增长6.50%，明显高于新疆3.40个百分点，新疆总量占全国份额下降14.99%；第二个五年，全国乡村文教消费总量年均增长4.51%，显著低于新疆4.61个百分点，新疆总量占全国份额上升24.06%；第三个五年，全国乡村文教消费总量年均增长6.28%，显著低于新疆4.42个百分点，新疆总量占全国份额上升22.62%；第四个五年，全国乡村文教消费总量年均增长19.16%，极显著低于新疆8.97个百分点，新疆总量占全国份额上升43.74%。

2. 文教消费人均绝对值增长

20年来新疆乡村人均文教消费增长、增幅变化态势见图2。

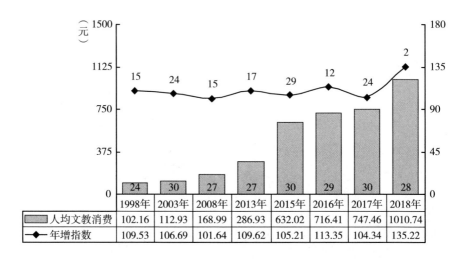

图2　新疆乡村人均文教消费增长、增幅变化态势

左轴柱形：人均文教消费（元）。右轴曲线：年度增长指数（上年＝100，小于100为负增长），标注历年增长、人均值省域位次。

1998～2018年，新疆乡村人均文教消费由102.16元增至1010.74元，增加908.58元，总增长889.37%，20年间年均增长12.14%，增长幅度处于省域间第13位。其中，第一个五年人均值总增长10.54%，年均增长2.02%；第二个五年人均值总增长49.64%，年均增长8.40%；第三个五年人均值总增长69.79%，年均增长11.17%；第四个五年人均值总增长252.26%，年均增长28.64%。人均值最高增长年度为2014年，增长109.36%；最低增长年度为2009年，下降6.43%。

同期，全国乡村人均文教消费年均增长11.07%，较明显低于新疆1.07个百分点（对照图5）。新疆乡村人均文教消费从全国乡村人均值的64.09%提高至77.65%，人均绝对值在省域间排序由第24位降低为第28位。

其中，第一个五年全国乡村人均文教消费年均增长8.13%，极显著高于新疆，2003年新疆乡村人均值降低至全国人均值的47.92%，处于省域间第30位。第二个五年全国乡村人均文教消费年均增长5.94%，明显低于新疆，2008年新疆乡村人均值提高至全国人均值的53.73%，处于省域间第

27 位。第三个五年全国乡村人均文教消费年均增长 9.09%，明显低于新疆，2013 年新疆乡村人均值提高至全国人均值的 59.05%，处于省域间第 27 位。第四个五年全国乡村人均文教消费年均增长 21.78%，新疆年均增长 28.64%，极显著高于全国。

二 新疆乡村文教消费相关背景情况

20 年来新疆乡村文教消费相关比值变动态势见图 3。

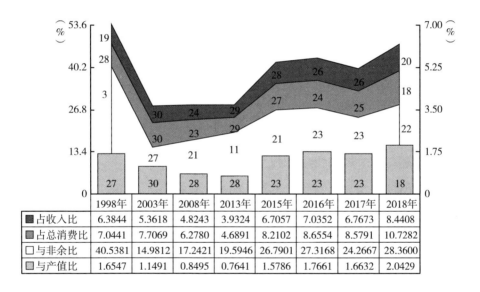

	1998年	2003年	2008年	2013年	2015年	2016年	2017年	2018年
■占收入比	6.3844	5.3618	4.8243	3.9324	6.7057	7.0352	6.7673	8.4408
▨占总消费比	7.0441	7.7069	6.2780	4.6891	8.2102	8.6554	8.5791	10.7282
□与非余比	40.5381	14.9812	17.2421	19.5946	26.7901	27.3168	24.2667	28.3600
▦与产值比	1.6547	1.1491	0.8495	0.7641	1.5786	1.7661	1.6632	2.0429

图 3 新疆乡村文教消费相关比值变动态势

左轴面积：人均文教消费占收入比、占总消费比、与非文消费剩余（简称"非余"）比（%），各项比值历年升降呈直观比例。右轴柱形：人均文教消费与产值比（%）。保留 4 位小数以便精确演算各项比值变化，标注各项比值省域位次。

1. 文教消费与产值比关系

1998~2018 年，新疆乡村文教消费与产值比由 1.65% 提高至 2.04%，在省域间排序从第 27 位上升到第 18 位。其间，此项比值在 1998~1999 年、2005 年、2011~2012 年、2014~2016 年、2018 年 9 个年度出现增高，其余年度则为降低；前后对比上升 23.46%，升降变化程度处于省域间第 8 位。

最高比值为 2018 年的 2.04%，最低比值为 2010 年的 0.68%。

2. 文教消费占收入比关系

1998～2018 年，新疆乡村文教消费占收入比由 6.38% 提高至 8.44%，由于其他省域此项比值提高更加明显，新疆从第 19 位下降到第 20 位。其间，此项比值在 1998～1999 年、2004～2005 年、2011 年、2014 年、2016 年、2018 年 8 个年度出现增高，其余年度则为降低；前后对比上升 32.21%，升降变化程度处于省域间第 15 位。最高比值为 2018 年的 8.44%，最低比值为 2010 年的 3.66%。

3. 文教消费占总消费比关系

1998～2018 年，新疆乡村文教消费占总消费比由 7.04% 提高至 10.73%，在省域间排序从第 28 位上升到第 18 位。其间，此项比值在 1998～2000 年、2003 年、2005 年、2011 年、2014～2016 年、2018 年 10 个年度出现增高，其余年度则为降低；前后对比上升 52.30%，升降变化程度处于省域间第 7 位。最高比值为 2018 年的 10.73%，最低比值为 2013 年的 4.69%。

4. 文教消费与非文消费剩余比关系

1998～2018 年，新疆乡村文教消费与非文消费剩余比由 40.54% 降低至 28.36%，在省域间排序从第 3 位下降到第 22 位。其间，此项比值在 1999～2003 年、2006 年、2008～2010 年、2015 年、2017 年 11 个年度出现增高，其余年度则为降低；前后对比下降 30.04%，升降变化程度处于省域间第 30 位。最高比值为 1998 年的 40.54%，最低比值为 2010 年的 12.56%。

新疆乡村文教消费相关各项比值的具体分析表明，在文教消费需求增长与当地经济发展、乡村民生进步的协调性关系中，20 年以来文教消费与产值比、占收入比、占总消费比呈提升态势，与非文消费剩余比呈下降态势。

三 新疆文教消费城乡、区域协调状况

1. 文教消费人均值城乡比

20 年来新疆人均文教消费城乡比变动态势见图 4。

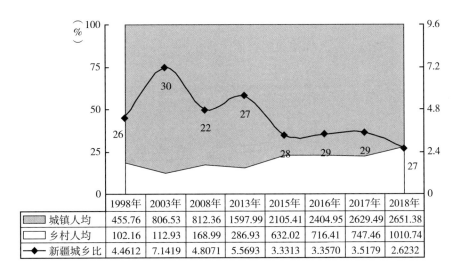

	1998年	2003年	2008年	2013年	2015年	2016年	2017年	2018年
城镇人均	455.76	806.53	812.36	1597.99	2105.41	2404.95	2629.49	2651.38
乡村人均	102.16	112.93	168.99	286.93	632.02	716.41	747.46	1010.74
新疆城乡比	4.4612	7.1419	4.8071	5.5693	3.3313	3.3570	3.5179	2.6232

图4 新疆人均文教消费城乡比变动态势

左轴面积: 城镇、乡村人均文教消费 (元转换为%), 城乡间历年升降呈直观比例关系。右轴曲线: 人均文教消费城乡比 (乡村=1), 标注城乡比省域位次。

1998～2018年, 新疆人均文教消费城乡比由4.4612缩减至2.6232, 由于其他省域文教消费城乡比缩小更为显著, 新疆城乡比在省域间排序从第26位下降到第27位。最小城乡比为2018年的2.6232, 最大城乡比为2002年的8.3223。

其间, 城乡比在1998年、2003～2005年、2008年、2011年、2014年、2018年8个年度出现缩减, 其余年度则为扩增。前后对比, 新疆文教消费城乡比缩小41.20%, 城乡比扩减变化状况处于省域间第9位。这意味着, 新疆属于文教消费城乡比扩减变化态势良好的省域之一。

分期考察新疆乡村文教消费城乡差距变化动态, 第一个五年极显著加大, 扩增60.09%; 第二个五年明显减小, 缩减32.69%; 第三个五年较明显加大, 扩增15.86%; 第四个五年显著减小, 缩减52.90%。

据既往20年动态推演测算, 2020年新疆文教消费城乡比将为2.4875, 相比当前较明显缩减; 2035年新疆文教消费城乡比将为1.6703, 相比当前继续极显著缩减。

2. 乡村文教消费人均值地区差

20 年来新疆乡村人均文教消费地区差变动态势见图 5。

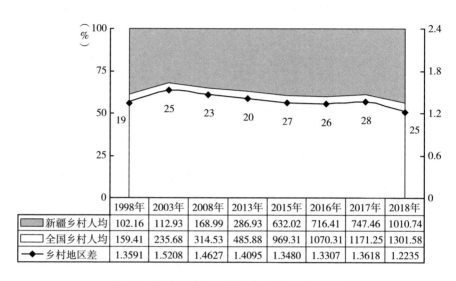

图 5　新疆乡村人均文教消费地区差变动态势

左轴面积：当地、全国人均文教消费（元转换为%），二者数值历年升降呈直观比例
关系。右轴曲线：文教消费地区差（无差距 = 1），标注地区差省域位次。

1998 ~ 2018 年，新疆乡村人均文教消费与全国乡村地区差由 1. 3591 缩
减至 1. 2235，由于其他省域乡村文教消费与全国地区差缩小更为显著，新
疆乡村地区差在省域间排序从第 19 位下降到第 25 位。最小地区差为 2018
年的 1. 2235，最大地区差为 2010 年的 1. 5360。

其间，地区差在 1998 年、2004 ~ 2005 年、2007 年、2011 ~ 2014 年、
2016 年、2018 年 10 个年度出现缩减，其余年度则为扩增。前后对比，新疆
乡村文教消费地区差缩小 9. 98%，地区差扩减变化状况处于省域间第 18
位。这意味着，新疆属于乡村文教消费地区差扩减变化态势良好的省域
之一。

分期考察新疆乡村文教消费地区差距变化动态，第一个五年显著加大，
扩增 11. 90%；第二个五年较明显减小，缩减 3. 82%；第三个五年继续较明
显减小，缩减 3. 64%；第四个五年继续显著减小，缩减 13. 20%。

据既往20年动态推演测算, 2020年新疆文教消费地区差将为1.2084, 相比当前略微缩减; 2035年新疆文教消费地区差将为1.1982, 相比当前继续略微缩减。

四 新疆乡村文教消费需求景气指数测评

综合以上分析: 20年以来新疆乡村文教消费总量年均增长明显高于全国增长, 人均值年均增长也较明显高于全国平均增长; 文教消费与产值比、占收入比、占总消费比呈提升态势, 与非文消费剩余比呈下降态势; 城乡比明显缩小, 与全国乡村地区差明显缩小。这些都集中体现在新疆乡村文教消费需求景气指数的测评演算中。20年来新疆乡村文教消费需求景气指数变动态势见图6。

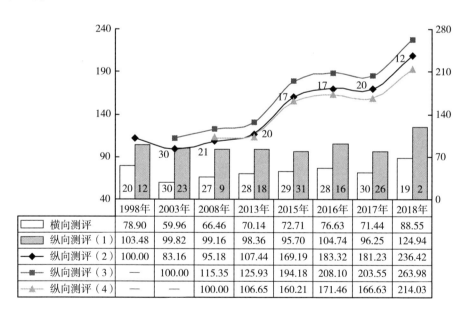

	1998年	2003年	2008年	2013年	2015年	2016年	2017年	2018年
横向测评	78.90	59.96	66.46	70.14	72.71	76.63	71.44	88.55
纵向测评 (1)	103.48	99.82	99.16	98.36	95.70	104.74	96.25	124.94
纵向测评 (2)	100.00	83.16	95.18	107.44	169.19	183.32	181.23	236.42
纵向测评 (3)	—	100.00	115.35	125.93	194.18	208.10	203.55	263.98
纵向测评 (4)	—	—	100.00	106.65	160.21	171.46	166.63	214.03

图6 新疆乡村文教消费需求景气指数变动态势

左轴柱形: 左横向测评 (无差距理想值 = 100); 右纵向测评 (1), 上年 = 100。右轴曲线: 纵向测评 (起点年基数值 = 100), (2) 以1998年为起点, (3) 以2003年为起点, (4) 以2008年为起点。标注横向测评、纵向测评 (1) (2) 省域排行, 纵向测评 (2) 起点年不计。

1. 各年度无差距理想值横向测评

以全国乡村文教消费总量份额值、人均绝对值、相对比值为基准，并以相关增率比达到平衡，城乡、地区之间实现无差距状态为"理想值"100来衡量，2018年新疆乡村此项景气指数为88.55，低于理想值11.45%，但高于上一年17.11个点。新疆在省域间排行，1998年为第20位，2003年为第30位，2008年为第27位，2013年为第28位，2018年从上一年第30位上升为第19位。

2. 1998年以来20年基数值纵向测评

以1998年为起点基数值100，2018年新疆乡村此项景气指数为236.42，高于1998年起点基数136.42%，也高于上一年55.19个点。新疆在省域间排行，起点1998年不计，2003年为第30位，2008年为第21位，2013年为第20位，2018年从上一年第20位上升为第12位。

3. 2003年以来15年基数值纵向测评

以2003年为起点基数值100，2018年新疆乡村此项景气指数为263.98，高于2003年起点基数163.98%，也高于上一年60.43个点。新疆在省域间排行，起点2003年不计，2008年为第4位，2013年为第3位，2018年从上一年第8位上升为第2位。

4. 2008年以来10年基数值纵向测评

以2008年为起点基数值100，2018年新疆乡村此项景气指数为214.03，高于2008年起点基数114.03%，也高于上一年47.40个点。新疆在省域间排行，起点2008年不计，2013年为第13位，2018年从上一年第17位上升为第12位。

5. 逐年度上年基数值纵向测评

以2017年为起点基数值100，2018年新疆乡村此项景气指数为124.94，高于2017年起点基数24.94%。新疆在省域间排行，1998年为第12位，2003年为第23位，2008年为第9位，2013年为第18位，2018年从上一年第26位上升为第2位。

囿于制图空间，2013年以来5年基数值纵向测评省略，可见本书B.5乡村排行报告表8及相应文字简述。

B.20
广东：2017～2018年乡村
景气指数提升度第3位

摘　要： 2018年，广东乡村文教消费总量增长处于第3位，人均值增长处于第3位。广东乡村文教消费需求景气评价排行结果：在省域横向测评中，2018年景气指数排名第9位；在自身纵向测评中，1998～2018年景气指数提升度第27位，2003～2018年景气指数提升度第17位，2008～2018年景气指数提升度第6位，2013～2018年景气指数提升度第20位，2017～2018年景气指数提升度第3位。

关键词： 广东　乡村　文教消费　景气评价

一 广东乡村文教消费需求增长状况

1.文教消费总量份额值变化

20年来广东乡村文教消费总量增长、份额变化态势见图1。

1998～2018年，广东乡村文教消费总量由117.35亿元增至492.84亿元，增加375.49亿元，20年间总增长319.97%，年均增长7.44%，增长幅度处于省域间第27位。其中，第一个五年年均下降2.79%；第二个五年年

＊ 张戈，云南省社会科学院马克思主义研究院副研究员，主要从事中国特色社会主义与重大现实问题研究。

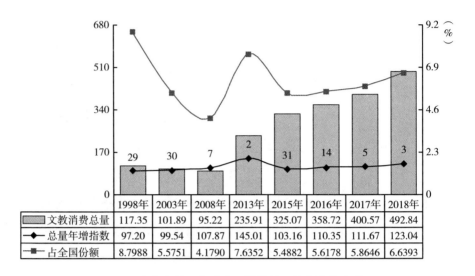

图1 广东乡村文教消费总量增长、份额变化态势

左轴柱形：文教消费总量（亿元）。左轴曲线：年度增长指数（上年＝100，小于100为负增长），标注历年增长省域位次。右轴曲线：占全国份额（%）。

均下降 1.34%；第三个五年年均增长 19.90%；第四个五年年均增长 15.88%。总量最高增长年度为 2013 年，增长 45.01%；最低增长年度为 2007 年，下降 17.54%。

同期，全国乡村文教消费总量年均增长 8.96%，较明显高于广东 1.52 个百分点。广东乡村文教消费总量占全国份额由 8.80% 降低为 6.64%，增长幅度和份额升降变化排序处于省域间第 27 位。

其中，第一个五年，全国乡村文教消费总量年均增长 6.50%，极显著高于广东 9.29 个百分点，广东总量占全国份额下降 36.64%；第二个五年，全国乡村文教消费总量年均增长 4.51%，显著高于广东 5.85 个百分点，广东总量占全国份额下降 25.04%；第三个五年，全国乡村文教消费总量年均增长 6.28%，极显著低于广东 13.62 个百分点，广东总量占全国份额上升 82.70%；第四个五年，全国乡村文教消费总量年均增长 19.16%，明显高于广东 3.28 个百分点，广东总量占全国份额下降 13.04%。

2. 文教消费人均绝对值增长

20 年来广东乡村人均文教消费增长、增幅变化态势见图2。

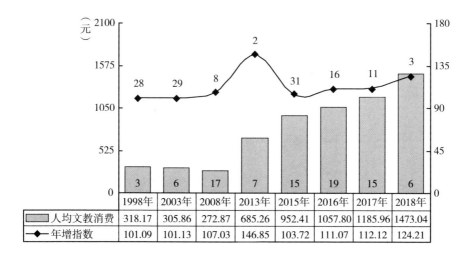

图2 广东乡村人均文教消费增长、增幅变化态势

左轴柱形: 人均文教消费（元）。右轴曲线: 年度增长指数（上年 = 100，小于 100 为负增长），标注历年增长、人均值省域位次。

1998~2018 年，广东乡村人均文教消费由 318.17 元增至 1473.04 元，增加 1154.87 元，总增长 362.97%，20 年间年均增长 7.96%，增长幅度处于省域间第 29 位。其中，第一个五年人均值总下降 3.87%，年均下降 0.79%；第二个五年人均值总下降 10.79%，年均下降 2.26%；第三个五年人均值总增长 151.13%，年均增长 20.22%；第四个五年人均值总增长 114.96%，年均增长 16.54%。人均值最高增长年度为 2013 年，增长 46.85%；最低增长年度为 2007 年，下降 15.96%。

同期，全国乡村人均文教消费年均增长 11.07%，明显高于广东 3.11 个百分点（对照图 5）。广东乡村人均文教消费从全国乡村人均值的 199.59% 降低至 113.17%，人均绝对值在省域间排序由第 3 位降低为第 6 位。

其中，第一个五年全国乡村人均文教消费年均增长 8.13%，极显著高于广东，2003 年广东乡村人均值降低至全国人均值的 129.78%，处于省域间第 6 位。第二个五年全国乡村人均文教消费年均增长 5.94%，极显著高于广东，2008 年广东乡村人均值降低至全国人均值的 86.75%，处于省域间第 17 位。第三个五年全国乡村人均文教消费年均增长 9.09%，极显著低于广东，2013 年广东乡村人均值提高至全国人均值的 141.04%，处于省域间第 7 位。第四个五年全国乡村人均文教消费年均增长 21.78%，广东年均增长 16.54%，显著低于全国。

二　广东乡村文教消费相关背景情况

20 年来广东乡村文教消费相关比值变动态势见图 3。

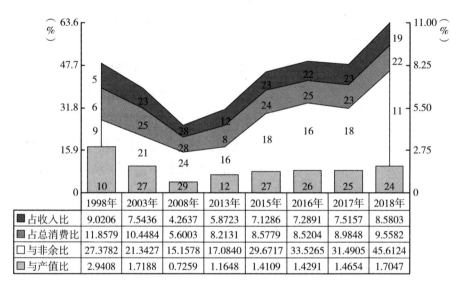

	1998年	2003年	2008年	2013年	2015年	2016年	2017年	2018年
■占收入比	9.0206	7.5436	4.2637	5.8723	7.1286	7.2891	7.5157	8.5803
■占总消费比	11.8579	10.4484	5.6003	8.2131	8.5779	8.5204	8.9848	9.5582
□与非余比	27.3782	21.3427	15.1578	17.0840	29.6717	33.5265	31.4905	45.6124
□与产值比	2.9408	1.7188	0.7259	1.1648	1.4109	1.4291	1.4654	1.7047

图 3　广东乡村文教消费相关比值变动态势

　　左轴面积：人均文教消费占收入比、占总消费比、与非文消费剩余（简称"非余"）比（%），各项比值历年升降呈直观比例。右轴柱形：人均文教消费与产值比（%）。保留 4 位小数以便精确演算各项比值变化，标注各项比值省域位次。

1. 文教消费与产值比关系

1998～2018 年，广东乡村文教消费与产值比由 2.94% 降低至 1.70%，在省域间排序从第 10 位下降到第 24 位。其间，此项比值在 2010～2014 年、2016～2018 年 8 个年度出现增高，其余年度则为降低；前后对比下降 42.03%，升降变化程度处于省域间第 27 位。最高比值为 1998 年的 2.94%，最低比值为2009年的0.72%。

2. 文教消费占收入比关系

1998～2018年，广东乡村文教消费占收入比由9.02%降低至8.58%，在省域间排序从第5位下降到第19位。其间，此项比值在2002年、2005年、2009年、2011～2014年、2016～2018年10个年度出现增高，其余年度则为降低；前后对比下降4.88%，升降变化程度处于省域间第27位。最高比值为1998年的9.02%，最低比值为2010年的4.14%。

3. 文教消费占总消费比关系

1998～2018年，广东乡村文教消费占总消费比由11.86%降低至9.56%，在省域间排序从第6位下降到第22位。其间，此项比值在1999年、2005年、2009～2014年、2017～2018年10个年度出现增高，其余年度则为降低；前后对比下降19.39%，升降变化程度处于省域间第27位。最高比值为1999年的11.99%，最低比值为2008年的5.60%。

4. 文教消费与非文消费剩余比关系

1998～2018年，广东乡村文教消费与非文消费剩余比由27.38%提高至45.61%，由于其他省域此项比值提高更加明显，广东从第9位下降到第11位。其间，此项比值在2007年、2012～2013年、2017～2018年5个年度出现增高，其余年度则为降低；前后对比上升66.60%，升降变化程度处于省域间第20位。最高比值为2018年的45.61%，最低比值为2010年的12.09%。

广东乡村文教消费相关各项比值的具体分析表明，在文教消费需求增长与当地经济发展、乡村民生进步的协调性关系中，20年以来文教消费与非文消费剩余比呈提升态势，与产值比、占收入比、占总消费比呈下降态势。

三 广东文教消费城乡、区域协调状况

1. 文教消费人均值城乡比

20年来广东人均文教消费城乡比变动态势见图4。

275

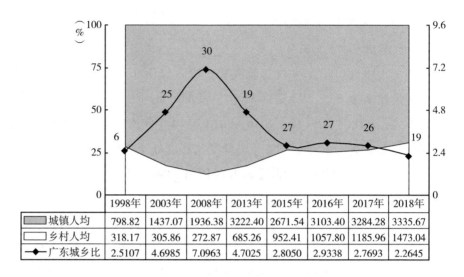

	1998年	2003年	2008年	2013年	2015年	2016年	2017年	2018年
城镇人均	798.82	1437.07	1936.38	3222.40	2671.54	3103.40	3284.28	3335.67
乡村人均	318.17	305.86	272.87	685.26	952.41	1057.80	1185.96	1473.04
广东城乡比	2.5107	4.6985	7.0963	4.7025	2.8050	2.9338	2.7693	2.2645

图4 广东人均文教消费城乡比变动态势

左轴面积：城镇、乡村人均文教消费（元转换为%），城乡间历年升降呈直观比例关系。右轴曲线：人均文教消费城乡比（乡村＝1），标注城乡比省域位次。

1998～2018年，广东人均文教消费城乡比由2.5107缩减至2.2645，由于其他省域文教消费城乡比缩小更为显著，广东城乡比在省域间排序从第6位下降到第19位。最小城乡比为2018年的2.2645，最大城乡比为2007年的7.8248。

其间，城乡比在2005年、2008年、2010～2014年、2017～2018年9个年度出现缩减，其余年度则为扩增。前后对比，广东文教消费城乡比缩小9.81%，城乡比扩减变化状况处于省域间第25位。这意味着，广东属于文教消费城乡比扩减变化态势良好的省域之一。

分期考察广东乡村文教消费城乡差距变化动态，第一个五年极显著加大，扩增87.14%；第二个五年显著加大，扩增51.03%；第三个五年明显减小，缩减33.73%；第四个五年继续显著减小，缩减51.84%。

据既往20年动态推演测算，2020年广东文教消费城乡比将为2.2412，相比当前略微缩减；2035年广东文教消费城乡比将为2.0743，相比当前继续明显缩减。

2. 乡村文教消费人均值地区差

20年来广东乡村人均文教消费地区差变动态势见图5。

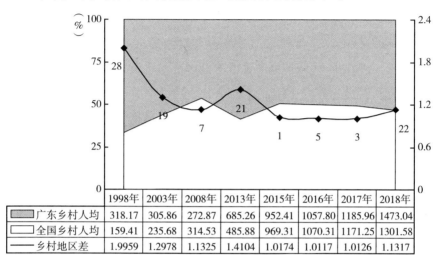

图5　广东乡村人均文教消费地区差变动态势

左轴面积: 当地、全国人均文教消费 (元转换为%), 二者数值历年升降呈直观比例关系。右轴曲线: 文教消费地区差 (无差距=1), 标注地区差省域位次。

1998～2018年, 广东乡村人均文教消费与全国乡村地区差由1.9959缩减至1.1317, 在省域间排序从第28位上升到第22位。最小地区差为2006年的1.0058, 最大地区差为1998年的1.9959。

其间, 地区差在1998～2006年、2008～2011年、2014～2016年16个年度出现缩减, 其余年度则为扩增。前后对比, 广东乡村文教消费地区差缩小43.30%, 地区差扩减变化状况处于省域间第3位。这意味着, 广东属于乡村文教消费地区差扩减变化态势良好的省域之一。

分期考察广东乡村文教消费地区差距变化动态, 第一个五年极显著减小, 缩减34.98%; 第二个五年显著减小, 缩减12.74%; 第三个五年极显著加大, 扩增24.54%; 第四个五年极显著减小, 缩减19.76%。

据既往20年动态推演测算, 2020年广东文教消费地区差将为1.0693, 相比当前较明显缩减; 2035年广东文教消费地区差将为1.0423, 相比当前继续较明显缩减。

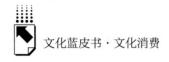

四 广东乡村文教消费需求景气指数测评

综合以上分析：20 年以来广东乡村文教消费总量年均增长较明显低于全国增长，人均值年均增长也明显低于全国平均增长；文教消费与非文消费剩余比呈提升态势，与产值比、占收入比、占总消费比呈下降态势；城乡比略有缩小，与全国乡村地区差极显著缩小。这些都集中体现在广东乡村文教消费需求景气指数的测评演算中。20 年来广东乡村文教消费需求景气指数变动态势见图 6。

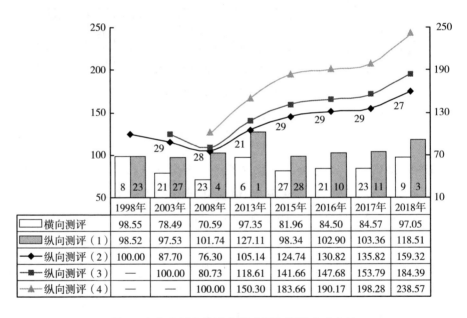

	1998年	2003年	2008年	2013年	2015年	2016年	2017年	2018年
□ 横向测评	98.55	78.49	70.59	97.35	81.96	84.50	84.57	97.05
▨ 纵向测评（1）	98.52	97.53	101.74	127.11	98.34	102.90	103.36	118.51
◆ 纵向测评（2）	100.00	87.70	76.30	105.14	124.74	130.82	135.82	159.32
■ 纵向测评（3）	—	100.00	80.73	118.61	141.66	147.68	153.79	184.39
▲ 纵向测评（4）	—	—	100.00	150.30	183.66	190.17	198.28	238.57

图 6 广东乡村文教消费需求景气指数变动态势

左轴柱形：左横向测评（无差距理想值 =100）；右纵测评（1），上年 =100。右轴曲线：纵向测评（起点年基数值 =100），（2）以 1998 年为起点，（3）以 2003 年为起点，（4）以 2008 年为起点。标注横向测评、纵向测评（1）（2）省域排行，纵向测评（2）起点年不计。

1.各年度无差距理想值横向测评

以全国乡村文教消费总量份额值、人均绝对值、相对比值为基准，并以相关增率比达到平衡，城乡、地区之间实现无差距状态为"理想值"100来衡量，2018年广东乡村此项景气指数为97.05，低于理想值2.95%，但高于上一年12.48个点。广东在省域间排行，1998年为第8位，2003年为第21位，2008年为第23位，2013年为第6位，2018年从上一年第23位上升为第9位。

2. 1998年以来20年基数值纵向测评

以1998年为起点基数值100，2018年广东乡村此项景气指数为159.32，高于1998年起点基数59.32%，也高于上一年23.50个点。广东在省域间排行，起点1998年不计，2003年为第29位，2008年为第28位，2013年为第21位，2018年从上一年第29位上升为第27位。

3. 2003年以来15年基数值纵向测评

以2003年为起点基数值100，2018年广东乡村此项景气指数为184.39，高于2003年起点基数84.39%，也高于上一年30.60个点。广东在省域间排行，起点2003年不计，2008年为第25位，2013年为第4位，2018年从上一年第21位上升为第17位。

4. 2008年以来10年基数值纵向测评

以2008年为起点基数值100，2018年广东乡村此项景气指数为238.57，高于2008年起点基数138.57%，也高于上一年40.29个点。广东在省域间排行，起点2008年不计，2013年为第2位，2018年从上一年第9位上升为第6位。

5. 逐年度上年基数值纵向测评

以2017年为起点基数值100，2018年广东乡村此项景气指数为118.51，高于2017年起点基数18.51%。广东在省域间排行，1998年为第23位，2003年为第27位，2008年为第4位，2013年为第1位，2018年从上一年第11位上升为第3位。

囿于制图空间，2013年以来5年基数值纵向测评省略，可见本书B.5乡村排行报告表8及相应文字简述。

B.21
安徽：2018年乡村景气指数排名第4位

平金良*

摘　要：　2018年，安徽乡村文教消费总量增长处于第5位，人均值增长处于第6位。安徽乡村文教消费需求景气评价排行结果：在省域横向测评中，2018年景气指数排名第4位；在自身纵向测评中，1998～2018年景气指数提升度第15位，2003～2018年景气指数提升度第16位，2008～2018年景气指数提升度第18位，2013～2018年景气指数提升度第5位，2017～2018年景气指数提升度第5位。

关键词：　安徽　乡村　文教消费　景气评价

一　安徽乡村文教消费需求增长状况

1. 文教消费总量份额值变化

20年来安徽乡村文教消费总量增长、份额变化态势见图1。

1998～2018年，安徽乡村文教消费总量由65.00亿元增至366.98亿元，增加301.98亿元，20年间总增长464.58%，年均增长9.04%，增长幅度处于省域间第17位。其中，第一个五年年均增长4.39%；第二个五年年均增长6.25%；第三个五年年均增长1.85%；第四个五年年均增长25.15%。总量最高增长年度为2014年，增长91.77%；最低增长年度为2007年，下降

＊　平金良，云南省社会科学院副研究员，主要从事农村社会学相关研究。

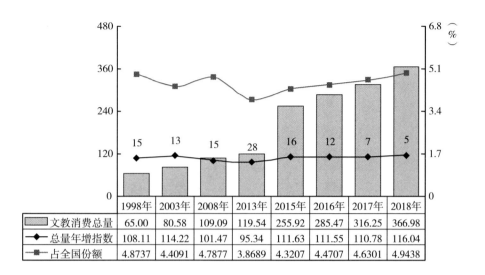

	1998年	2003年	2008年	2013年	2015年	2016年	2017年	2018年
文教消费总量	65.00	80.58	109.09	119.54	255.92	285.47	316.25	366.98
总量年增指数	108.11	114.22	101.47	95.34	111.63	111.55	110.78	116.04
占全国份额	4.8737	4.4091	4.7877	3.8689	4.3207	4.4707	4.6301	4.9438

图1　安徽乡村文教消费总量增长、份额变化态势

左轴柱形：文教消费总量（亿元）。左轴曲线：年度增长指数（上年＝100，小于100为负增长），标注历年增长省域位次。右轴曲线：占全国份额（%）。

5.08%。

同期，全国乡村文教消费总量年均增长8.96%，略微低于安徽0.08个百分点。安徽乡村文教消费总量占全国份额由4.87%升高为4.94%，增长幅度和份额升降变化排序处于省域间第17位。

其中，第一个五年，全国乡村文教消费总量年均增长6.50%，明显高于安徽2.11个百分点，安徽总量占全国份额下降9.53%；第二个五年，全国乡村文教消费总量年均增长4.51%，较明显低于安徽1.74个百分点，安徽总量占全国份额上升8.59%；第三个五年，全国乡村文教消费总量年均增长6.28%，显著高于安徽4.43个百分点，安徽总量占全国份额下降19.19%；第四个五年，全国乡村文教消费总量年均增长19.16%，显著低于安徽5.99个百分点，安徽总量占全国份额上升27.78%。

2. 文教消费人均绝对值增长

20年来安徽乡村人均文教消费增长、增幅变化态势见图2。

1998~2018年，安徽乡村人均文教消费由139.92元增至1271.11元，

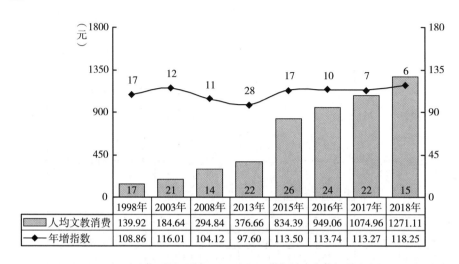

图2　安徽乡村人均文教消费增长、增幅变化态势

左轴柱形：人均文教消费（元）。右轴曲线：年度增长指数（上年=100，小于100为负增长），标注历年增长、人均值省域位次。

增加1131.19元，总增长808.45%，20年间年均增长11.66%，增长幅度处于省域间第14位。其中，第一个五年人均值总增长31.96%，年均增长5.70%；第二个五年人均值总增长59.68%，年均增长9.81%；第三个五年人均值总增长27.75%，年均增长5.02%；第四个五年人均值总增长237.47%，年均增长27.54%。人均值最高增长年度为2014年，增长95.17%；最低增长年度为2007年，下降2.60%。

同期，全国乡村人均文教消费年均增长11.07%，略微低于安徽0.59个百分点（对照图5）。安徽乡村人均文教消费从全国乡村人均值的87.77%提高至97.66%，人均绝对值在省域间排序由第17位提高为第15位。

其中，第一个五年全国乡村人均文教消费年均增长8.13%，明显高于安徽，2003年安徽乡村人均值降低至全国人均值的78.34%，处于省域间第21位。第二个五年全国乡村人均文教消费年均增长5.94%，明显低于安徽，2008年安徽乡村人均值提高至全国人均值的93.74%，处于省域间第14位。第三个五年全国乡村人均文教消费年均增长9.09%，显著高于安徽，2013

年安徽乡村人均值降低至全国人均值的 77.52% , 处于省域间第 22 位。第
四个五年全国乡村人均文教消费年均增长 21.78% , 安徽年均增长 27.54% ,
显著高于全国。

二　安徽乡村文教消费相关背景情况

20 年来安徽乡村文教消费相关比值变动态势见图 3。

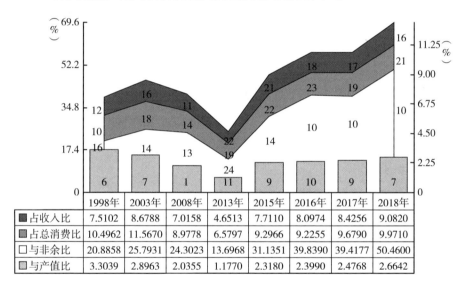

	1998年	2003年	2008年	2013年	2015年	2016年	2017年	2018年
■占收入比	7.5102	8.6788	7.0158	4.6513	7.7110	8.0974	8.4256	9.0820
■占总消费比	10.4962	11.5670	8.9778	6.5797	9.2966	9.2255	9.6790	9.9710
□与非余比	20.8858	25.7931	24.3023	13.6968	31.1351	39.8390	39.4177	50.4600
□与产值比	3.3039	2.8963	2.0355	1.1770	2.3180	2.3990	2.4768	2.6642

图 3　安徽乡村文教消费相关比值变动态势

　　左轴面积: 人均文教消费占收入比、占总消费比、与非文消费剩余(简称"非余")比
(%), 各项比值历年升降呈直观比例。右轴柱形: 人均文教消费与产值比(%)。保留 4 位
小数以便精确演算各项比值变化, 标注各项比值省域位次。

1. 文教消费与产值比关系

1998 ~ 2018 年, 安徽乡村文教消费与产值比由 3.30% 降低至 2.66% ,
在省域间排序从第 6 位下降到第 7 位。其间, 此项比值在 1998 年、2003 年、
2005 年、2014 ~ 2018 年 8 个年度出现增高, 其余年度则为降低; 前后对比
下降 19.36% , 升降变化程度处于省域间第 19 位。最高比值为 1998 年的
3.30% , 最低比值为 2013 年的 1.18% 。

2. 文教消费占收入比关系

1998~2018 年，安徽乡村文教消费占收入比由 7.51% 提高至 9.08%，由于其他省域此项比值提高更加明显，安徽从第 12 位下降到第 16 位。其间，此项比值在 1998~1999 年、2002~2003 年、2005~2006 年、2014~2018 年 11 个年度出现增高，其余年度则为降低；前后对比上升 20.93%，升降变化程度处于省域间第 18 位。最高比值为 2006 年的 9.79%，最低比值为 2013 年的 4.65%。

3. 文教消费占总消费比关系

1998~2018 年，安徽乡村文教消费占总消费比由 10.50% 降低至 9.97%，在省域间排序从第 10 位下降到第 21 位。其间，此项比值在 1998~1999 年、2002~2003 年、2005~2006 年、2010 年、2014~2015 年、2017~2018 年 11 个年度出现增高，其余年度则为降低；前后对比下降 5.00%，升降变化程度处于省域间第 23 位。最高比值为 2006 年的 12.01%，最低比值为 2013 年的 6.58%。

4. 文教消费与非文消费剩余比关系

1998~2018 年，安徽乡村文教消费与非文消费剩余比由 20.89% 提高至 50.46%，在省域间排序从第 16 位上升到第 10 位。其间，此项比值在 1999~2000 年、2002 年、2007 年、2009 年、2011~2013 年 8 个年度出现增高，其余年度则为降低；前后对比上升 141.60%，升降变化程度处于省域间第 10 位。最高比值为 2018 年的 50.46%，最低比值为 2013 年的 13.70%。

安徽乡村文教消费相关各项比值的具体分析表明，在文教消费需求增长与当地经济发展、乡村民生进步的协调性关系中，20 年以来文教消费占收入比、与非文消费剩余比呈提升态势，与产值比、占总消费比呈下降态势。

三 安徽文教消费城乡、区域协调状况

1. 文教消费人均值城乡比

20 年来安徽人均文教消费城乡比变动态势见图 4。

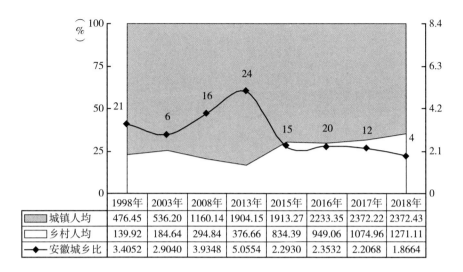

	1998年	2003年	2008年	2013年	2015年	2016年	2017年	2018年
城镇人均	476.45	536.20	1160.14	1904.15	1913.27	2233.35	2372.22	2372.43
乡村人均	139.92	184.64	294.84	376.66	834.39	949.06	1074.96	1271.11
安徽城乡比	3.4052	2.9040	3.9348	5.0554	2.2930	2.3532	2.2068	1.8664

图4　安徽人均文教消费城乡比变动态势

左轴面积：城镇、乡村人均文教消费（元转换为%），城乡间历年升降呈直观比例关系。右轴曲线：人均文教消费城乡比（乡村=1），标注城乡比省域位次。

1998～2018年，安徽人均文教消费城乡比由3.4052缩减至1.8664，在省域间排序从第21位上升到第4位。最小城乡比为2018年的1.8664，最大城乡比为2013年的5.0554。

其间，城乡比在2000年、2002～2003年、2005年、2008～2009年、2014年、2017～2018年9个年度出现缩减，其余年度则为扩增。前后对比，安徽文教消费城乡比缩小45.19%，城乡比扩减变化状况处于省域间第7位。这意味着，安徽属于文教消费城乡比扩减变化态势良好的省域之一。

分期考察安徽乡村文教消费城乡差距变化动态，第一个五年较明显减小，缩减14.72%；第二个五年明显加大，扩增35.50%；第三个五年继续明显加大，扩增28.48%；第四个五年极显著减小，缩减63.08%。

据既往20年动态推演测算，2020年安徽文教消费城乡比将为1.7575，相比当前较明显缩减；2035年安徽文教消费城乡比将为1.1196，相比当前继续极显著缩减。

2. 乡村文教消费人均值地区差

20年来安徽乡村人均文教消费地区差变动态势见图5。

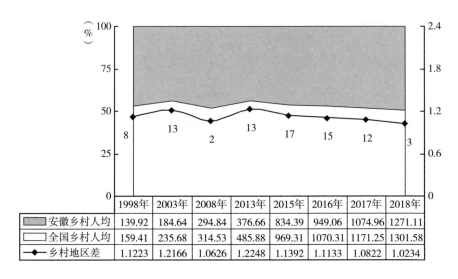

	1998年	2003年	2008年	2013年	2015年	2016年	2017年	2018年
安徽乡村人均	139.92	184.64	294.84	376.66	834.39	949.06	1074.96	1271.11
全国乡村人均	159.41	235.68	314.53	485.88	969.31	1070.31	1171.25	1301.58
乡村地区差	1.1223	1.2166	1.0626	1.2248	1.1392	1.1133	1.0822	1.0234

图5 安徽乡村人均文教消费地区差变动态势

左轴面积：当地、全国人均文教消费（元转换为%），二者数值历年升降呈直观比例关系。右轴曲线：文教消费地区差（无差距＝1），标注地区差省域位次。

1998~2018年，安徽乡村人均文教消费与全国乡村地区差由1.1223缩减至1.0234，在省域间排序从第8位上升到第3位。最小地区差为2010年的1.0076，最大地区差为2002年的1.2432。

其间，地区差在1998年、2001年、2003~2006年、2008年、2010年、2014~2018年13个年度出现缩减，其余年度则为扩增。前后对比，安徽乡村文教消费地区差缩小8.81%，地区差扩减变化状况处于省域间第19位。这意味着，安徽属于乡村文教消费地区差扩减变化态势良好的省域之一。

分期考察安徽乡村文教消费地区差距变化动态，第一个五年明显加大，扩增8.40%；第二个五年显著减小，缩减12.66%；第三个五年极显著加大，扩增15.26%；第四个五年极显著减小，缩减16.44%。

据既往20年动态推演测算，2020年安徽文教消费地区差将为1.0129，相比当前略微缩减；2035年安徽文教消费地区差将为1.2824，相比当前显著扩增。

四　安徽乡村文教消费需求景气指数测评

综合以上分析：20 年以来安徽乡村文教消费总量年均增长略微高于全国增长，人均值年均增长也略微高于全国平均增长；文教消费占收入比、与非文消费剩余比呈提升态势，与产值比、占总消费比呈下降态势；城乡比明显缩小，与全国乡村地区差明显缩小。这些都集中体现在安徽乡村文教消费需求景气指数的测评演算中。20 年来安徽乡村文教消费需求景气指数变动态势见图6。

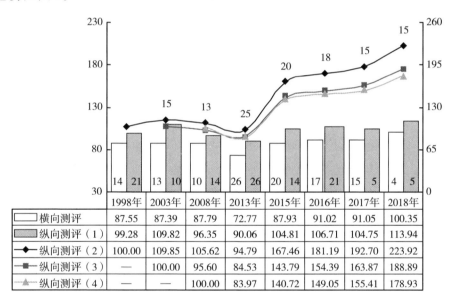

	1998年	2003年	2008年	2013年	2015年	2016年	2017年	2018年
▢ 横向测评	87.55	87.39	87.79	72.77	87.93	91.02	91.05	100.35
▨ 纵向测评（1）	99.28	109.82	96.35	90.06	104.81	106.71	104.75	113.94
◆ 纵向测评（2）	100.00	109.85	105.62	94.79	167.46	181.19	192.70	223.92
■ 纵向测评（3）	—	100.00	95.60	84.53	143.79	154.39	163.87	188.89
▲ 纵向测评（4）	—	—	100.00	83.97	140.72	149.05	155.41	178.93

图6　安徽乡村文教消费需求景气指数变动态势

左轴柱形：左横向测评（无差距理想值＝100）；右纵向测评（1），上年＝100。右轴曲线：纵向测评（起点年基数值＝100），（2）以 1998 年为起点，（3）以 2003 年为起点，（4）以 2008 年为起点。标注横向测评、纵向测评（1）（2）省域排行，纵向测评（2）起点年不计。

1. 各年度无差距理想值横向测评

以全国乡村文教消费总量份额值、人均绝对值、相对比值为基准，并以相关增率比达到平衡，城乡、地区之间实现无差距状态为"理想值"100 来衡量，2018 年安徽乡村此项景气指数为 100.35，高于理想值 0.35%，也高于上一年 9.30 个点。安徽在省域间排行，1998 年为第 14 位，2003 年为第 13 位，2008 年为第 10 位，2013 年为第 26 位，2018 年从上一年第 15 位上升为第 4 位。

2. 1998年以来20年基数值纵向测评

以 1998 年为起点基数值 100，2018 年安徽乡村此项景气指数为 223.92，高于 1998 年起点基数 123.92%，也高于上一年 31.22 个点。安徽在省域间排行，起点 1998 年不计，2003 年为第 15 位，2008 年为第 13 位，2013 年为第 25 位，2018 年与上一年持平，皆为第 15 位。

3. 2003年以来15年基数值纵向测评

以 2003 年为起点基数值 100，2018 年安徽乡村此项景气指数为 188.89，高于 2003 年起点基数 88.89%，也高于上一年 25.02 个点。安徽在省域间排行，起点 2003 年不计，2008 年为第 12 位，2013 年为第 27 位，2018 年从上一年第 20 位上升为第 16 位。

4. 2008年以来10年基数值纵向测评

以 2008 年为起点基数值 100，2018 年安徽乡村此项景气指数为 178.93，高于 2008 年起点基数 78.93%，也高于上一年 23.52 个点。安徽在省域间排行，起点 2008 年不计，2013 年为第 31 位，2018 年从上一年第 21 位上升为第 18 位。

5. 逐年度上年基数值纵向测评

以 2017 年为起点基数值 100，2018 年安徽乡村此项景气指数为 113.94，高于 2017 年起点基数 13.94%。安徽在省域间排行，1998 年为第 21 位，2003 年为第 10 位，2008 年为第 14 位，2013 年为第 26 位，2018 年与上一年持平，皆为第 5 位。

囿于制图空间，2013 年以来 5 年基数值纵向测评省略，可见本书 B.5 乡村排行报告表 8 及相应文字简述。

B.22
重庆：2008～2018年乡村
景气指数提升度第4位

代 丽*

摘　要：　2018年，重庆乡村文教消费总量增长处于第19位，人均值
　　　　　增长处于第18位。重庆乡村文教消费需求景气评价排行结
　　　　　果：在省域横向测评中，2018年景气指数排名第15位；在
　　　　　自身纵向测评中，1998～2018年景气指数提升度第7位，
　　　　　2003～2018年景气指数提升度第6位，2008～2018年景气指
　　　　　数提升度第4位，2013～2018年景气指数提升度第16位，
　　　　　2017～2018年景气指数提升度第15位。

关键词：　重庆　乡村　文教消费　景气评价

一　重庆乡村文教消费需求增长状况

1.文教消费总量份额值变化

20年来重庆乡村文教消费总量增长、份额变化态势见图1。

1998～2018年，重庆乡村文教消费总量由23.69亿元增至146.26亿元，增加122.57亿元，20年间总增长517.39%，年均增长9.53%，增长幅度处于省域间第14位。其中，第一个五年年均增长7.68%；第二个五年年均下

---

* 代丽，云南省社会科学院信息中心网站编辑部主任、助理研究员，主要从事发展社会学、社会福利与社会保障、文化消费研究。

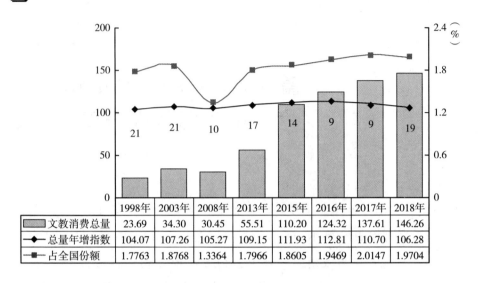

图1　重庆乡村文教消费总量增长、份额变化态势

左轴柱形：文教消费总量（亿元）。左轴曲线：年度增长指数（上年＝100，小于100为负增长），标注历年增长省域位次。右轴曲线：占全国份额（%）。

降2.35%；第三个五年年均增长12.76%；第四个五年年均增长21.38%。总量最高增长年度为2014年，增长77.37%；最低增长年度为2006年，下降30.71%。

同期，全国乡村文教消费总量年均增长8.96%，略微低于重庆0.57个百分点。重庆乡村文教消费总量占全国份额由1.78%升高为1.97%，增长幅度和份额升降变化排序处于省域间第14位。

其中，第一个五年，全国乡村文教消费总量年均增长6.50%，较明显低于重庆1.18个百分点，重庆总量占全国份额上升5.66%；第二个五年，全国乡村文教消费总量年均增长4.51%，极显著高于重庆6.86个百分点，重庆总量占全国份额下降28.79%；第三个五年，全国乡村文教消费总量年均增长6.28%，极显著低于重庆6.48个百分点，重庆总量占全国份额上升34.44%；第四个五年，全国乡村文教消费总量年均增长19.16%，明显低于重庆2.22个百分点，重庆总量占全国份额上升9.67%。

2. 文教消费人均绝对值增长

20年来重庆乡村人均文教消费增长、增幅变化态势见图2。

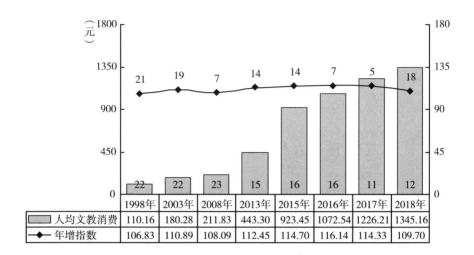

图2　重庆乡村人均文教消费增长、增幅变化态势

左轴柱形：人均文教消费（元）。右轴曲线：年度增长指数（上年＝100，小于100为负增长），标注历年增长、人均值省域位次。

1998～2018 年，重庆乡村人均文教消费由 110.16 元增至 1345.16 元，增加 1235.00 元，总增长 1121.10%，20 年间年均增长 13.33%，增长幅度处于省域间第 7 位。其中，第一个五年人均值总增长 63.65%，年均增长 10.35%；第二个五年人均值总增长 17.50%，年均增长 3.28%；第三个五年人均值总增长 109.27%，年均增长 15.92%；第四个五年人均值总增长 203.44%，年均增长 24.86%。人均值最高增长年度为 2014 年，增长 81.61%；最低增长年度为 2006 年，下降 24.02%。

同期，全国乡村人均文教消费年均增长 11.07%，明显低于重庆 2.26 个百分点（对照图 5）。重庆乡村人均文教消费从全国乡村人均值的 69.10% 提高至 103.35%，人均绝对值在省域间排序由第 22 位提高为第 12 位。

其中，第一个五年全国乡村人均文教消费年均增长 8.13%，明显低于重庆，2003 年重庆乡村人均值提高至全国人均值的 76.49%，处于省域间第 22 位。第二个五年全国乡村人均文教消费年均增长 5.94%，明显高于重庆，2008 年重庆乡村人均值降低至全国人均值的 67.35%，处于省域间第 23 位。

第三个五年全国乡村人均文教消费年均增长 9.09%，极显著低于重庆，2013 年重庆乡村人均值提高至全国人均值的 91.24%，处于省域间第 15 位。第四个五年全国乡村人均文教消费年均增长 21.78%，重庆年均增长 24.86%，明显高于全国。

二 重庆乡村文教消费相关背景情况

20 年来重庆乡村文教消费相关比值变动态势见图 3。

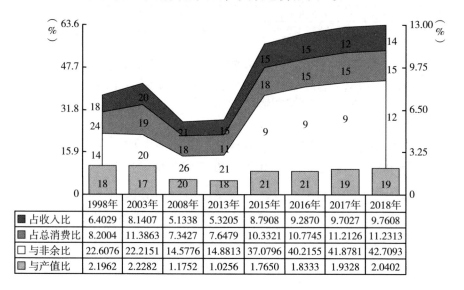

	1998年	2003年	2008年	2013年	2015年	2016年	2017年	2018年
■占收入比	6.4029	8.1407	5.1338	5.3205	8.7908	9.2870	9.7027	9.7608
▨占总消费比	8.2004	11.3863	7.3427	7.6479	10.3321	10.7745	11.2126	11.2313
□与非余比	22.6076	22.2151	14.5776	14.8813	37.0796	40.2155	41.8781	42.7093
▨与产值比	2.1962	2.2282	1.1752	1.0256	1.7650	1.8333	1.9328	2.0402

图 3 重庆乡村文教消费相关比值变动态势

左轴面积：人均文教消费占收入比、占总消费比、与非文消费剩余（简称"非余"）比（%），各项比值历年升降呈直观比例。右轴柱形：人均文教消费与产值比（%）。保留 4 位小数以便精确演算各项比值变化，标注各项比值省域位次。

1. 文教消费与产值比关系

1998~2018 年，重庆乡村文教消费与产值比由 2.20%降低至 2.04%，在省域间排序从第 18 位下降到第 19 位。其间，此项比值在 1998 年、2000 年、2005 年、2011~2018 年 11 个年度出现增高，其余年度则为降低；前后对比下降 7.10%，升降变化程度处于省域间第 14 位。最高比值为 2000 年的

2. 75%，最低比值为 2010 年的 0. 87%。

2. 文教消费占收入比关系

1998～2018 年，重庆乡村文教消费占收入比由 6. 40% 提高至 9. 76%，在省域间排序从第 18 位上升到第 14 位。其间，此项比值在 1998 年、2000 年、2003 年、2005 年、2009 年、2011～2012 年、2014～2018 年 12 个年度出现增高，其余年度则为降低；前后对比上升 52. 44%，升降变化程度处于省域间第 11 位。最高比值为 2018 年的 9. 76%，最低比值为 2010 年的 4. 53%。

3. 文教消费占总消费比关系

1998～2018 年，重庆乡村文教消费占总消费比由 8. 20% 提高至 11. 23%，在省域间排序从第 24 位上升到第 15 位。其间，此项比值在 1998～2000 年、2002～2003 年、2005 年、2009 年、2011～2012 年、2014～2018 年 14 个年度出现增高，其余年度则为降低；前后对比上升 36. 96%，升降变化程度处于省域间第 10 位。最高比值为 2005 年的 11. 66%，最低比值为 2010 年的 6. 59%。

4. 文教消费与非文消费剩余比关系

1998～2018 年，重庆乡村文教消费与非文消费剩余比由 22. 61% 提高至 42. 71%，在省域间排序从第 14 位上升到第 12 位。其间，此项比值在 1998～1999 年、2001～2003 年、2006 年、2010 年、2017 年 8 个年度出现增高，其余年度则为降低；前后对比上升 88. 92%，升降变化程度处于省域间第 15 位。最高比值为 2018 年的 42. 71%，最低比值为 2010 年的 12. 64%。

重庆乡村文教消费相关各项比值的具体分析表明，在文教消费需求增长与当地经济发展、乡村民生进步的协调性关系中，20 年以来文教消费占收入比、占总消费比、与非文消费剩余比呈提升态势，与产值比呈下降态势。

三 重庆文教消费城乡、区域协调状况

1. 文教消费人均值城乡比

20 年来重庆人均文教消费城乡比变动态势见图 4。

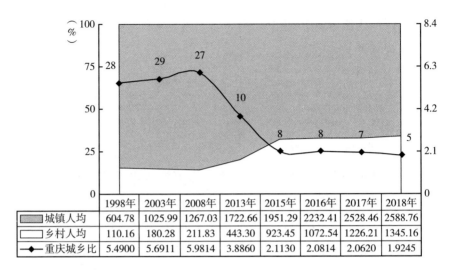

	1998年	2003年	2008年	2013年	2015年	2016年	2017年	2018年
城镇人均	604.78	1025.99	1267.03	1722.66	1951.29	2232.41	2528.46	2588.76
乡村人均	110.16	180.28	211.83	443.30	923.45	1072.54	1226.21	1345.16
重庆城乡比	5.4900	5.6911	5.9814	3.8860	2.1130	2.0814	2.0620	1.9245

图 4　重庆人均文教消费城乡比变动态势

左轴面积：城镇、乡村人均文教消费（元转换为%），城乡间历年升降呈直观比例关系。右轴曲线：人均文教消费城乡比（乡村 = 1），标注城乡比省域位次。

1998～2018 年，重庆人均文教消费城乡比由 5.4900 缩减至 1.9245，在省域间排序从第 28 位上升到第 5 位。最小城乡比为 2018 年的 1.9245，最大城乡比为 2006 年的 7.6398。

其间，城乡比在 1998 年、2000 年、2003 年、2005 年、2007～2009 年、2011～2012 年、2014～2018 年 14 个年度出现缩减，其余年度则为扩增。前后对比，重庆文教消费城乡比缩小 64.95%，城乡比扩减变化状况处于省域间第 3 位。这意味着，重庆属于文教消费城乡比扩减变化态势良好的省域之一。

分期考察重庆乡村文教消费城乡差距变化动态，第一个五年略有加大，扩增 3.66%；第二个五年略有加大，扩增 5.10%；第三个五年明显减小，缩减 35.03%；第四个五年继续显著减小，缩减 50.48%。

据既往 20 年动态推演测算，2020 年重庆文教消费城乡比将为 1.7330，相比当前明显缩减；2035 年重庆文教消费城乡比将为 0.7895，相比当前继续极显著缩减。

2. 乡村文教消费人均值地区差

20年来重庆乡村人均文教消费地区差变动态势见图5。

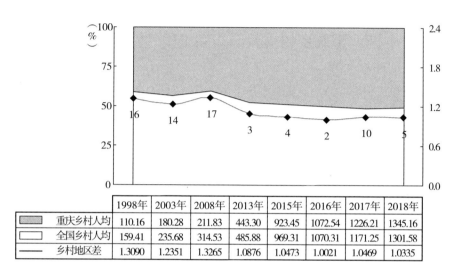

	1998年	2003年	2008年	2013年	2015年	2016年	2017年	2018年
重庆乡村人均	110.16	180.28	211.83	443.30	923.45	1072.54	1226.21	1345.16
全国乡村人均	159.41	235.68	314.53	485.88	969.31	1070.31	1171.25	1301.58
乡村地区差	1.3090	1.2351	1.3265	1.0876	1.0473	1.0021	1.0469	1.0335

图5　重庆乡村人均文教消费地区差变动态势

左轴面积：当地、全国人均文教消费（元转换为%），二者数值历年升降呈直观比例关系。右轴曲线：文教消费地区差（无差距＝1），标注地区差省域位次。

1998～2018年，重庆乡村人均文教消费与全国乡村地区差由1.3090缩减至1.0335，在省域间排序从第16位上升到第5位。最小地区差为2016年的1.0021，最大地区差为2006年的1.3782。

其间，地区差在2000年、2004～2005年、2007～2009年、2011～2016年、2018年13个年度出现缩减，其余年度则为扩增。前后对比，重庆乡村文教消费地区差缩小21.05%，地区差扩减变化状况处于省域间第10位。这意味着，重庆属于乡村文教消费地区差扩减变化态势良好的省域之一。

分期考察重庆乡村文教消费地区差距变化动态，第一个五年明显减小，缩减5.65%；第二个五年明显加大，扩增7.40%；第三个五年极显著减小，缩减18.01%；第四个五年继续较明显减小，缩减4.97%。

据既往20年动态推演测算，2020年重庆文教消费地区差将为1.0759，相比当前略微扩增；2035 年重庆文教消费地区差将为 1.2078，相比当前继续明显扩增。

四 重庆乡村文教消费需求景气指数测评

综合以上分析：20 年以来重庆乡村文教消费总量年均增长略微高于全国增长，人均值年均增长也明显高于全国平均增长；文教消费占收入比、占总消费比、与非文消费剩余比呈提升态势，与产值比呈下降态势；城乡比显著缩小，与全国乡村地区差极显著缩小。这些都集中体现在重庆乡村文教消费需求景气指数的测评演算中。20 年来重庆乡村文教消费需求景气指数变动态势见图 6。

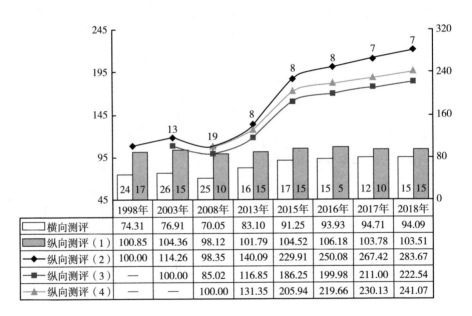

	1998年	2003年	2008年	2013年	2015年	2016年	2017年	2018年
☐ 横向测评	74.31	76.91	70.05	83.10	91.25	93.93	94.71	94.09
▨ 纵向测评（1）	100.85	104.36	98.12	101.79	104.52	106.18	103.78	103.51
◆ 纵向测评（2）	100.00	114.26	98.35	140.09	229.91	250.08	267.42	283.67
■ 纵向测评（3）	—	100.00	85.02	116.85	186.25	199.98	211.00	222.54
▲ 纵向测评（4）	—	—	100.00	131.35	205.94	219.66	230.13	241.07

图 6 重庆乡村文教消费需求景气指数变动态势

左轴柱形：左横向测评（无差距理想值＝100）；右纵向测评（1），上年＝100。右轴曲线：纵向测评（起点年基数值＝100），（2）以 1998 年为起点，（3）以 2003 年为起点，（4）以 2008 年为起点。标注横向测评、纵向测评（1）（2）省域排行，纵向测评（2）起点年不计。

1. 各年度无差距理想值横向测评

以全国乡村文教消费总量份额值、人均绝对值、相对比值为基准，并以相关增率比达到平衡，城乡、地区之间实现无差距状态为"理想值"100来衡量，2018年重庆乡村此项景气指数为94.09，低于理想值5.91%，也低于上一年0.62个点。重庆在省域间排行，1998年为第24位，2003年为第26位，2008年为第25位，2013年为第16位，2018年从上一年第12位下降为第15位。

2. 1998年以来20年基数值纵向测评

以1998年为起点基数值100，2018年重庆乡村此项景气指数为283.67，高于1998年起点基数183.67%，也高于上一年16.25个点。重庆在省域间排行，起点1998年不计，2003年为第13位，2008年为第19位，2013年为第8位，2018年与上一年持平，皆为第7位。

3. 2003年以来15年基数值纵向测评

以2003年为起点基数值100，2018年重庆乡村此项景气指数为222.54，高于2003年起点基数122.54%，也高于上一年11.54个点。重庆在省域间排行，起点2003年不计，2008年为第23位，2013年为第7位，2018年从上一年第7位上升为第6位。

4. 2008年以来10年基数值纵向测评

以2008年为起点基数值100，2018年重庆乡村此项景气指数为241.07，高于2008年起点基数141.07%，也高于上一年10.94个点。重庆在省域间排行，起点2008年不计，2013年为第6位，2018年从上一年第5位上升为第4位。

5. 逐年度上年基数值纵向测评

以2017年为起点基数值100，2018年重庆乡村此项景气指数为103.51，高于2017年起点基数3.51%。重庆在省域间排行，1998年为第17位，2003年为第15位，2008年为第10位，2013年为第15位，2018年从上一年第10位下降为第15位。

囿于制图空间，2013年以来5年基数值纵向测评省略，可见本书B.5乡村排行报告表8及相应文字简述。

B.23

河北：2017～2018年乡村
景气指数提升度第8位

秦瑞婧*

摘　要： 2018年，河北乡村文教消费总量增长处于第11位，人均值
　　　　 增长处于第10位。河北乡村文教消费需求景气评价排行结
　　　　 果：在省域横向测评中，2018年景气指数排名第18位；在
　　　　 自身纵向测评中，1998～2018年景气指数提升度第14位，
　　　　 2003～2018年景气指数提升度第14位，2008～2018年景气指
　　　　 数提升度第15位，2013～2018年景气指数提升度第15位，
　　　　 2017～2018年景气指数提升度第8位。

关键词： 河北　乡村　文教消费　景气评价

一　河北乡村文教消费需求增长状况

1. 文教消费总量份额值变化

20年来河北乡村文教消费总量增长、份额变化态势见图1。

1998～2018年，河北乡村文教消费总量由65.69亿元增至390.79亿元，
增加325.10亿元，20年间总增长494.90%，年均增长9.33%，增长幅度处于
省域间第15位。其中，第一个五年年均增长5.56%；第二个五年年均增长

＊ 秦瑞婧，云南省社会科学院助理研究员，主要从事周边国情和文化产业研究。

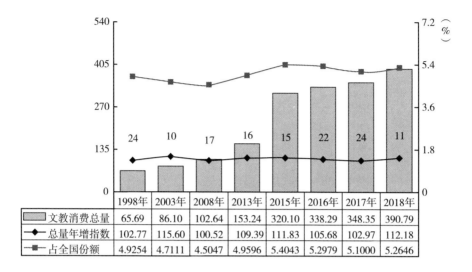

图1　河北乡村文教消费总量增长、份额变化态势

左轴柱形：文教消费总量（亿元）。左轴曲线：年度增长指数（上年＝100，小于100为负增长），标注历年增长省域位次。右轴曲线：占全国份额（％）。

3.58％；第三个五年年均增长8.35％；第四个五年年均增长20.59％。总量最高增长年度为2014年，增长86.79％；最低增长年度为2007年，下降9.62％。

同期，全国乡村文教消费总量年均增长8.96％，略微低于河北0.37个百分点。河北乡村文教消费总量占全国份额由4.93％升高为5.26％，增长幅度和份额升降变化排序处于省域间第15位。

其中，第一个五年，全国乡村文教消费总量年均增长6.50％，略微高于河北0.94个百分点，河北总量占全国份额下降4.35％；第二个五年，全国乡村文教消费总量年均增长4.51％，略微高于河北0.93个百分点，河北总量占全国份额下降4.38％；第三个五年，全国乡村文教消费总量年均增长6.28％，明显低于河北2.07个百分点，河北总量占全国份额上升10.10％；第四个五年，全国乡村文教消费总量年均增长19.16％，较明显低于河北1.43个百分点，河北总量占全国份额上升6.15％。

2. 文教消费人均绝对值增长

20年来河北乡村人均文教消费增长、增幅变化态势见图2。

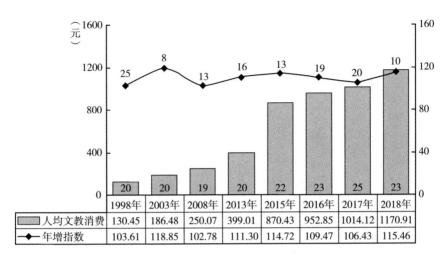

	1998年	2003年	2008年	2013年	2015年	2016年	2017年	2018年
人均文教消费	130.45	186.48	250.07	399.01	870.43	952.85	1014.12	1170.91
年增指数	103.61	118.85	102.78	111.30	114.72	109.47	106.43	115.46

图2　河北乡村人均文教消费增长、增幅变化态势

左轴柱形：人均文教消费（元）。右轴曲线：年度增长指数（上年＝100，小于100为负增长），标注历年增长、人均值省域位次。

1998～2018年，河北乡村人均文教消费由130.45元增至1170.91元，增加1040.46元，总增长797.59%，20年间年均增长11.60%，增长幅度处于省域间第15位。其中，第一个五年人均值总增长42.95%，年均增长7.41%；第二个五年人均值总增长34.10%，年均增长6.04%；第三个五年人均值总增长59.56%，年均增长9.80%；第四个五年人均值总增长193.45%，年均增长24.02%。人均值最高增长年度为2014年，增长90.15%；最低增长年度为2007年，下降8.32%。

同期，全国乡村人均文教消费年均增长11.07%，略微低于河北0.53个百分点（对照图5）。河北乡村人均文教消费从全国乡村人均值的81.83%提高至89.96%，人均绝对值在省域间排序由第20位降低为第23位。

其中，第一个五年全国乡村人均文教消费年均增长8.13%，略微高于河北，2003年河北乡村人均值降低至全国人均值的79.12%，处于省域间第20位。第二个五年全国乡村人均文教消费年均增长5.94%，略微低于河北，2008年河北乡村人均值提高至全国人均值的79.51%，处于省域间第19位。

第三个五年全国乡村人均文教消费年均增长9.09%，略微低于河北，2013年河北乡村人均值提高至全国人均值的82.12%，处于省域间第20位。第四个五年全国乡村人均文教消费年均增长21.78%，河北年均增长24.02%，明显高于全国。

二 河北乡村文教消费相关背景情况

20年来河北乡村文教消费相关比值变动态势见图3。

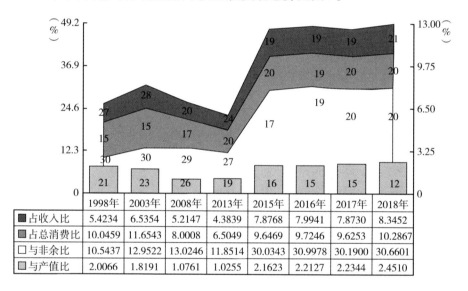

	1998年	2003年	2008年	2013年	2015年	2016年	2017年	2018年
■占收入比	5.4234	6.5354	5.2147	4.3839	7.8768	7.9941	7.8730	8.3452
■占总消费比	10.0459	11.6543	8.0008	6.5049	9.6469	9.7246	9.6253	10.2867
□与非余比	10.5437	12.9522	13.0246	11.8514	30.0343	30.9978	30.1900	30.6601
■与产值比	2.0066	1.8191	1.0761	1.0255	2.1623	2.2127	2.2344	2.4510

图3 河北乡村文教消费相关比值变动态势

左轴面积：人均文教消费占收入比、占总消费比、与非文消费剩余（简称"非余"）比（%），各项比值历年升降呈直观比例。右轴柱形：人均文教消费与产值比（%）。保留4位小数以便精确演算各项比值变化，标注各项比值省域位次。

1. 文教消费与产值比关系

1998～2018年，河北乡村文教消费与产值比由2.01%提高至2.45%，在省域间排序从第21位上升到第12位。其间，此项比值在2002～2003年、2005～2006年、2012～2018年11个年度出现增高，其余年度则为降低；前后对比上升22.15%，升降变化程度处于省域间第9位。最高比值为2018年

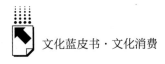

的 2.45%，最低比值为 2011 年的 0.93%。

2. 文教消费占收入比关系

1998～2018 年，河北乡村文教消费占收入比由 5.42% 提高至 8.35%，在省域间排序从第 27 位上升到第 21 位。其间，此项比值在 1999 年、2001～2003 年、2005～2006 年、2012 年、2014～2016 年、2018 年 11 个年度出现增高，其余年度则为降低；前后对比上升 53.87%，升降变化程度处于省域间第 10 位。最高比值为 2018 年的 8.35%，最低比值为 2013 年的 4.38%。

3. 文教消费占总消费比关系

1998～2018 年，河北乡村文教消费占总消费比由 10.05% 提高至 10.29%，由于其他省域此项比值提高更加明显，河北从第 15 位下降到第 20 位。其间，此项比值在 1998～1999 年、2001～2003 年、2005～2006 年、2014～2016 年、2018 年 11 个年度出现增高，其余年度则为降低；前后对比上升 2.40%，升降变化程度处于省域间第 18 位。最高比值为 2003 年的 11.65%，最低比值为 2013 年的 6.50%。

4. 文教消费与非文消费剩余比关系

1998～2018 年，河北乡村文教消费与非文消费剩余比由 10.54% 提高至 30.66%，在省域间排序从第 30 位上升到第 20 位。其间，此项比值在 1998～2000 年、2004 年、2007～2009 年、2011 年、2016～2017 年 10 个年度出现增高，其余年度则为降低；前后对比上升 190.79%，升降变化程度处于省域间第 6 位。最高比值为 2016 年的 31.00%，最低比值为 2000 年的 10.50%。

河北乡村文教消费相关各项比值的具体分析表明，在文教消费需求增长与当地经济发展、乡村民生进步的协调性关系中，20 年以来相关比值全面呈现明显提升态势。

三 河北文教消费城乡、区域协调状况

1. 文教消费人均值城乡比

20 年来河北人均文教消费城乡比变动态势见图 4。

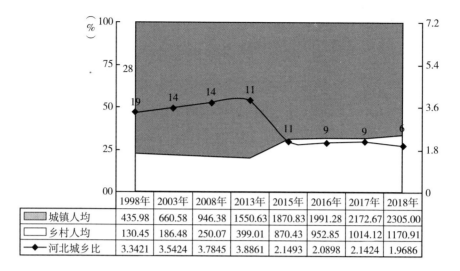

	1998年	2003年	2008年	2013年	2015年	2016年	2017年	2018年
城镇人均	435.98	660.58	946.38	1550.63	1870.83	1991.28	2172.67	2305.00
乡村人均	130.45	186.48	250.07	399.01	870.43	952.85	1014.12	1170.91
河北城乡比	3.3421	3.5424	3.7845	3.8861	2.1493	2.0898	2.1424	1.9686

图4　河北人均文教消费城乡比变动态势

左轴面积: 城镇、乡村人均文教消费（元转换为%），城乡间历年升降呈直观比例关系。右轴曲线: 人均文教消费城乡比（乡村＝1），标注城乡比省域位次。

1998～2018年，河北人均文教消费城乡比由3.3421缩减至1.9686，在省域间排序从第19位上升到第6位。最小城乡比为2018年的1.9686，最大城乡比为2000年的4.0498。

其间，城乡比在2001年、2003年、2005～2006年、2009～2010年、2012年、2014年、2016年、2018年10个年度出现缩减，其余年度则为扩增。前后对比，河北文教消费城乡比缩小41.10%，城乡比扩减变化状况处于省域间第10位。这意味着，河北属于文教消费城乡比扩减变化态势良好的省域之一。

分期考察河北乡村文教消费城乡差距变化动态，第一个五年略有加大，扩增5.99%；第二个五年略有加大，扩增6.83%；第三个五年继续略有加大，扩增2.68%；第四个五年显著减小，缩减49.34%。

据既往20年动态推演测算，2020年河北文教消费城乡比将为1.8671，相比当前较明显缩减；2035年河北文教消费城乡比将为1.2553，相比当前继续极显著缩减。

2. 乡村文教消费人均值地区差

20 年来河北乡村人均文教消费地区差变动态势见图5。

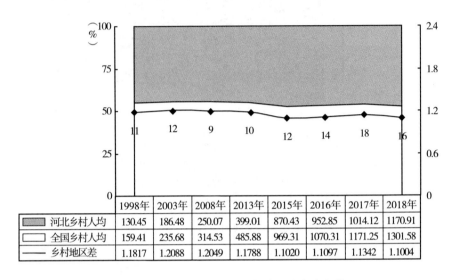

	1998年	2003年	2008年	2013年	2015年	2016年	2017年	2018年
河北乡村人均	130.45	186.48	250.07	399.01	870.43	952.85	1014.12	1170.91
全国乡村人均	159.41	235.68	314.53	485.88	969.31	1070.31	1171.25	1301.58
乡村地区差	1.1817	1.2088	1.2049	1.1788	1.1020	1.1097	1.1342	1.1004

图5 河北乡村人均文教消费地区差变动态势

左轴面积：当地、全国人均文教消费（元转换为%），二者数值历年升降呈直观比例
关系。右轴曲线：文教消费地区差（无差距=1），标注地区差省域位次。

1998~2018 年，河北乡村人均文教消费与全国乡村地区差由 1.1817 缩
减至 1.1004，由于其他省域乡村文教消费与全国地区差缩小更为显著，河
北乡村地区差在省域间排序从第 11 位下降到第 16 位。最小地区差为 2018
年的 1.1004，最大地区差为 2000 年的 1.3000。

其间，地区差在 2001~2003 年、2005~2006 年、2010 年、2012~2015
年、2018 年 11 个年度出现缩减，其余年度则为扩增。前后对比，河北乡村
文教消费地区差缩小 6.88%，地区差扩减变化状况处于省域间第 22 位。这
意味着，河北属于乡村文教消费地区差扩减变化态势良好的省域之一。

分期考察河北乡村文教消费地区差距变化动态，第一个五年较明显加
大，扩增 2.29%；第二个五年略有减小，缩减 0.32%；第三个五年继续较
明显减小，缩减 2.17%；第四个五年继续明显减小，缩减 6.65%。

据既往 20 年动态推演测算，2020 年河北文教消费地区差将为 1.0918，

相比当前略微缩减；2035 年河北文教消费地区差将为 1.3022，相比当前明显扩增。

四 河北乡村文教消费需求景气指数测评

综合以上分析：20 年以来河北乡村文教消费总量年均增长略微高于全国增长，人均值年均增长也略微高于全国平均增长；相关比值全面呈现明显提升态势；城乡比明显缩小，与全国乡村地区差明显缩小。这些都集中体现在河北乡村文教消费需求景气指数的测评演算中。20 年来河北乡村文教消费需求景气指数变动态势见图 6。

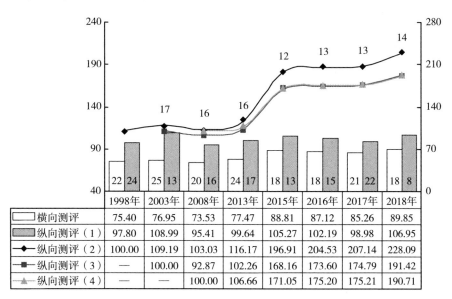

	1998年	2003年	2008年	2013年	2015年	2016年	2017年	2018年
横向测评	75.40	76.95	73.53	77.47	88.81	87.12	85.26	89.85
纵向测评（1）	97.80	108.99	95.41	99.64	105.27	102.19	98.98	106.95
纵向测评（2）	100.00	109.19	103.03	116.17	196.91	204.53	207.14	228.09
纵向测评（3）	—	100.00	92.87	102.26	168.16	173.60	174.79	191.42
纵向测评（4）	—	—	100.00	106.66	171.05	175.20	175.21	190.71

图 6 河北乡村文教消费需求景气指数变动态势

左轴柱形：左横向测评（无差距理想值＝100）；右纵向测评（1），上年＝100。右轴曲线：纵向测评（起点年基数值＝100），（2）以 1998 年为起点，（3）以 2003 年为起点，（4）以 2008 年为起点。标注横向测评、纵向测评（1）（2）省域排行，纵向测评（2）起点年不计。

1. 各年度无差距理想值横向测评

以全国乡村文教消费总量份额值、人均绝对值、相对比值为基准，并以相关增率比达到平衡，城乡、地区之间实现无差距状态为"理想值"100来衡量，2018年河北乡村此项景气指数为89.85，低于理想值10.15%，但高于上一年4.59个点。河北在省域间排行，1998年为第22位，2003年为第25位，2008年为第20位，2013年为第24位，2018年从上一年第21位上升为第18位。

2.1998年以来20年基数值纵向测评

以1998年为起点基数值100，2018年河北乡村此项景气指数为228.09，高于1998年起点基数128.09%，也高于上一年20.95个点。河北在省域间排行，起点1998年不计，2003年为第17位，2008年为第16位，2013年与之持平，2018年从上一年第13位下降为第14位。

3.2003年以来15年基数值纵向测评

以2003年为起点基数值100，2018年河北乡村此项景气指数为191.42，高于2003年起点基数91.42%，也高于上一年16.63个点。河北在省域间排行，起点2003年不计，2008年为第16位，2013年与之持平，2018年从上一年第17位上升为第14位。

4.2008年以来10年基数值纵向测评

以2008年为起点基数值100，2018年河北乡村此项景气指数为190.71，高于2008年起点基数90.71%，也高于上一年15.50个点。河北在省域间排行，起点2008年不计，2013年为第12位，2018年与上一年持平，皆为第15位。

5.逐年度上年基数值纵向测评

以2017年为起点基数值100，2018年河北乡村此项景气指数为106.95，高于2017年起点基数6.95%。河北在省域间排行，1998年为第24位，2003年为第13位，2008年为第16位，2013年为第17位，2018年从上一年第22位上升为第8位。

囿于制图空间，2013年以来5年基数值纵向测评省略，可见本书B.5乡村排行报告表8及相应文字简述。

Abstract

From 1998 to 2018, the countrywide overall culture and education consumption in urban and rural areas increased from 335. 764 billion yuan to 3188. 297 billion yuan, an increase of 2852. 532 billion yuan. During the 20 years, the total growth was 849. 56% and the average annual growth was 11. 91%. The highest annual growth appeared in 2002 and the growth rate was 27. 28%; the lowest one was in 2008 and the growth rate was 4. 10%. At the same time, the per capita value of the countrywide culture and education consumption in urban and rural areas increased from 270. 36 yuan to 2289. 24 yuan, an increase of 2018. 88 yuan. During the 20 years, the total growth was 746. 74% and the average annual growth was 11. 27%. At this period, the total culture and education consumption in urban and rural areas increased with annual average of more than 10% in 31 provinces; the per capita value of culture and education consumption in urban and rural areas increased with annual average of more than 10% in 26 provinces. It was the high growth in the urban and rural consumption demand in most provinces that resulted in the high growth of countrywide overall culture and education consumption demand in urban and rural areas.

In 2018, the countrywide overall culture and education consumption demand in urban and rural areas continued to maintain growth: The total culture and education consumption went up by 7. 37%, the per capita value went up by 6. 88%. As measured by per capita value, the annual growth of culture and education consumption in urban and rural areas was evidently lower than the GDP growth, evidently lower than the residents' income growth and evidently lower than the total consumption growth, also remarkably lower than the savings growth. The disparity in culture and education consumption between urban and rural areas shrank by 5. 98%; the regional gap of culture and education

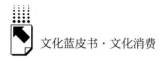

consumption in urban and rural areas among various provinces shrank by 1.90% over the previous year. It is the disparities between rural and urban areas, among regions that mostly represent China's unbalanced and inadequate development.

The ranking of the status evaluation of the culture and education consumption demand in urban and rural areas across the provinces is as follows: In the lateral evaluation of ideal value without urban-rural and regional gaps, Hunan, Hainan, Jilin, Gansu and Heilongjiang ranked top five in the "2018 annual urban and rural leaders"; in the vertical evaluation of own base value throughout the past years, Tibet, Guizhou, Qinghai, Ningxia and Gansu ranked top five in the "1998 – 2018 urban and rural runners-up"; Tibet, Yunnan, Hainan, Guizhou and Xinjiang ranked top five in the "2003 – 2018 urban and rural runners-up"; Guizhou, Yunnan, Tibet, Guangxi and Xinjiang ranked top five in the "2008 – 2018 urban and rural runners-up"; Tibet, Yunnan, Guangxi, Hunan and Hubei ranked top five in the "2013 – 2018 urban and rural runners-up"; Tibet, Hainan, Xinjiang, Hubei and Henan ranked top five in the "2017 – 2018 urban and rural runners-up".

Keywords: Countrywide Various Provinces; Culture and Education Consumption; Status Evaluation; Measuring and Ranking

Contents

Ⅰ General Report

Abstract: From 1998 to 2018, the countrywide overall culture and
education consumption in urban and rural areas increased from 335. 764 billion
yuan to 3188. 297 billion yuan, an increase of 2852. 532 billion yuan. During the
20 years, the total growth was 849. 56% and the average annual growth was
11. 91%. The highest annual growth appeared in 2002 and the growth rate was
27. 28%; the lowest one was in 2008 and the growth rate was 4. 10%. During
the 20 years, the average annual growth was 14. 54% in the period of firstly five-
year, 9. 52% in the period of secondly five-year, 13. 49% in the period of

thirdly five-year and 10.17% in the period of fourly five-year. At the same time, the per capita value of the countrywide culture and education consumption in urban and rural areas increased from 270.36 yuan to 2289.24 yuan, an increase of 2018.88 yuan. During the 20 years, the total growth was 746.74% and the average annual growth was 11.27%. In 2018, the countrywide overall culture and education consumption demand in urban and rural areas continued to maintain growth: The total culture and education consumption went up by 7.37%, the per capita value went up by 6.88%. The disparity in culture and education consumption between urban and rural areas shrank by 5.98%; the regional gap of culture and education consumption in urban and rural areas among various provinces shrank by 1.90% over the previous year. It is the disparities between rural and urban areas, among regions that mostly represent China's unbalanced and inadequate development. The status evaluations of the countrywide overall culture and education consumption demand in urban and rural areas in 2018 are as follows: The vertical evaluation of two decades since 1998, 15 years since 2003, 10 years since 2008, 5 years since 2013 are remarkably higher than the base value and 1 years since previous year is slightly higher than the base value. The annual lateral evaluation without urban-rural and regional gaps is evidently lower than the ideal value, because of the continuous existing disparity of the urban-rural and the regional gaps.

Keywords: Countrywide Urban and Rural Areas; Culture and Education Consumption; Status Evaluation; Integrative Measure

Ⅱ Technical Report and Comprehensive Analysis

B.2   Technical Report on The Status Evaluation System
　　　of the China's Cultural Consumption Demand
　　　—*Concurring the Analysis of the Cultural People's Livelihood*
　　　　Demand Situation from 1998 to 2018

Wang Ya'nan, Fang Yu and Wei Haiyan / 023

Abstract: The paper is a technical report on "The Status Evaluation System of the China's Cultural Consumption Demand". Based on the comprehensive data calculation of the overall urban and rural areas, it illustrates the basic data source, the data inference method, the related numerical relationship and the specific index calculation. Thus, it analyses the basic situation of the countrywide culture and education consumption demand in urban and rural areas revealed by the kinds of data. This evaluation system is in common use of the integrative measure of the urban and rural areas across the provinces, the single measure of the city-towns and the rural areas, and also the key cities. The index and the calculation methods are the same in the above measure. Some special mechanics are also explained in this paper, thus no repeated technical report in other volumes.

Keywords: Culture and Education Consumption; Consumption Demand; Integrative Measure of the Urban and Rural Areas

B. 3   Ranking on Status Evaluation of the Culture and Education Consumption Demand in Urban and Rural Areas across the Provinces

—*The Measure from 1998 to 2018 and the Forecast for 2020*

Wang Ya'nan, Fang Yu and Wei Haiyan / 055

Abstract: From 1998 to 2018, the total culture and education consumption in urban and rural areas increased with annual average of more than 10% in 31 provinces; the per capita value of culture and education consumption in urban and rural areas increased with annual average of more than 10% in 26 provinces. The ranking of the status evaluation of the culture and education consumption demand in urban and rural areas across the provinces is as follows: In the lateral evaluation of ideal value without urban-rural and regional gaps, Hunan, Hainan, Jilin, Gansu and Heilongjiang ranked top five in the "2018 annual urban and rural leaders"; in the vertical evaluation of own base value throughout the past years, Tibet, Guizhou, Qinghai, Ningxia and Gansu ranked top five in the "1998 – 2018 urban and rural runners-up"; Tibet, Yunnan, Hainan, Guizhou and

Xinjiang ranked top five in the "2003 – 2018 urban and rural runners-up"; Guizhou, Yunnan, Tibet, Guangxi and Xinjiang ranked top five in the "2008 – 2018 urban and rural runners-up"; Tibet, Yunnan, Guangxi, Hunan and Hubei ranked top five in the "2013 – 2018 urban and rural runners-up"; Tibet, Hainan, Xinjiang, Hubei and Henan ranked top five in the "2017 – 2018 urban and rural runners-up".

Keywords: Urban and Rural Areas across the Provinces; Culture and Education Consumption; Integrative Evaluation; Ranking of the Status

B. 4 Ranking on Status Evaluation of the Culture and Education Consumption Demand in City-towns across the Provinces
—*The Measure from 1998 to 2018 and the Forecast for 2020*

Wang Ya'nan, Zhao Juan / 085

Abstract: From 1998 to 2018, the total culture and education consumption in city-towns increased with annual average of more than 10% in 31 provinces, in 3 of which by over 15%; the per capita value of culture and education consumption in city-towns increased with annual average of more than 10% in 11 provinces. The ranking of the status evaluation of the culture and education consumption demand in city-towns across the provinces is as follows: In the lateral evaluation of ideal value without urban-rural and regional gaps, Hunan, Hainan, Jilin, Ningxia and Liaoning ranked top five in the "2018 annual city-towns leaders"; in the vertical evaluation of own base value throughout the past years, Tibet, Ningxia, Jilin, Heilongjiang and Qinghai ranked top five in the "1998 – 2018 city-towns runners-up"; Tibet, Hainan, Ningxia, Yunnan and Xinjiang ranked top five in the "2003 – 2018 city-towns runners-up"; Yunnan, Guizhou, Hunan, Xinjiang and Guangxi ranked top five in the "2008 – 2018 city-towns runners-up"; Tibet, Yunnan, Guangxi, Hainan and Hunan ranked top five in the "2013 – 2018 city-towns runners-up"; Hainan, Tibet, Jilin, Guangxi and

Hubei ranked top five in the "2017 −2018 city-towns runners-up".

Keywords：City-towns across the Provinces；Culture and Education Consumption；Single Evaluation；Ranking of the Status

B. 5　Ranking on Status Evaluation of the Culture and Education
　　　Consumption Demand in Rural Areas across the Provinces
　　　—The Measure from 1998 to 2018 and the Forecast for 2020
Wang Ya'nan，*Wei Haiyan* / 112

Abstract：From 1998 to 2018，the total culture and education consumption in rural areas increased with annual average of more than 10% in 13 provinces，in 2 of which by over 15% and in 1 of which by over 20% ；the per capita value of culture and education consumption in rural areas increased with annual average of more than 10% in 25 provinces，in 2 of which by over 15% and in 1 of which by over 20%．The ranking of the status evaluation of the culture and education consumption demand in rural areas across the provinces is as follows：In the lateral evaluation of ideal value without urban-rural and regional gaps，Gansu，Hubei，Inner Mongolia，Anhui and Hunan ranked top five in the "2018 annual rural leaders"；in the vertical evaluation of own base value throughout the past years，Tibet，Qinghai，Gansu，Guizhou and Ningxia ranked top five in the "1998 − 2018 rural runners-up"；Tibet，Xinjiang，Guizhou，Hainan and Yunnan ranked top five in the "2003 − 2018 rural runners-up"；Guizhou，Guangxi，Tibet，Chongqing and Ningxia ranked top five in the "2008 −2018 rural runners-up"；Tibet，Yunnan，Guangxi，Hubei and Anhui ranked top five in the "2013 − 2018 rural runners-up"；Tibet，Xinjiang，Guangdong，Hubei and Anhui ranked top five in the "2017 −2018 rural runners-up".

Keywords：Rural Areas across the Provinces；Culture and Education Consumption；Single Evaluation；Ranking of the Status

313

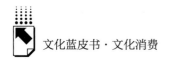

Ⅲ Reports on Urban and Rural Areas among Provinces

B. 6 Hunan: Ranked the 1st in the 2018 Annual Urban

and Rural Status Evaluation Leaders

Zhang Lin / 139

Abstract: In 2018, Hunan ranked the 28th in the increase of the total culture and education consumption in urban and rural areas and the 28th in the growth of per capita value. The Rankings of the status evaluation are as follows: In the lateral evaluation among various provinces, Hunan ranked the 1st in the 2018 annual status evaluation leaders; In vertical evaluation itself, Hunan ranked the 18th in the 1998 −2018 status evaluation runners-up, as well as 16th, 6th, 4th and 29th during the periods of 1998 −2018, 2003 −2018, 2008 −2018 and 2013 −2018 respectively.

Keywords: Hunan's Urban and Rural Areas; Culture and Education Consumption; Status Evaluation

B. 7 Tibet: Ranked the 1st in the 1999 −2018 Urban

and Rural Status Evaluation Runners-up

Yuan Chunsheng / 149

Abstract: In 2018, Tibet ranked the 1st in the increase of the total culture and education consumption in urban and rural areas and the 1st in the growth of per capita value. The Rankings of the status evaluation are as follows: In the lateral evaluation among various provinces, Tibet ranked the 31st in the 2018 annual status evaluation leaders; In vertical evaluation itself, Tibet ranked the 1st in the 1999 −2018 status evaluation runners-up, as well as 1st, 3rd, 1st and 1st during the periods of 1999 −2018, 2003 −2018, 2008 −2018 and 2013 −2018 respectively.

Keywords: Tibet's Urban and Rural Areas; Culture and Education Consumption; Status Evaluation

B. 8   Guizhou: Ranked the 1st in the 2008 −2018 Urban and Rural Status Evaluation Runners-up

Liu Ting / 158

Abstract: In 2018, Guizhou ranked the 31st in the increase of the total culture and education consumption in urban and rural areas and the 31st in the growth of per capita value. The Rankings of the status evaluation are as follows: In the lateral evaluation among various provinces, Guizhou ranked the 26th in the 2018 annual status evaluation leaders; In vertical evaluation itself, Guizhou ranked the 2nd in the 1998 −2018 status evaluation runners-up, as well as 4th, 1st, 7th and 31st during the periods of 1998 − 2018, 2003 − 2018, 2008 − 2018 and 2013 −2018 respectively.

Keywords: Guizhou's Urban and Rural Areas; Culture and Education Consumption; Status Evaluation

B. 9   Hainan: Ranked the 2nd in the 2018 Annual Urban and Rural Status Evaluation Leaders

Xiao Yunxin / 168

Abstract: In 2018, Hainan ranked the 2nd in the increase of the total culture and education consumption in urban and rural areas and the 2nd in the growth of per capita value. The Rankings of the status evaluation are as follows:

In the lateral evaluation among various provinces, Hainan ranked the 2nd in the 2018 annual status evaluation leaders; In vertical evaluation itself, Hainan ranked the 13th in the 1998 −2018 status evaluation runners-up, as well as 3rd, 14th, 6th and 2nd during the periods of 1998 −2018, 2003 −2018, 2008 −2018 and 2013 −2018 respectively.

Keywords: Hainan's Urban and Rural Areas; Culture and Education Consumption; Status Evaluation

B. 10　Jilin: Ranked the 3rd in the 2018 Annual Urban and Rural Status Evaluation Leaders

Zhao Juan / 177

Abstract: In 2018, Jilin ranked the 9th in the increase of the total culture and education consumption in urban and rural areas and the 4th in the growth of per capita value. The Rankings of the status evaluation are as follows: In the lateral evaluation among various provinces, Jilin ranked the 3rd in the 2018 annual status evaluation leaders; In vertical evaluation itself, Jilin ranked the 10th in the 1998 −2018 status evaluation runners-up, as well as 20th, 18th, 22nd and 6th during the periods of 1998 −2018, 2003 −2018, 2008 −2018 and 2013 −2018 respectively.

Keywords: Jilin's Urban and Rural Areas; Culture and Education Consumption; Status Evaluation

B. 11　Shanghai: Ranked the 10th in the 2018 Annual Urban and Rural Status Evaluation Leaders

Ma Jianyu / 186

Abstract: In 2018, Shanghai ranked the 19th in the increase of the total culture and education consumption in urban and rural areas and the 18th in the growth of per capita value. The Rankings of the status evaluation are as follows: In the lateral evaluation among various provinces, Shanghai ranked the 10th in the 2018 annual status evaluation leaders; In vertical evaluation itself, Shanghai ranked the 29th in the 1998 −2018 status evaluation runners-up, as well as 30th, 31st, 30th and 25th during the periods of 1998 −2018, 2003 −2018, 2008 −2018 and 2013 −2018 respectively.

Keywords: Shanghai's Urban and Rural Areas; Culture and Education Consumption; Status Evaluation

Ⅳ   Reports on City-Towns among Provinces

B. 12   Yunnan: Ranked the 1st in the 2008 −2018 City-towns
　　　　Status Evaluation Runners-up

Wang Yang / 195

Abstract: In 2018, Yunnan ranked the 5th in the increase of the total culture and education consumption in city-towns and the 5th in the growth of per capita value. The Rankings of the status evaluation are as follows: In the lateral evaluation among various provinces, Yunnan ranked the 7th in the 2018 annual status evaluation leaders; In vertical evaluation itself, Yunnan ranked the 16th in the 1998 −2018 status evaluation runners-up, as well as 4th, 1st, 2nd and 6th during the periods of 1998 −2018, 2003 −2018, 2008 −2018 and 2013 −2018 respectively.

Keywords: Yunnan's City-towns; Culture and Education Consumption; Status Evaluation

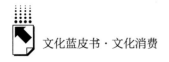

文化蓝皮书·文化消费

Abstract: In 2018, Ningxia ranked the 9th in the increase of the total culture and education consumption in city-towns and the 10th in the growth of per capita value. The Rankings of the status evaluation are as follows: In the lateral evaluation among various provinces, Ningxia ranked the 4th in the 2018 annual status evaluation leaders; In vertical evaluation itself, Ningxia ranked the 2nd in the 1998 −2018 status evaluation runners-up, as well as 3rd, 6th, 13th and 13th during the periods of 1998 −2018, 2003 −2018, 2008 −2018 and 2013 −2018 respectively.

Keywords: Ningxia's City-towns; Culture and Education Consumption; Status Evaluation

Abstract: In 2018, Heilongjiang ranked the 15th in the increase of the total culture and education consumption in city-towns and the 13th in the growth of per capita value. The Rankings of the status evaluation are as follows: In the lateral evaluation among various provinces, Heilongjiang ranked the 6th in the 2018 annual status evaluation leaders; In vertical evaluation itself, Heilongjiang ranked the 4th in the 1998 − 2018 status evaluation runners-up, as well as 8th, 21st, 15th and 14th during the periods of 1998 −2018, 2003 −2018, 2008 −2018 and 2013 −2018 respectively.

Keywords: Heilongjiang's City-towns; Culture and Education Consumption; Status Evaluation

Abstract: In 2018, Hubei ranked the 8th in the increase of the total culture and education consumption in city-towns and the 8th in the growth of per capita value. The Rankings of the status evaluation are as follows: In the lateral evaluation among various provinces, Hubei ranked the 10th in the 2018 annual status evaluation leaders; In vertical evaluation itself, Hubei ranked the 28th in the 1998 − 2018 status evaluation runners-up, as well as 16th, 9th, 6th and 5th during the periods of 1998 −2018, 2003 −2018, 2008 −2018 and 2013 −2018 respectively.

Keywords: Hubei's City-towns; Culture and Education Consumption; Status Evaluation

Abstract: In 2018, Tianjin ranked the 2nd in the increase of the total culture and education consumption in city-towns and the 2nd in the growth of per capita value. The Rankings of the status evaluation are as follows: In the lateral evaluation among various provinces, Tianjin ranked the 9th in the 2018 annual status evaluation leaders; In vertical evaluation itself, Tianjin ranked the 22nd in the 1998 −2018 status evaluation runners-up, as well as 22nd, 19th, 22nd and 7th during the periods of 1998 −2018, 2003 −2018, 2008 −2018 and 2013 − 2018 respectively.

Keywords: Tianjin's City-towns; Culture and Education Consumption; Status Evaluation

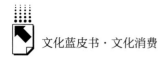

Abstract： In 2018, Fujian ranked the 12th in the increase of the total culture and education consumption in city-towns and the 11th in the growth of per capita value. The Rankings of the status evaluation are as follows： In the lateral evaluation among various provinces, Fujian ranked the 24th in the 2018 annual status evaluation leaders； In vertical evaluation itself, Fujian ranked the 20th in the 1998 −2018 status evaluation runners-up, as well as 25th, 26th, 26th and 11th during the periods of 1998 −2018, 2003 −2018, 2008 −2018 and 2013 −2018 respectively.

Keywords： Fujian's City-towns； Culture and Education Consumption； Status Evaluation

V　Reports on Rural Areas among Provinces

Abstract： In 2018, Gansu ranked the 4th in the increase of the total culture and education consumption in rural areas and the 4th in the growth of per capita value. The Rankings of the status evaluation are as follows： In the lateral evaluation among various provinces, Gansu ranked the 1st in the 2018 annual status evaluation leaders； In vertical evaluation itself, Gansu ranked the 3rd in the 1998 −2018 status evaluation runners-up, as well as 12th, 13th, 13th and 6th during the periods of 1998 −2018, 2003 −2018, 2008 −2018 and 2013 −2018 respectively.

Keywords： Gansu's Rural Areas； Culture and Education Consumption； Status Evaluation

B. 19　Xinjiang: Ranked the 2nd in the 2003 −2018

Rural Status Evaluation Runners-up

Shen Zongtao / 262

Abstract: In 2018, Xinjiang ranked the 2nd in the increase of the total culture and education consumption in rural areas and the 2nd in the growth of per capita value. The Rankings of the status evaluation are as follows: In the lateral evaluation among various provinces, Xinjiang ranked the 19th in the 2018 annual status evaluation leaders; In vertical evaluation itself, Xinjiang ranked the 12th in the 1998 − 2018 status evaluation runners-up, as well as 2nd, 12th, 10th and 2nd during the periods of 1998 −2018, 2003 −2018, 2008 −2018 and 2013 − 2018 respectively.

Keywords: Xinjiang's Rural Areas; Culture and Education Consumption; Status Evaluation

B. 20　Guangdong: Ranked the 3rd in the 2017 −2018

Rural Status Evaluation Runners-up

Zhang Ge / 271

Abstract: In 2018, Guangdong ranked the 3rd in the increase of the total culture and education consumption in rural areas and the 3rd in the growth of per capita value. The Rankings of the status evaluation are as follows: In the lateral evaluation among various provinces, Guangdong ranked the 9th in the 2018 annual status evaluation leaders; In vertical evaluation itself, Guangdong ranked the 27th in the 1998 −2018 status evaluation runners-up, as well as 17th, 6th, 20th and 3rd during the periods of 1998 −2018, 2003 −2018, 2008 −2018 and 2013 −2018 respectively.

Keywords: Guangdong's Rural Areas; Culture and Education Consumption; Status Evaluation

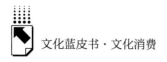

B. 21 Anhui: Ranked the 4th in the 2018 Annual

Rural Status Evaluation Leaders

Ping Jinliang / 280

Abstract: In 2018, Anhui ranked the 5th in the increase of the total culture and education consumption in rural areas and the 6th in the growth of per capita value. The Rankings of the status evaluation are as follows: In the lateral evaluation among various provinces, Anhui ranked the 4th in the 2018 annual status evaluation leaders; In vertical evaluation itself, Anhui ranked the 15th in the 1998 −2018 status evaluation runners-up, as well as 16th, 18th, 5th and 5th during the periods of 1998 −2018, 2003 −2018, 2008 −2018 and 2013 −2018 respectively.

Keywords: Anhui's Rural Areas; Culture and Education Consumption; Status Evaluation

B. 22 Chongqing: Ranked the 4th in the 2008 −2018

Rural Status Evaluation Runners-up

Dai Li / 289

Abstract: In 2018, Chongqing ranked the 19th in the increase of the total culture and education consumption in rural areas and the 18th in the growth of per capita value. The Rankings of the status evaluation are as follows: In the lateral evaluation among various provinces, Chongqing ranked the 15th in the 2018 annual status evaluation leaders; In vertical evaluation itself, Chongqing ranked the 7th in the 1998 − 2018 status evaluation runners-up, as well as 6th, 4th, 16th and 15th during the periods of 1998 −2018, 2003 −2018, 2008 −2018 and 2013 −2018 respectively.

Keywords: Chongqing's Rural Areas; Culture and Education Consumption; Status Evaluation

B. 23   Hebei: Ranked the 8th in the 2017 −2018

Rural Status Evaluation Runners-up

Qin Ruijing / 298

Abstract: In 2018, Hebei ranked the 11th in the increase of the total culture and education consumption in rural areas and the 10th in the growth of per capita value. The Rankings of the status evaluation are as follows: In the lateral evaluation among various provinces, Hebei ranked the 18th in the 2018 annual status evaluation leaders; In vertical evaluation itself, Hebei ranked the 14th in the 1998 −2018 status evaluation runners-up, as well as 14th, 15th, 15th and 8th during the periods of 1998 −2018, 2003 −2018, 2008 −2018 and 2013 −2018 respectively.

Keywords: Hebei's Rural Areas; Culture and Education Consumption; Status Evaluation

皮 书

智库报告的主要形式
同一主题智库报告的聚合

✣ 皮书定义 ✣

皮书是对中国与世界发展状况和热点问题进行年度监测，以专业的角度、专家的视野和实证研究方法，针对某一领域或区域现状与发展态势展开分析和预测，具备前沿性、原创性、实证性、连续性、时效性等特点的公开出版物，由一系列权威研究报告组成。

✣ 皮书作者 ✣

皮书系列报告作者以国内外一流研究机构、知名高校等重点智库的研究人员为主，多为相关领域一流专家学者，他们的观点代表了当下学界对中国与世界的现实和未来最高水平的解读与分析。截至 2020 年，皮书研创机构有近千家，报告作者累计超过 7 万人。

✣ 皮书荣誉 ✣

皮书系列已成为社会科学文献出版社的著名图书品牌和中国社会科学院的知名学术品牌。2016 年皮书系列正式列入"十三五"国家重点出版规划项目；2013~2020 年，重点皮书列入中国社会科学院承担的国家哲学社会科学创新工程项目。

权威报告·一手数据·特色资源

皮书数据库
ANNUAL REPORT(YEARBOOK)
DATABASE

分析解读当下中国发展变迁的高端智库平台

所获荣誉

- 2019年，入围国家新闻出版署数字出版精品遴选推荐计划项目
- 2016年，入选"'十三五'国家重点电子出版物出版规划骨干工程"
- 2015年，荣获"搜索中国正能量 点赞2015""创新中国科技创新奖"
- 2013年，荣获"中国出版政府奖·网络出版物奖"提名奖
- 连续多年荣获中国数字出版博览会"数字出版·优秀品牌"奖

成为会员

通过网址www.pishu.com.cn访问皮书数据库网站或下载皮书数据库APP，进行手机号码验证或邮箱验证即可成为皮书数据库会员。

会员福利

- 已注册用户购书后可免费获赠100元皮书数据库充值卡。刮开充值卡涂层获取充值密码，登录并进入"会员中心"—"在线充值"—"充值卡充值"，充值成功即可购买和查看数据库内容。
- 会员福利最终解释权归社会科学文献出版社所有。

数据库服务热线：400-008-6695
数据库服务QQ：2475522410
数据库服务邮箱：database@ssap.cn
图书销售热线：010-59367070/7028
图书服务QQ：1265056568
图书服务邮箱：duzhe@ssap.cn

社会科学文献出版社 皮书系列
SOCIAL SCIENCES ACADEMIC PRESS (CHINA)

卡号：136178699322
密码：

S 基本子库
SUB DATABASE

中国社会发展数据库（下设 12 个子库）

整合国内外中国社会发展研究成果，汇聚独家统计数据、深度分析报告，涉及社会、人口、政治、教育、法律等 12 个领域，为了解中国社会发展动态、跟踪社会核心热点、分析社会发展趋势提供一站式资源搜索和数据服务。

中国经济发展数据库（下设 12 个子库）

围绕国内外中国经济发展主题研究报告、学术资讯、基础数据等资料构建，内容涵盖宏观经济、农业经济、工业经济、产业经济等 12 个重点经济领域，为实时掌控经济运行态势、把握经济发展规律、洞察经济形势、进行经济决策提供参考和依据。

中国行业发展数据库（下设 17 个子库）

以中国国民经济行业分类为依据，覆盖金融业、旅游、医疗卫生、交通运输、能源矿产等 100 多个行业，跟踪分析国民经济相关行业市场运行状况和政策导向，汇集行业发展前沿资讯，为投资、从业及各种经济决策提供理论基础和实践指导。

中国区域发展数据库（下设 6 个子库）

对中国特定区域内的经济、社会、文化等领域现状与发展情况进行深度分析和预测，研究层级至县及县以下行政区，涉及地区、区域经济体、城市、农村等不同维度，为地方经济社会宏观态势研究、发展经验研究、案例分析提供数据服务。

中国文化传媒数据库（下设 18 个子库）

汇聚文化传媒领域专家观点、热点资讯，梳理国内外中国文化发展相关学术研究成果、一手统计数据，涵盖文化产业、新闻传播、电影娱乐、文学艺术、群众文化等 18 个重点研究领域。为文化传媒研究提供相关数据、研究报告和综合分析服务。

世界经济与国际关系数据库（下设 6 个子库）

立足"皮书系列"世界经济、国际关系相关学术资源，整合世界经济、国际政治、世界文化与科技、全球性问题、国际组织与国际法、区域研究 6 大领域研究成果，为世界经济与国际关系研究提供全方位数据分析，为决策和形势研判提供参考。

法律声明

　　“皮书系列”（含蓝皮书、绿皮书、黄皮书）之品牌由社会科学文献出版社最早使用并持续至今，现已被中国图书市场所熟知。“皮书系列”的相关商标已在中华人民共和国国家工商行政管理总局商标局注册，如LOGO（ ⬚ ）、皮书、Pishu、经济蓝皮书、社会蓝皮书等。“皮书系列”图书的注册商标专用权及封面设计、版式设计的著作权均为社会科学文献出版社所有。未经社会科学文献出版社书面授权许可，任何使用与“皮书系列”图书注册商标、封面设计、版式设计相同或者近似的文字、图形或其组合的行为均系侵权行为。

　　经作者授权，本书的专有出版权及信息网络传播权等为社会科学文献出版社享有。未经社会科学文献出版社书面授权许可，任何就本书内容的复制、发行或以数字形式进行网络传播的行为均系侵权行为。

　　社会科学文献出版社将通过法律途径追究上述侵权行为的法律责任，维护自身合法权益。

　　欢迎社会各界人士对侵犯社会科学文献出版社上述权利的侵权行为进行举报。电话：010-59367121，电子邮箱：fawubu@ssap.cn。

社会科学文献出版社